Niveau Limbo

Daniel Küsters

Niveau Limbo

Es gibt kein Niveau, das man nicht unterschreiten kann!

Bibliografische Information der Deutschen Nationalbibliothek:
Die Deutsche Nationalbibliothek verzeichnet diese Publikation in der Deutschen Nationalbibliografie; detaillierte bibliografische Daten sind im Internet über http://dnb.dnb.de abrufbar.

© *2014 Daniel Küsters*

Illustration:	**Katharina Josten**
Reinzeichnung:	**Maike Schardt**
weitere Mitwirkende:	**Eva Bergschneider**

Herstellung und Verlag: BoD – Books on Demand, Norderstedt

ISBN: **978-3-7347-3842-5**

Inhalt

Vorwort 7
Aller Anfang ist schwer 8
Tuppen für Malle 20
Die Auswahl 30
Die Anreise 33
Happy Hour scheiß egal 50
Heiße Blondine auf sechs Uhr 58
Der bunte Minirock 66
Gammelburger 80
Der Schein trügt 89
In einem wunderbaren Land 98
Fatales Frühstück 107
Viel natürlich!!! 114
Auf der Tour auf Tour 126
Ehrlich oder höflich? 142
Unerwarteter Besuch 152
Die Schaumparty oder Waschtag mal anders .. 161
Mein Ring, mein Schatz 173
Gesunder Reiseproviant 187
Kormorane und Krebse auf Mallorca 195
Wodka Melone macht Kopfschmerzen 202
Knall und Fall 211
Zwei für eins macht dein's und mein's 219
Der verlorene Sohn 225
Die Rückkehr des verlorenen Sohnes 231
Footballspieler 237
Das Rückspiel 249

Beautyqueens 266
Der Wein kann alles 281
Shopping mit Hooligans 291
Nichts geht über eine gute Vorbereitung 300
Schöner als Mr. „Xiroi" 304
Tiefenentspannung und Fotoshooting 318
Der Wein kann wirklich alles 325
Luftmatratzen Wohltäter 337
Der letzte Abend 346
Packen, Playa, heißer Abschied 355
Tränen über Tränen 364
Das Resümee 372
Nachwort.. 379

Vorwort

An einem verregneten Samstagvormittag sitze ich in meiner Kölner Wohnung auf dem Sofa und genieße die Reste meines üppigen Frühstücks. Mir bleiben noch etwa fünf Stunden, bis ich mich Duschen und ausgehfertig machen muss, um rechtzeitig in Dülken zu sein und somit einer Strafe zu entgehen. Verspätetes Erscheinen wird bei unserer elitären Gemeinschaft nicht geduldet und rigoros geahndet. Dennoch freue ich mich auf den Abend und die Jungs. Diese regelmäßigen Treffen finden inzwischen seit fast zwanzig Jahren statt. Obwohl wir immer wieder den einen oder anderen Gast bei einem solchen Event begrüßen durften, blieb der harte Kern der Gruppe stets derselbe. Er besteht neben mir noch aus inzwischen vier meiner besten Freunde und zusammen sind wir die aktiven Gründungsmitglieder des »Mallorca Tupp Clubs«. Was waren wir früher für wilde Draufgänger und was haben wir für verrückte Dinge erlebt bei all unseren Treffen und unseren Touren? Ich erinnere mich gerne an viele dieser prägenden Erlebnisse aber wie genau hatte damals noch gleich alles begonnen? Ich hole das große Fotoalbum aus dem Regal, auf dessen Rücken in bunten Buchstaben »Chronik des MTC« geschrieben steht. Als ich das einzigartige Werk aufschlage, grinst mich mein 21 jähriges Ich, gemeinsam mit fünf etwa gleichaltrigen von einem Foto aus an. Ich blättere weiter und versinke in Erinnerungen vergangener Tage.

Aller Anfang ist schwer

Nachdem ich das Abitur geschafft und den Zivildienst abgeleistet hatte, begann mein Biologiestudium. Ich war zarte 21 Jahre alt und zog für das Studium vom beschaulichen, kleinen und ländlichen Niederrheindörfchen Dülken in die Großstadt Köln. Ich hatte damals einige Sorge, dass auf Grund der räumlichen Distanz der Kontakt zu meinen Freunden in der Heimat vielleicht nach und nach einschlafen könnte. Jetzt werden einige sicherlich sagen, es gibt doch Telefon, Handys, Email, Twitter, Skype oder Facebook, aber so etwas gab es zu dieser Zeit nur bedingt bzw. gar nicht. Das Internet steckte damals noch in den Kinderschuhen, Twitter, Skype und Facebook waren weit vor ihrer Erfindung und Handys waren ähnlich groß wie Schuhkartons und überdies noch unerschwinglich. Ich könnte mir vorstellen, dass sich einige der jüngeren Leser jetzt fragen, wie unter diesen menschenunwürdigen Zuständen überhaupt eine Art Freundschaft aufrechterhalten werden konnte, wie man sich getroffen und wie man kommuniziert hat, aber lasst euch gesagt sein, es funktionierte und zwar wirklich gut, das werden euch sicherlich die älteren Leser bestätigen. Es wurden in Kettenanrufen Termine vereinbart, die im Gegensatz zu heute auch von allen eingehalten wurden. Eine andere Möglichkeit bestand darin, feste Treffpunkte und Stammlokale regelmäßig aufzusuchen oder man ging einfach mal bei einem Freund vorbei, so richtig mit bewegen in der realen Welt und nicht nur im Cyberspace und dann quatschte man

eine Runde, verabredete sich für kommende Partys oder plante anstehende Events.
Genau darin bestand auch meine größte Sorge: Aufgrund der räumlichen Distanz fiel dieses »Mal-eben-Vorbeigehen« aus, ebenso eine Stippvisite mit Anwesenheitskontrolle in der Stammkneipe. Ich hatte es bei anderen Bekannten miterlebt, die zugegebenermaßen noch deutlich weiter weg von der Heimat gezogen waren, als ich mit meinen vergleichsweise lächerlichen 70 Kilometern. Die Freundschaft reduzierte sich auf ganz gelegentliche Treffen und Telefonate oder ging völlig verloren und dies wollte ich um jeden Preis vermeiden. Ich saß also mal wieder an meinem Schreibtisch in meiner Kölner Wohnung und überlegte, ob es nicht zu realisieren wäre, eine Art Stammtisch oder eine Knobel- bzw. Kegeltruppe mit guten Freunden ins Leben zu rufen. Eine solche Institution würde sicherlich dazu beitragen, dass die Freundschaft trotz eventueller räumlicher Distanz nicht so leicht verloren ginge. Es gäbe feste Regeln, feste Treffen und man würde sich »zwangsläufig« regelmäßig sehen und etwas zusammen unternehmen. Je mehr ich darüber nachdachte, umso besser gefiel mir die ganze Sache. Ich entschloss mich, meinen drei engsten Freunden meine großartige Idee beim nächsten Aufenthalt in der Heimat vorzustellen und hoffte natürlich, dass sie genauso begeistert davon wären, wie ich es war.
Endlich wurde es Freitagnachmittag, die letzte Vorlesung war vorüber und ich fuhr in mein Heimatstädtchen Dülken zurück. Noch am selben Abend traf ich mich mit meinen Freunden Nils, Hanno, der eigentlich Hans Norbert heißt,

und Toni, dessen voller Name Anton ist, in unserer Stammkneipe dem Passe Partout, von uns liebevoll „Passe" genannt. Nach den ersten üblichen Gesprächen, was es neues gibt und wie es allen geht, erzählte ich den dreien von meiner Idee und war sehr neugierig, wie sie reagieren. Leider waren sie nicht so euphorisch, wie ich es mir ausgemalt hatte. Stattdessen kamen schnell Fragen auf, was man denn in so einem Club machen sollte. Kegeln, Karten, Würfeln wurden ebenso erwogen wie einfache Treffen ohne festes Programm. Zu meinem ungläubigen Erstaunen wurde sogar die grundsätzliche Sinnhaftigkeit einer solchen festen Institution hinterfragt. Nachdem dann aber einige Runden Bier und Cola-Korn die Geister frei und empfänglich für innovative Pläne gemacht hatten, gefiel den dreien die Idee immer besser und die Sache als solches wurde nicht mehr in Frage gestellt. Es wurde vielmehr diskutiert, was genau man machen sollte, wie regelmäßig man sich treffen würde, welchen Namen man dem Kind geben könnte und wem man alles die Gnade gewähren sollte, an solch einer fantastischen Truppe teilzuhaben. Kurzum, es wurde immer später, wir wurden immer voller, aber nicht nur wir, sondern auch der Zettel mit unseren tollen Ideen.

Als ich am nächsten Morgen oder besser gesagt am nächsten Mittag wach wurde, fiel mir als erstes unser Brainstorming- Zettel ein. Ehrlich gesagt war das erste, was mir einfiel, dass der Fünf-Liter-Turm Cola-Korn nicht unsere allerbeste Idee war, ganz zu schweigen vom zweiten dieser Empire State Buildings des Alkoholkonsums. Da sich mein Brain aber trotz Turm und Storm noch als halbwegs funktionabel erwies, erinnerte ich mich dann aber sofort an besagten Zettel. Ich ging ins Wohnzimmer, wo ich ihn zusammen mit meinem Portemonnaie, einem Socken sowie zwei Bierdeckeln auf dem Tisch vorfand. Da an solchen Abenden durchaus manche Gefahren für den Geldbeutel lauern, erfreute ich mich zunächst mal an seinem Vorhandensein. Hingegen blieb bis heute im Dunkeln, warum ich die Bierdeckel mitgenommen hatte und warum die einzelne Socke nicht zusammen mit der restlichen Wäsche im Wäschekorb gelandet war.

Dass der konsumierte Alkohol am letzten Abend jedoch geringfügig über der vom Gesundheitsministerium für unbedenklich erklärten Menge gelegen haben musste, verriet mir der leicht gehässige Blick meiner Mutter, dem die Frage folgte: „Na, harter Abend gestern?" Wahrheitsgemäß antwortete ich: „Der Abend war super, aber der Morgen danach ist hart." und ging mit den schriftlichen Höhepunkten unseres Abends zurück in mein Zimmer.

Nachdem ich erfolgreich mit einer halben Flasche Wasser meinen Nachdurst bekämpft hatte, fing ich an den Zettel zu studieren. Toni und Nils hatten vorgeschlagen, dass wir bei unseren Treffen ein Kartenspiel mit dem sicherlich alles erklärenden Namen Tuppen spielen sollten. Es wird lediglich mit vier Karten pro Spieler gespielt und ist ähnlich einfach, wie der Name vermuten lässt, da der Sinn des Spiels ausschließlich darin besteht, den letzten Stich zu bekommen. Toni und Nils hatten die Erfahrung mit diesem Spiel aus ihren Skiurlauben ins Rennen geführt und die Möglichkeit beschrieben, regelrechte Turniere mit damit zu veranstalten. Zudem ließ die Überschaubarkeit der Regeln darauf hoffen, dass sich der zweite feste Programmpunkt der Treffen nicht negativ auf die Spielgestaltung auswirken sollte, oder wie Nils es feingeschliffen formuliert hatte: „Mit drei Promille tuppe ich am besten!" Nach der Festlegung der Gestaltung der Abende blieben die Fragen nach den Teilnehmern und nach der Häufigkeit der Treffen. Am Schriftbild ließ sich eindeutig erkennen, dass der Abend mittlerweile weiter fortgeschritten gewesen sein musste, aber man konnte zwischen einigem Gekrakel erkennen, dass zwei Treffen pro Monat vorgeschlagen wurden und ein dickes »Gutt«, das wirklich vorhandene doppelte „t" drückte ganz offensichtlich die Begeisterung des Schreibenden aus, mit einem Pfeil dahinter stand. Außerdem standen einige Namen aufgelistet von denen zwei eingekreist waren. Tina und Conny, die wahrscheinlich nur von ihren Müttern bei ihren Taufnamen Martin und Constantin gerufen wurden, waren die Auserwählten, die unsere elitäre Gemeinschaft komplettieren sollten. Ganz unten und kaum noch ohne ein abgeschlossenes Studium altägyptischer Hieroglyphen zweifelsfrei zu entziffern, stand der Satz: "Zwei wochen Malle und morjen ab siebn alle mann treffen bei Winnie zum plannen."

Neben der Möglichkeit einer recht genauen zeitlichen Einordnung der Entstehung dieses Satzes „irgendwo ziemlich am Fuße des zweiten Turms" wurde mir vor allem eins bewusst: Ich bin Winnie! Die große Ehre, der Gastgeber der Gründungsversammlung sein zu dürfen, war erst halb gewürdigt worden, als mir die anderen Konsequenzen klar

wurden. Verdammt, wir hatten Samstag und bereits 14 Uhr durch, ich lag noch halb benebelt und ungeduscht auf meinem Bett und hatte noch keinerlei Getränken besorgt, geschweige denn kaltgestellt. Jetzt werden wieder einige Jüngere sagen, Getränke kaufen ist doch samstags kein Problem, aber damals war alles noch etwas anders. Wenn man Glück hatte, gab es im Dorf einen Laden, der bis 18 Uhr geöffnet hatte. Leider hatte ich kein Glück und der letzte Versorgungsaußenposten in Dülken schloss bereits um 16 Uhr.
Ein kleines Gefühl von Hektik überfiel mich und ich katapultierte mich elfengleich aus dem Bett, worauf die Elfe wohl ein leichtes Gewichts- und Koordinationsproblem gehabt haben muss, da meine Mutter von unten rief, ich solle nicht so rumpoltern oder ob ich mein Zimmer umräumen würde. Ich schlich also meinen Möglichkeiten entsprechend ins Badezimmer, wobei mich mein Kreislauf permanent versuchte zu überreden, dass es für meinen allgemeinen Gesundheitszustand das Beste wäre, mich wieder hinzulegen. Ich griff mir meine Zahnbürste und versuchte damit die kleine Feldmaus, die sich scheinbar über Nacht an die Stelle meiner Zunge verirrt hatte, aus meinem Mund zu vertreiben und stellte mich anschließend unter die Dusche. Strikt nach der Devise, immer schön vorsichtig, nicht nach oben gucken und gleichzeitig einatmen, dann kann nichts passieren, schaffte ich es, mich wieder in einen halbwegs alltagstauglichen Menschen zu verwandeln. Ein Blick auf die Uhr, Mist es war schon 15.10 Uhr. Frühstück bzw. Mittagessen konnten warten, ich musste schleunigst

zum Supermarkt, meine Freunde würden eine ausbleibende oder unzureichende Getränkeversorgung nicht gerade sportlich nehmen. Absolut von meiner Fahrtüchtigkeit überzeugt parkte ich kurze Zeit später vor dem Supermarkt. Ein schneller und geübter Blick ins reichhaltige Sortiment und ich entschied mich dafür, dass an diesem Abend nicht schlecht sein konnte, was tags zuvor noch gut war. Ich lud drei Flaschen Korn in mein Einkaufsgefährt, dazu fünf Flaschen Cola und vorsichtshalber noch eine Kiste Bier, das sollte reichen. Auf dem Weg zur Kasse fielen noch drei Tüten Chips wie von alleine in den Wagen und damit war dem leiblichen Wohl für den Abend genüge getan.

Wieder zu Hause wurden Korn und Cola postwendend in die Gefriertruhe gepackt, damit sie rechtzeitig die empfohlene Trinktemperatur erreichten. Anschließend stapelte ich das Bier in den Kühlschrank, womit der erste Teil der Vorbereitungen abgeschlossen war. Es blieb der Wunsch die Räumlichkeiten für den Abend festlich zu dekorieren: Erst mal Gläser und was zum Schreiben auf den großen Wohnzimmertisch, die Chipstüten daneben und einen Flaschenöffner. Jetzt musste ich nur noch mich selber vorbereiten, wofür mir exakt zwei Stunden und 17 Minuten Zeit blieb, perfekt. Ich machte mir eine reichlich belegte Pizza, zog mir frische Sachen an und begann, schon einmal so etwas wie eine Vorschlagsliste für die spätere Diskussion zu erstellen. Pünktlich um 18.58 Uhr ging die Klingel. Es war Nils, dem ebenfalls noch der Vorabend in den Knochen zu stecken schien, der aber sofort kundtat, dass er auch an diesem Abend dem Alkohol nicht zur Gänze abgeneigt wäre. Er wollte allerdings lieber langsam mit Bier anfangen, bevor es wieder mit Cola-Korn in die Vollen gehe. Das Ganze hielt ich für eine schlüssige Argumentation, der ich mich gerne anschloss und machte uns beiden eine Flasche auf. Kurz darauf trafen gemeinsam mit Toni auch Tina und Conny ein, erfreulicherweise musste wohl jemand den beiden glücklichen Aspiranten bereits für diesen Abend Bescheid gesagt haben. Es stellte sich heraus, dass Toni sich dieser Aufgabe mit Bravour und Hingabe gestellt hatte: Zunächst hatte er auf seinem Heimweg, so gegen vier Uhr früh, bei Tina geklingelt. Da jedoch, für Toni völlig unverständlicherweise, nach mehrmaligem Klingeln keiner aufgemacht hatte, war er weiter nach Hause und hatte es am nächsten Mittag per Telefon versucht. Hierbei gab es wohl einigen Erklärungsnotstand, als er von Martins Eltern erzählt bekam, dass irgendein Idiot mitten in der Nacht Sturm geklingelt habe. Trotz einiger Hürden waren also alle versammelt, oder zumindest fast alle. Wie eigentlich immer warteten wir auf Hanno. Er kam im Grunde immer zu spät und bis heute behaupten auch alle seine Freunde, dass er der Hauptgrund ist, warum Dinge wie GPS-Tracker, Handys oder mobile Erinnerungssysteme erfunden wurden. Wir hatten schon mehrmals überlegt, einfach alle seine Uhren eine Stunde vorzustellen, damit er einmal pünktlich sein würde. An diesem Abend aber überraschte er uns und traf bereits in seinen Maßstäben gemessen überragend pünktlich um 19.22 Uhr ein.

Zunächst erzählten wir Tina und Conny, was wir bereits am Vorabend beredet hatten: Wir wollten uns alle zwei Wochen treffen und bei unseren Treffen um Geld tuppen. Das Geld sollte in eine Gemeinschaftskasse gehen und nach etwa einem Jahr wollten wir eine gemeinschaftliche, zweiwöchentliche Tour machen. Wie es sich für einen richtigen Männerclub gehört, sollte diese Tour natürlich nach Mallorca gehen. Die beiden waren sofort von der Sache überzeugt, auch völlig ohne jeden Cola-Korn-Turm und wir konnten anfangen, uns über gewisse Einzelheiten Gedanken zu machen. Zu allererst brauchten wir einen Namen. Nachdem Tina den klangvollen Namen Tupp Teufel vorgeschlagen hatte, holte ich meinen Zettel, auf dem ich unter anderem ebenfalls einen Namensvorschlag notiert hatte, hervor: MTC, kurz, klar und überzeugend, wie ein Korn vor der Beimischung von Cola. Nicht wie manche jetzt vielleicht denken, den Musik und Tanz Club in Köln, welcher ebenfalls MTC abgekürzt wird, sondern den Mallorca Tupp Club. Der Name gefiel allen auf Anhieb gut, wurde einstimmig angenommen und somit war der MTC geboren. Jetzt galt es jedoch einen vernünftigen Verhaltenscodex für den Club auszuarbeiten, wie eine Art Satzung, und auch da hatte ich auf meinem Zettel bereits einige Vorarbeit geleistet. Nach der einen oder anderen Verbesserung standen die Statuten des MTC fest, wurden von den sechs anwesenden Mitgliedern unterzeichnet und lauteten wie folgt:

Statuten des MTC (Mallorca Tupp Club)

1. Spieltage:

<u>Ordentliche Spieltage:</u>
Jeder erste und dritte Dienstag im Monat ist ein ordentlicher Spieltag.

<u>Außerordentliche Spieltage:</u>
Ein außerordentlicher Spieltag findet nach Absprache aller Mitspieler statt.

2. Spielort und Spieldauer:

Es wird nach reihum bei den unterschiedlichen Mitgliedern gespielt. Start ist stets um 19 Uhr und Spielende wird von den Spielern am jeweiligen Tag bestimmt. Nach Absprache kann ein Spieltag früher oder später beginnen.

3. Einsatz und Sonderzahlungen:

<u>Einsatz:</u>
Der Einsatz pro Spiel beträgt 2 Mark[1], wobei diese jeweils von mindestens der Hälfte aller Spieler zu zahlen ist. Verlieren mehrere Spieler gleichzeitig in einem Spiel, so dass die Zahl der Mindestzahler überschritten wird, müssen alle Verlierer zahlen.

---

[1] Anm. des Autors: Die vor der Einführung des Euros in Deutschland geltende Währung Deutsche Mark. Ältere Menschen werden oft dabei beobachtet, wie sie empört ausrufen: „Wisst ihr, was das in Mark wäre."

Sonderzahlungen:
Sonderzahlungen sind Zahlungen, die anfallen, wenn man entweder an einem Spieltag nicht teilnehmen kann (nur gute Gründe sind zulässig), zum Ausgleich von Spritkosten oder als Strafe für zu spätes Erscheinen bzw. unentschuldigte Abwesenheit. Weitere Sonderzahlungen können für vorher abgesprochene spezielle Mottoabende eingeführt werden, aber bedürfen der Zustimmung aller.

Entschuldigte Abwesenheit bei einem Spieltag:
Kann ein Spieler aus triftigen Gründen an einem Spieltag nicht teilnehmen, muss er den Durchschnitt bezahlen, der an diesem Abend zwischen allen Anwesenden erspielt wurde, zuzüglich einer Abwesenheitsgebühr von 5 Mark. Kommt ein ordentlicher Spieltag aufgrund mehrerer Absagen nicht zu Stande, sind von jedem Spieler pauschal 30 Mark zu zahlen.

Strafen:
Für zu spätes Erscheinen wird eine Strafe von 5 Mark fällig, wenn man mehr als 5 Minuten zu spät zum vereinbarten Termin erscheint.
Bei unentschuldigtem Fehlen wird eine Strafe von 15 Mark fällig, die zuzüglich zum erspielten Durchschnitt und der Abwesenheitsgebühr zu zahlen ist.

5. Verpflegung und Bewirtung

Die Getränke und Knabbereien für den jeweiligen Spieltag stellt immer der Ausrichter. Findet ein Spieltag in Köln statt, stehen Schlafmöglichkeiten zur Verfügung.

6. Mallorca-Tour

Neben den gemeinsamen Tuppabenden soll es eine gemeinsame Mallorca-Tour über zwei Wochen geben. Termin, genaues Ziel der Fahrt sowie das Hotel werden von allen zusammen bestimmt.

7. Tuppregeln

Die Regeln, die es beim Tuppen zu beachten gibt, werden in einem gesonderten Regelwerk zusammengefasst und Verstöße werden streng geahndet.

Gegen 21.30 Uhr erklärten wir die Planungen für erfolgreich abgeschlossen und begannen voller Enthusiasmus gleich mit dem ersten offiziellen Tuppabend. Wir hatten überlegt, dass man pro Abend etwa 10-15 Spiele schaffen könnte. Bei mindestens drei Verlierern je Spiel und zwei Mark pro verlorenem Spiel sollten also ungefähr 60-100 Mark pro Abend in die Kasse kommen. Es zeigte sich jedoch bereits an diesem Abend, dass durch eine relativ ungestüme und aggressive Spielweise einiger Mitglieder, die durch zunehmenden Alkoholgenuss noch gesteigert werden konnte, dieser Betrag auch gerne mal auf das Doppelte hochgeschraubt werden konnte. Unserer Kasse kam dies natürlich zu Gute.
Am Ende des Abends waren alle sechs leicht angeschickert, aber glücklich und zufrieden ein Mitglied des MTC zu sein. Bei der Verabschiedung so gegen drei Uhr in der Früh adelte mich Hanno nur: »Das war seit der Erfindung des String Tangas mal wieder eine richtig gute Idee!«

Tuppen für Malle

Die Zeit verging und wider Erwarten wurde der MTC von allen seinen Mitgliedern außerordentlich ernst genommen. Die Treffen fanden zuverlässig statt, Verspätungen kamen so gut wie nie vor und wurden mit erbarmungsloser Härte bestraft und auch das eigentliche Tuppen wurde mit äußerster Hingabe und unter Einhaltung aller Regeln durchgeführt. Trotz aller Disziplin kam der Spaß nie zu kurz, wir lachten viel, tranken noch mehr und freuten uns stets auf den nächsten Tuppabend. Irgendwann hatte Toni die Idee, man könne ja einen außerordentlichen Abend veranstalten mit besonderen, dem Anlass angepassten Regeln und falls diese Regeln nicht eingehalten werden würden, sollte dies zu empfindlichen Strafzahlungen führen, was dann der allgemeinen Kasse zu Gute kam. Wir fanden alle die Idee gut und trugen Toni auf, ein entsprechendes Regelwerk zu erstellen und es uns beim nächsten Tuppabend vorzulege, damit wir darüber abstimmen könnten. Wie beschlossen, geschah es auch und so kam es zum unvergesslichen »edlen« Tuppabend!

Besagter Abend fand an einem Samstag im Dezember bei Nils statt und stand unter dem von Toni ausgewählten philosophischen Leitsatz: *„Wer den süßen Honig will, muss der Biene Sumsum leiden"*. Als Hanno den Leitsatz zum ersten Mal gelesen hatte, fragte er nur, »Ey Toni, was hast du denn geraucht oder bist du als Kind mal auf ner Waldorfschule gewesen und kannst den Leitsatz vielleicht auch tanzen?« Nachdem Toni daraufhin ernsthaft versucht hatte,

Hanno die tiefere Bedeutung zu erklären, nämlich dass man ab und zu für etwas Angenehmes etwas Unangenehmes in Kauf nehmen müsse, entgegnete Hanno nur, er würde sich lieber dem Angenehmen widmen und uns das Unangenehme überlassen. Nach diesem kurzen philosophischen Exkurs, konnte der eigentliche Abend beginnen. Das heißt, zunächst wurden die ersten Strafen ausgesprochen und die hatten es in sich, da Tina gleich beim geforderten Dresscode gegen mehrere Regeln verstoßen hatte. Das von Toni erarbeitete, besondere Regelwerk für den *„edlen Tuppabend"* sah unter anderem angemessene Kleidung vor. Angemessen bedeutete, dass ein Hemd, sowie eine Krawatte oder Fliege Pflicht waren. Ebenso war eine dazu passende Hose sowie Lederschuhe gefordert, wobei jeglicher Jeansstoff und Turnschuhe ausdrücklich verboten waren. Außerdem war ein gepflegtes Äußeres zwingend erforderlich, was eine glatte Rasur, eine vernünftige Frisur, sowie saubere und geschnittene Fingernägel einschloss. Leider schien Tina die Regeln nicht ausreichend gut gelesen zu haben. Während alle anderen extrem herausgeputzt in Anzug oder Smoking aufliefen, hatte Tina zwar ein Hemd und eine Krawatte an, aber dazu eine braune Jeans und wäre die nicht bereits Verfehlung genug gewesen, hatte er sich seit mindestens drei Tagen nicht rasiert. Diese groben Regelverstöße hatten eine Strafzahlung von insgesamt 25 Mark zur Folge, was Toni auch umgehend verkündete. Tina meinte darauf hin nur, »Ihr spinnt doch, ich hab keinen Scheißanzug und Rasieren hab ich vergessen!« Als wir seine Aussage hörten, mussten wir erst mal lachen und

dann teilte Hanno ihm mit, dass er offensichtlich wirklich die Regeln nicht richtig gelesen haben konnte, weil dort ebenfalls eindeutig vermerkt war, dass weder Beleidigungen noch Schimpfworte irgendeiner Art benutzt werden durften und eine Zuwiderhandlung jedes Mal mit zwei Mark Strafe geahndet würde. Machte dann also weitere vier Mark für Tina, der im Anschluss nur noch meinte, »Ihr blöden Arschlöcher, so die zwei Mark waren es mir wert!« Damit nicht noch jemand in irgendeine Falle tappen konnte, gingen wir daraufhin nochmal kurz die Regeln durch.
Die Kleiderordnung hatte uns ja bereits ordentlich Geld in die Kasse gespült. Auch für Beleidigungen und Schimpfworte wurde Tina bereits zur Kasse gebeten und zwar mit je zwei Mark pro Vergehen. Ebenfalls zwei Mark Strafe sollte es für jede Benutzung eines von speziell aufgeführten Worten geben, die sich laut Toni für die Oberschicht bei einem edlen Abend nicht gehören würden. Diese Worte waren Klo, Chips, Bier, Schnaps bzw. Schnapssorten, Prost, Coke bzw. Cola und tot bzw. kaputt, was normalerweise verwendet wird, wenn ein Spieler beim Tuppen verloren hat. Eine weitere Regel besagte, dass alkoholische Getränke ausschließlich mit der linken Hand und abgespreizten kleinen Finger konsumiert werden durften, wobei Zuwiderhandlungen mit einer Strafe von einer Mark geahndet wurden. Da sich auch ein andauerndes Toiletten-Gerenne für edle Leute nicht geziemt, waren lediglich drei Gänge zur Toilette pro Person erlaubt, jeden weiteren Gang musste man sich mit fünf Mark erkaufen. Schließlich und endlich war auch jegliches Stuhlkippeln verboten und kostete ebenfalls zwei

Mark. Dieser Strafkatalog wurde zu unserem ohnehin bereits bestehenden Regelwerk, wonach runtergefallene Karten, sich beim Austeilen vergeben oder seine Karten zu voreilig ausspielen, bevor man an der Reihe ist, ebenfalls bestraft wurden, für diesen einen Abend hinzugefügt.

Da die Regeln nun allen nochmal ins Gedächtnis gerufen worden waren, konnten wir beginnen und wir taten dies mit einem ausgiebigen Abendmahl, was Nils extra für dieses Ereignis besorgt hatte. Es gab nichts geringeres als Mikrowellenlasagne eines bekannten Discounters, einfachheitshalber in der Original-Plastikverpackung serviert, zusammen mit Krautsalat, bei dem es sich selbstverständlich ebenfalls um ein Fertigprodukt aus dem handlichen 1kg-Eimer handelte. Nachdem wir alle unser erstes Erstaunen über diese überaus edlen Speisen abgelegt hatten, meinte ich nur in möglichst edler Ausdrucksweise: „Na, dann gib mir mal eine von den exquisiten italienischen Pasta Spezialitäten und reich mir bitte gleich auch eine gekühlte Gerstenkaltschale in der formschönen Glaskaraffe." Die anderen stimmten natürlich sofort mit ein und waren ebenfalls der Meinung, dass zu diesem opulenten, äußerst exquisiten Mahl zwingend eine große Menge des von mir Erbetenen Hopfentrunkes, in diesem Falle gebraut in den Niederungen zu Bitburg, erforderlich war. Noch bevor der erste Bissen gegessen wurde, floss weiteres Geld in die Kasse. Hanno bekam beim Abziehen der Folie heißen Dampf ab und meinte nur, »Fuck, ist das heiß!« und ehe die Strafe ausgesprochen war, konterte Nils mit den Worten, »Ja, kommt ja auch frisch aus der Mikro, du Ochse!« und schon klingelten wieder vier Mark in unserer Kasse. Das eigentliche Essen verlief dann ohne weitere Strafen, allerdings auch leider ohne jeglichen guten Geschmack seitens der Lasagne. Der Hunger trieb es rein und ich hatte schon Schlimmeres gegessen. Nach dem Essen hatte Toni für jeden noch ein *„edles Rauchkraut"* in Form einer dicken Havanna-Zigarre besorgt, da so etwas laut seiner Aussage, zu so einem Abend einfach dazugehöre, auch wenn wir alle Nichtraucher waren. Während wir so um den Esstisch herum saßen und unsere Zigarren pafften, überlegte ich mir, dass es sicherlich eine gute Idee wäre, getränketechnisch auf einen Longdrink umzuschwenken. Zum einen, weil ich damals bereits lieber Mischgetränke getrunken habe als Bier, und zum anderen, weil sich bereits ein Liter Bier auf dem direkten Weg in meine Blase befand und ich befürchtete, mir ansonsten an dem Abend noch den einen oder anderen Toilettengang erkaufen zu müssen. Gut, ich überlegte kurz, stieß dann Nils an und fragte ihn, ob er vielleicht etwas klare, destillierte Zuckerrohressenz, vermischt mit etwas aus Amerika importierter koffeinhaltiger Brause in adäquatem Mischungsverhältnis, mit etwas Eis für mich hätte. Nils schaute mich an, wie ein Auto, was gerne mal hupen würde, und auch die anderen hatten einen Gesichtsausdruck mit riesigen Fragezeichen in den Augen. Verdammt, das war wohl nichts mit der edlen Ausdrucksweise aber noch war ich nicht am Ende, also ein neuer Versuch. »Äh Nils, es wäre toll, wenn ich vielleicht etwas klares, hochprozentiges von Übersee gemischt mit schwarzer Limonade aus einer roten Dose bekommen könnte und vielleicht ein bis zwei

Eiswürfel«. Ich hatte zwar gedacht, jetzt müsste klar sein, was ich will aber nichts war klar, Nils hatte immer noch eine Mimik, die an eingeschlafene Füße erinnerte, dafür hatten Toni und Hanno meinen Wunsch dechiffriert, amüsierten sich jedoch köstlich darüber, dass Nils keine Ahnung hatte. So jetzt war es mir egal! »Mann, Nils, ich will einen Bacardi-Cola, du Volldepp!« kam im Affekt über meine Lippen. Auch meine Beteuerungen, dass es sich um einen lebensbedrohlichen Notfall handelte und ich kurz vor der totalen Dehydrierung stand, halfen hier nicht weiter und meine ersten vier Mark für diesen Abend gesellten sich unter Nils verschämten Blick in die Kasse. Die ganze Sache hatte aber auch ein Gutes, ich bekam den ganzen Abend unaufgefordert nachgeschenkt und brauchte maximal an mein leeres Glas zu tippen und Nils sprang sofort auf. Alles in Allem waren es also doch ganz gut investierte vier Mark. Die nächsten drei Stunden verliefen weitestgehend unspektakulär. Wir spielten wie immer, nur mit gewähltem Ausdruck, ab und an wanderten zwei Mark für ein versehentlich genanntes „*Bier*", ein fälschlicherweise mit der rechten Hand konsumiertes Getränk oder Schimpfwort in die Kasse, und immer mehr Bier wanderte in die Verdauungstrakte meiner Mitspieler, wobei Nils mittlerweile ebenfalls auf Bacardi-Cola umgeschwenkt war und Hanno vorsichtshalber beides trank. So gegen Mitternacht wurde es langsam interessant, nicht nur, weil die Anzahl im Affekt gesagter Schimpfworte in gleichem Maße anstieg wie der Alkoholpegel, sondern weil die Anzahl an freien Toilettengängen von den meisten aufgebraucht war. Durch meine Bacardi-

Cola-Taktik hatte ich noch einen Sanitätskeramikwalzer auf meiner Tanzkarte übrig, ebenso wie Nils, der sich als Gastgeber generell mit dem Trinken etwas zurückgehalten hatte. Dafür stand Hanno mächtig unter Druck, in etwa so, wie eine gut geschüttelte Dose Cola. Sein Gesicht hatte auch bereits eine ähnliche Farbe wie besagte Cola-Dose angenommen und man merkte, dass er förmlich einen inneren Dialog mit seiner Blase führte, die ihn sicherlich anflehte, endlich die unumgängliche Gebühr zu entrichten und auf die Toilette zu rennen. Zunächst versuchte Hanno jedoch Plan B und meinte, er würde sich noch eine Flasche Hopfentrunk aus dem Kühlschrank in der Küche holen. Nils schaute schon ein wenig skeptisch, weil bis dato er als Gastgeber alle Getränke geholt hatte und schrie plötzlich: »Hanno, wenn du ins Spülbecken pinkelst, tret´ ich dir die Eier eckig!« Nun waren wir in einer Zwickmühle, entschieden aber schnell und souverän, dass hier keine Beleidigung vorlag, sondern eine – zu Nils' Vorteil straffreie – Drohung. Und auch das Wort „Eier" beschrieb lediglich ein Naturprodukt, das in jedem Supermarkt zu kaufen ist. Dass es sich in dem Moment um ein unflätiges Wort für einen gewissen Körperteil handelte, war nicht zweifelsfrei zu beweisen. Bei dem Wort „pinkeln" hatten wir Nils dann allerdings, hier waren eindeutig zwei Mark fällig, die Nils jedoch nur unter Protest zahlte. Mit seiner Vermutung lag er aber allem Anschein nach goldrichtig, weil Hanno mit einer geöffneten Flasche Bier, hochrotem Kopf und einem weiterhin sehr gequälten Gesichtsausdruck aus der Küche geschlichen kam. Als Entschuldigungsversuch stammelte er nur, dass die Toilettenstrafe so hoch wäre und der Zweck die Mittel heiligen würde. Weitere zehn Minuten später war es dann so weit, Hanno stand bei gefühlten zehn bar Überdruck, nahm einen Heiermann raus und knallte ihn auf den Tisch. Für die, die nicht wissen, was ein Heiermann ist, man bezeichnete so bei uns früher ein Fünfmarkstück. »Mir reicht es, ich kann nicht mehr, ich muss jetzt, sonst platz' ich, nehmt die Scheißkohle, ist mir egal!«. Tina meinte darauf hin nur, dass er gleich zwei Mark dazu legen solle für das benutzte Schimpfwort, aber das hatte Hanno nicht mehr gehört bei seinem Toilettensprint, der dem derzeitigen Olympiasieger Donovan Bailey sicherlich alle Ehre gemacht hätte. Also wurden die zwei Mark notiert und wir warteten darauf, dass Hanno zurückkäme, damit wir weiter spielen konnten. Nach ungefähr zehn Minuten fragten wir uns, wo er blieb und Conny meinte, wenn er schon mal bezahlt hätte, würde er auch gleich die Lasagne befreien und die fünf Mark voll auskosten. Weitere zehn Minuten später ging ich in den Flur und rief Richtung Toilette, »Hey Hanno, die fünf Mark waren keine Monatsmiete, wir wollen weiterspielen.«. Erst mal kam keine Antwort, aber nachdem auch die anderen sich im Flur eingefunden hatten und Toni meinte, »Bist du eingepennt oder haust du dir gerade die Falten aus dem Sack? Mach hinne, ich muss auch mal, hab auch schon bezahlt!«, drang Hannos trotzige und leicht lallende Stimme durch die Klotüre. »Nix da, ich hab bezahlt, ich bleib jetzt so lange hier, wie ich will!« »Mensch Hanno, wir wollen weiter spielen und Toni muss auch mal«, versuchte ich ihn zu überreden. »Nö, ihr könnt mir die Karten unter der Türe durchschieben, dann spiel ich von hier und Toni kann draußen in die Blumen pinkeln.«, war seine Antwort. »Mensch Hanno, jetzt zick nicht so rum, du kannst nicht vom Klo aus spielen und es schneit seit zwei Stunden, wenn morgen früh in gelben Buchstaben MTC in unserem Vorgarten zu lesen ist, finden meine Eltern das nicht so gut.«, meldete sich Nils zu Wort, wobei keiner von uns die Strafe für das erneut genannte „pinkeln" erwähnte aber Hanno machte keine Anstalten herauszukommen. »Na gut«, flüsterte Nils, »dann kommt jetzt der letzte Versuch.« Anschließend sagte er deutlich hörbar, »Kommt Jungs, lassen wir ihn und trinken im Wohnzimmer erst mal `nen eiskalten Hörnertee.« Wir gingen ins Wohnzimmer, Nils holte ein paar Schnapsgläser und aus der Küche und eine Flasche Jägermeister aus den Gefrierfach. Als er gerade anfing, die Gläser zu füllen, stand Hanno in der Wohnzimmertüre. »Na gut, ihr habt mich, ihr wisst genau, dass ich bei Hörnertee nicht widerstehen kann«, meinte er kleinlaut. »Also willst du auch einen?« fragte Nils. »Ja natürlich, du Pfeife, was glaubst du, warum ich von meinem Thron gestiegen bin?«, entgegnete Hanno. »Alles klar und das waren dann wieder zwei Mark für Beleidigung und weitere zwei gibt's noch von dem unflätigen Wort auf Toilette.« fügte Tina wahrheitsgemäß an, worauf Hanno ziemlich erzürnt entgegnete, wir sollen ihn mal in Ruhe lassen, sonst würde er gleich wieder fünf Mark auf den Tisch legen und im Klo verschwinden. Im selben Moment kam Toni rein und riet ihm dringend davon ab, weil er gerade seinerseits seine fünf Mark auf Toilette voll ausge-

kostet hätte und Nils am besten ein Biohazard-Schild an die Türe hängen solle. Verdammt, die verführerische Möglichkeit der noch kostenlosen Benutzung des Sanitärbereichs, die ich mir mit eiserner Selbstdisziplin so hart erarbeitet hatte, verlor plötzlich jeden Glanz.
Gegen drei Uhr früh hörten wir mit dem Spielen auf und Nils machte Kassensturz. Es zeigte sich, dass wir dank diverser Strafen und vieler Spielrunden 294 Mark eingespielt und damit einen absoluten Rekord aufgestellt hatten, der bis heute Bestand hat. Wir erklärten den „*edlen*" Tuppabend damit offiziell für beendet, was Hanno mit einem, »Endlich kann ich wieder pinkeln, wann und wie oft ich will.«, quittierte und Tina ihm mit, »Und vor allem darfst du wieder Pinkeln sagen.«, beipflichtete. Nach einer letzten Runde Jägermeister entließ uns unser edler Gastgeber auf die unergründlichen Pfade, die uns zu unseren Heimstätten führen sollten. Dieser Abend war wohl eine der seltenen Situationen, in der eine Flasche Jägermeister mal jemanden von der Toilette runtergeholt und nicht hingebracht hat.

Die Auswahl

Auf dem Heimweg vom diesem edlen Abend kam ich zufällig an einem Reisebüro vorbei und als ich mir so im Vorbeigehen vorstellte, wie die braungebrannte Schönheit auf dem Plakat im Schaufenster wohl ohne ihren Bikini aussähe, fiel mein Blick auf den Text des Plakates. Da stand in großen roten Buchstaben: *„Die neuen Sommerkataloge sind raus, buchen sie jetzt und sichern sie sich den Ultra-Frühbucherrabatt!"* Ich hielt dies für eine perfekte Fügung, denn es bedeutete, bis zum nächsten Tuppen könnte ich Kataloge besorgen und wir könnten uns Gedanken über ein geeignetes Hotel machen. Wenn wir schnell buchten, würde erstens die Sache durch den Rabatt noch einiges günstiger werden und könnte zweitens keiner mehr so leicht abspringen. Rücksichtsloser Weise war am nächsten Tag jedoch Sonntag, so dass ich mein Vorhaben erst am darauf folgenden Montag umsetzen konnte. In der Kölner Innenstadt jagte und erlegte ich Kataloge von allen Veranstaltern, die Mallorca als Ziel anboten. Schwer bepackt kam ich in meine 33qm kleine Bude und fing an die Angebote zu sichten. Da es zur damaligen Zeit weder Internetportale noch hilfreiche Onlineseiten mit Erfahrungsberichten gab, war eine sehr gründliche und langwierige Katalog-Recherche nötig. Zu Beginn meiner Katalogsession fiel mir auf, dass wir uns zwar auf Mallorca als Reiseziel geeinigt hatten, aber diese Insel ist ja bekanntlich nicht so winzig und hat einige Urlaubsorte. Hier fehlte dringend nötige Information denn ein wenig musste der Ort schon eingegrenzt sein für sinnvolle Nachforschungen. Das war ärgerlich, denn es bedeutete, dass eine wirkliche Recherche zu dem Zeitpunkt gar keinen Sinn machte. Ich schaute mir trotzdem einige Hotels an, informierte mich über die unterschiedlichen Orte auf Mallorca und wartete auf den nächsten Abend, denn dann war wieder ein ordentlicher Tuppabend Dienstag und diesmal erfreulicherweise bei mir in Köln, da musste ich die Kataloge nicht einmal nach Dülken chauffieren.

Pünktlich am nächsten Abend trafen die Jungs bei mir ein und wir fingen an, uns bei einem kühlen Kölsch Gedanken über unser Reiseziel zu machen. Auf Grund meiner vorangegangenen Recherchen kamen im Grunde nur zwei Orte in Frage. Zum einen natürlich El Arenal, was allen durch einschlägige TV-Dokus mit Eimern voll Sangria und langen Strohhalmen ein Begriff war, und zum anderen Cala Ratjada, wo sich laut Kataloganaben ebenfalls ein kleines Mekka des partywilligen Volkes in der perfekten Altersklasse 18-25 befand. Den endgültigen Zuschlag erhielt Cala Ratjada, nachdem uns Tina einen kurzen Reisebericht seiner vergangenen beiden Sommern gab, die er mit einem Freund dort verlebt hatte. Er schwärmte in den höchsten Tönen, was uns die Entscheidung sehr vereinfachte und unsere Phantasien bereits Purzelbäume auf Grund der vielen potentiellen Urlaubsflirts und Alkoholeskapaden schlagen ließ. Jetzt galt es nur noch, ein geeignetes Hotel zu finden. Auch hier hatte Tina einige Tipps für uns, allerdings eher der Art, welches Hotel man auf keinen Fall nehmen sollte, nämlich die beiden, in denen er gastiert hatte, sowie einige andere, die in gewisser Weise für ihren Komfort oder besser »Antikomfort« berühmt waren. Nach einigem Hin und Her war dann ein Hotel gefunden, was uns allen zusagte. Es lag nah am Strand der Son-Moll-Bucht, relativ nah am Zentrum und machte mit seinen drei Sternen und den Katalogbeschreibungen einen recht soliden Eindruck. So entschieden wir uns für das Hotel „Alondra" in Cala Ratjada. Die Buchung übernahm Nils gleich in der nächsten Woche. Somit stand es fest: Wir hatten es tatsächlich durchgezogen, wir würden im Juli für zwei Wochen nach Mallorca fliegen und auf dieser Insel eine neue Partyära einläuten.

Die Anreise

Der große Tag war endlich gekommen, unsere Tour begann. Am frühen Samstagmorgen setzte sich ein kleiner Autokorso in Bewegung zum Düsseldorfer Flughafen. In Fahrzeug Nummer eins, welches von Nils Freundin Emily gefahren wurde, befanden sich neben Nils und besagter Fahrerin noch Conny, zwei große Koffer und zwei Rucksäcke. In Fahrzeug Nummer zwei, das von Tonis Freundin Nicole gelenkt wurde, saßen noch Toni, Hanno und ich, sowie ein großer Koffer und drei Rucksäcke. Im dritten Auto befanden sich das restliche Gepäck und Tina mit seiner neuen Freundin Sandy am Steuer.

Einige werden sich jetzt sicher fragen, warum nicht in jedem Auto drei Leute mitgefahren sind. Wer Tina kennt, wenn er frisch verliebt ist, der weiß warum. Im Grunde war es für uns bereits ein Wunder, dass er die Tour nicht abgesagt hatte, weil zwei Wochen Trennung für ihn in diesem Zustand eigentlich völlig unzumutbar waren. Das extreme Gesülze, und Geseier, was sicherlich in den 30 Minuten den Wagen mit Schleim flutete, wollte sich von uns niemand antun. Aber gut, nur noch bis zum Check in und dann wäre Ruhe, da müssten die Frauen dann leider draußen bleiben.

Leider wussten die Mädels auch, dass sie draußen bleiben mussten, wobei das ganze eigentlich nur bei Sandy ein Problem darstellte. Ob die anderen beiden sich im Vorfeld bereits mit der Situation abgefunden hatten, es ihren Jungs einfach gönnten oder froh waren, sie mal eine Weile los zu sein, weiß ich nicht. Auf jeden Fall waren sie ruhig und entspannt. Ganz anders Sandy, sie führte sich auf, als habe Tina gerade einen Vierjahresvertrag bei der Fremdenlegion unterschrieben oder würde einen sechsmonatigen Trip ins All unternehmen. Ich wartete eigentlich nur darauf, dass sie sich entweder, wild schreiend, auf den Boden werfen würde, wie eine Vierjährige im Supermarkt, die ihr Überraschungsei nicht bekommt, oder sich kurzerhand einfach mit Handschellen an Tina ketten und den Schlüssel verschlucken würde. Beides passierte glücklicherweise nicht, aber dennoch brauchte Tina etwa 30 Minuten, um Sandy klar zu machen, dass er wirklich ganz bestimmt in zwei Wochen wieder da sein würde und er sich auf jeden Fall auf Mallorca benähme, weil sie ja im Grunde die einzige wirklich existente Frau für ihn auf dem Planeten Erde darstelle. Damit war Sandy beinahe überzeugt, hätte nicht Hanno, der, wie wir alle, besagten Satz mitbekommen hatte, leise, doch deutlich hörbar gesagt, »Ich hab gehört, auf Malle sind so geile Weiber, die können unmöglich irdischen Ursprungs sein!«. Diese Aussage bescherte Tina weitere 15 Minuten Abschiedsfreude. Nachdem er es endlich geschafft hatte, mit uns einzuchecken und Sandy mit großen, verheulten Augen in der Flughafenhalle stehen zu lassen, konnten wir uns auf den Weg Richtung Duty-free Shop machen. Da die Regeln für das Handgepäck bezüglich Mitnahme von Flüssigkeiten und der generelle Sicherheitscheck erst nach dem tragischen Zwischenfall am 11. September 2001 in den USA verschärft wurden, verliefen die Kontrollen damals relativ zügig. Daher gingen wir davon aus, schnell im Duty-free Shop zu sein, um uns für die lange Reise mit entsprechender Wegzehrung auszustatten. Wir hatten jedoch zwei Dinge nicht bedacht. Zum einen war es extrem voll im Düsseldorfer Flughafen, da auf Grund eines verheerenden Brandes im vergangenen Jahr nur einer von drei Terminals in Betrieb war. Zum anderen hatten wir die Rechnung ohne Tina gemacht. Anfangs sah das Ganze gut aus. Hanno ging durch den Detektor, kein Ton erklang. Bei Conny, Toni und Nils schlug das Gerät ebenfalls nicht an. Dann kam ich an die Reihe und natürlich gab es einen Alarm. Das war jedoch kein Grund zur Aufregung, bei mir reagieren diese Geräte meistens, weil ich bereits damals einen versilberten Hufnagel als Glücksbringer um den Hals trug, auf den diese Detektoren anspringen. Nach kurzem Abtasten und Kontrolle mit dem Handdetektor war jedoch alles bestens. Nachdem Tina ohne Alarmton durch den Detektor ging, dachten wir, alles wäre problemlos verlaufen. Leider hatten wir falsch gedacht!

War es nicht bereits schlimm genug, dass er unseren Urlaubsanfangs-Wodka-Lemon durch seine Verabschiedungseskapaden mit Sandy unnötig lange herausgezögert hatte, kam jetzt das Sahnehäubchen.

Als Tina seinen Rucksack vom Durchleuchteband nehmen wollte, hielt ihn der Beamte auf und fragte ihn höflich, ob es ihm etwas ausmachen würde, seinen Rucksack kurz zu öffnen. Tina lief im Handumdrehen hochrot an und stammelte leise, dass es kein Problem wäre, nahm den Rucksack und zog den Reißverschluss des Hauptfaches auf. Mittlerweile waren wir natürlich gespannt, wie der BH von Dolly Buster, was die Beamten denn in dem Rucksack vermeintlich gesehen haben wollten. Conny meinte trocken »Mensch Tina, ich hab dir doch gesagt, du sollst die Knarre und das Koks zuhause lassen, jetzt haben wir den Salat.«. Das ganze hob zwar unsere Laune, schien Tina aber noch mehr zu verunsichern und seine Gesichtsfarbe schien sich noch nicht ganz sicher, ob sie rot, weiß oder doch lieber grün sein wollte. Letztlich blieb es doch bei Rot, so dass Tina ein wenig wie eine rote Ampel aussah, an der sich gerade der gesamte Fluggastverkehr aufstaute. Der Beamte schaute gründlich den Rucksack durch und meinte dann, ob Tina auch die vorderen und seitlichen Fächer öffnen könnte. Auf die Frage, ob Tina irgendwelche Waffen im Gepäck hätte, meinte Conny, »Siehst du, es ist doch die Knarre!«, und wir alle laut loslachten, währen Tina die Fächer öffnete, dem Beamten entgegnete, keine Waffen dabei zu haben, und am liebsten im Erdboden versunken wäre. Die anderen Fluggäste versuchten derweil völlig genervt, zu einem anderen Durchgang zu wechseln und bedachten Tina mit abfälligen Blicken, während sie an ihm vorbeigingen. Plötzlich hatte der Beamte etwas gefunden und zog es aus der vorderen Tasche des Rucksacks. Wir trauten unseren Augen nicht, zum Vorschein kam eine riesengroße Rohrzange. Der Beamte war sichtlich ebenso erstaunt wie wir und fragte Tina, was er dann damit im Urlaub oder im Flugzeug vorhätte. Hanno prustete los, »Ist doch klar, Reifenwechsel, wenn wir unterwegs 'ne Panne haben und nicht mehr weiterfliegen können.«. »Genau!«, entgegnete Toni, »Oder, wenn wir doch abstürzen, ganz schnell unter zu Hilfenahme des MacGyver-Handbuches ein U-Boot bauen und uns alle retten«. Tina, der mittlerweile wirkte wie ein Reh, welches frontal in eine doppelläufige Schrotflinte blickt, stammelte nur entschuldigende Worte, dass er die Zange wohl noch von der Arbeit im Rucksack gehabt und vergessen hätte. Der Beamte sagte ihm dann, dass er die Zange nicht mit an Bord nehmen könne, weil ein solcher Gegenstand zu gefährlich sei, worauf Tina sofort sagte, dass es kein Problem darstelle und die Zange ruhig da bleiben könnte.

Hatten wir kurz angenommen, jetzt endlich in den Duty-free Shop einfallen zu können, wurden wir abermals eines Besseren belehrt. Der Beamte zog, mittlerweile sichtlich genervt, einen weiteren Gegenstand aus dem Rucksack und zwar eine Nagelschere. Mit den Worten, dass man weder Scheren, Messer noch sonstige Dinge, die als Waffe verwendet werden könnten, mit in den Innenraum des Flugzeuges nehmen dürfte, legte er die Schere auf seinen Schreibtisch. Dann schaute er Tina an und fragte, ob das wirklich ernst gemeint wäre, eine Zange und eine Schere im Handgepäck mit in ein Flugzeug zu nehmen. Nach mehreren Entschuldigungen durfte Tina dann endlich passieren, natürlich ohne Zange und Schere, dafür mit hochrotem Kopf und fünf Kumpeln, die ihn noch sehr lange mit dieser Story aufziehen werden würden.

Endlich kamen wir zum Duty-free und brachen direkt durch zur Alkoholabteilung, denn nach diesem Vorfall brauchten wir dringend Hochprozentiges. Jeder schnappte sich eine Literflasche Wodka, zusätzlich drei Liter Fanta Lemon. Nachdem wir gezahlt hatten, ging es zu unserem Gate und wir konnten endlich den bereits vor Tagen ausgeklügelten

Plan in die Tat umsetzen. Wir hatten vereinbart, bereits vor dem Start gemeinsam eine Flasche Wodka, quasi als Urlaubsanfangsgetränk, zu trinken und dabei eine Runde zu tuppen. Ursprünglich waren dafür etwa 70 Minuten vorgesehen gewesen, was für sechs geübte Wodkafreunde keine allzu schwere Übung darstellt. Leider waren wir durch Tinas Abschiedsaktion und sein Tête-à-tête mit dem Sicherheitsbeamten derart ausgebremst worden, dass uns nunmehr kaum 30 Minuten blieben. Das stellte selbst für uns eine echte Herausforderung dar, zumal keiner von uns vorher wirklich viel gegessen hatte. Egal, wir waren nicht zum Spaß da, wir hatten eine Mission, der MTC auf Tour nach Mallorca, da konnten wir nicht bereits vor dem Abflug schwächeln. Nils packte die Becher aus und die erste Runde wurde gemischt. Aufgrund der sich schließenden Zeitfenster entschloss sich Nils gleich mal für eine 50:50-Startmischung und meinte dazu, man könne sich ja noch steigern. Als er mit dem Einschütten fertig war, hatte Toni auch die erste Runde Karten ausgeteilt. Wir griffen unsere Becher, prosteten uns zu und nahmen alle einen beherzten Schluck. In Bruchteilen einer Nanosekunde erkannten wir die Schwachstelle in unserem so perfekt erdachten Plan. Warmer Wodka-Lemon schmeckt in etwa so gut wie ein im Sommer drei Monate ohne Socken getragener Turnschuh riecht.

Das beinahe gegen die Menschenwürde verstoßende Mischungsverhältnis änderte daran leider auch nichts und wir waren uns einig, dass wir so niemals unseren Plan in die Tat umsetzen würden. Also musste der spontan erdachte

Plan B uns retten. Ich schnappte mir zwei leere Becher, ging zu einer der Bars in der Nähe der Abfluggates und bat eine nett anzusehende Kellnerin um Eis. Nachdem ich ihr die Umstände erklärt hatte, füllte sie mir lachend die beiden Becher und meinte anschließend nur, wir sollten es nicht übertreiben, weil stark Angetrunkene nicht in den Flieger dürften. Wieder zurück bei den anderen wurde ich kurz als Held gefeiert, allerdings nur ganz kurz, weil wir jetzt nur noch knappe 20 Minuten hatten. Der angetrunkene Wodka-Lemon wurde schnell mit Eis aufgefüllt, ein wenig geschwenkt und dann in einem kräftigen Schluck vernichtet. Das war von der Temperatur her viel besser, leider nicht vom Mischungsverhältnis, weswegen wir Nils baten, sich bei der nächsten Mischung ein wenig zu zügeln. Gesagt getan, Nils machte sich an die zweite Mischung, die diesmal gnädiger Weise nur ein Drittel Wodka enthielt und sich dank der Eiswürfel auch angenehm trinken ließ. Wir kriegten es sogar noch hin, eine Runde zu tuppen, so dass Hanno und Tina später die ersten Runden Bier im Flieger geben durften. Schon vor dem Abheben schafften wir die erste Punktlandung und vernichteten pünktlich zum Boarding den letzten Schluck Wodka-Lemon. Frohen Mutes ging es ab in den Flieger, wobei der Alkohol offensichtlich mit uns die Reise antrat und den Übermut gleich mitbrachte, weil anders lässt sich Folgendes wohl nicht erklären. Nils ging als erster von uns sechs in die Maschine, während die restlichen Fluggäste fast ausnahmslos bereits an Bord waren, da wir zuvor jede Minute für den Wodka gebraucht hatten. Jedenfalls waren kaum noch Zeitschriften da und Nils fragte eine der Stewardessen, ob sie irgendwo noch eine WZ oder eine FAZ hätten, was die Dame mit mitleidigem Blick verneinte. Hinter Nils betrat Conny, der mich bereits auf der Fluggastbrücke aus einiger Entfernung darauf aufmerksam machte, dass die Stewardessen „echt scharf" aussehen würden, den Flieger. Wie Nils zuvor auch, schaute er nach Zeitungen und fragte dann eine der Stewardessen mit ruhiger Stimme, ob sie nicht einen Playboy, Hustler oder wenigstens eine Praline hätten. Ich dachte, ich hätte mich verhört, und ich glaube, der Stewardess ging es ähnlich. Nachdem sie Conny jedoch weiterhin fragend ansah, schüttelte sie ihren mittlerweile ziemlich geröteten Kopf und schaute auf den Boden. Schade, meinte Conny nur und fragte, ob es wenigstens Eis an Bord gäbe, um Getränke zu kühlen, woraufhin Toni ihn leicht energisch mit den Worten, dass wir wohl zwei Stunden mit Bier überbrücken könnten, in den Gang Richtung Sitzreihe 14 schob und ihn in größtmöglicher Entfernung zum Bordpersonal am Fenster unterbrachte. Die Stewardess schien darüber sichtlich erleichtert und Hanno sagte nur, »Machen sie sich keine Sorgen, der beißt nicht, der will nur spielen«. Als letztes betraten Tina und ich den Flieger und versuchten unsere gazellengleichen Körper mit unseren vier Mitreisenden auf den nur sechs Plätzen unterzubringen, die uns zugedacht waren. Den Ansätzen zur Platzangst konnten wir allerdings psychologisch versiert entgegenwirken durch den Einsatz von ablenkenden Hilfsmitteln: Zunächst wurden die beiden ausstehenden Runden Bier von Hanno und Tina gesittet bestellt und vernichtet und zeitgleich zwei weitere Runden, eine von mir und eine weitere von Hanno, erspielt. So verging die Zeit quasi wie im Fluge und schon stand die Maschine auf dem Rollfeld des mallorquinischen Flughafens. Die Passagiere schnappten sich umgehend ihr Handgepäck und drängelten Richtung Ausstieg. Wir blieben erstmal sitzen, schauten dem Treiben zu und Toni stellte philosophisch fest, dass die Koffer auch nicht schneller ausgeladen werden, wenn man früher am Gepäckband steht. Als nahezu alle rausgedrängelt waren, standen wir auf, nahmen unser Handgepäck und gingen in aller Ruhe Richtung Ausgang. Beim Verlassen der Maschine meinte Conny leise zur Stewardess, »Schlimm diese Ballermanntouristen, die sich nicht benehmen können!« und wenn mich nicht alles täuschte, hab ich ein leichtes Lächeln auf ihren Lippen gesehen. Das war jedoch sofort wieder verschwunden, als Hanno meinte, dass man sich ja vielleicht beim Rückflug wiedersehen würde.

Wir hatten also endlich spanischen Boden unter den Füßen, auch wenn es sich zunächst um den eines noch nicht vollständig umgebauten Flughafens handelte. Auf der Prioritätenliste dieser Renovierung ganz weit hinten standen offensichtlich die Toiletten, wenn sie nicht gänzlich vergessen worden waren. Dem Druck von jeweils vier Bier gehorchend war dies nämlich unser erster Kontakt mit der spanischen Innenarchitekturschule. Wir trauten unseren Augen und unseren Nasen nicht, aber wir befanden uns im Mekka eines Mikrobiologen. In diesen 50qm hätten Doktorarbeiten verfasst werden können über die Koexistenz von unterschiedlichen Keimen auf engstem Raum. Wir versuchten tunlich nichts zu berühren, wenn möglich nicht mal zu atmen und so schnell es ging den Raum wieder zu verlassen. Aus hygienischen Gründen haben wir auch aufs Händewaschen verzichtet, da alleine die Berührung des Wasserhahns möglicherweise lebensbedrohliche Auswirkungen zur Folge gehabt hätte.

Am Kofferband trafen wir sie alle aus dem Flugzeug wieder, die Schubser und Drängler, die Quetscher und Schieber, die Drücker und Hetzer, alle waren sie da und keiner hatte seinen Koffer. Dafür schienen sie äußerst genervt und gereizt und schimpften über das langsame spanische Bodenpersonal. Pünktlich etwa zwei Minuten nach unserer Ankunft am Kofferband, setzte sich dieses in Bewegung und zu unserer Freude hatten wir alle sechs erfreulich schnell unsere Koffer beisammen, ließen die restliche Schar Nörgler am Gepäckband zurück und machten uns auf den Weg zu unserem Transferbus.

Schnell war der Bus unserer Reisegesellschaft gefunden und nach altbewährter Klassenfahrtmanier die Rückbank bevölkert. Jetzt hatten wir die Wahl zwischen zwei Stunden Transfer ohne Getränk oder der erneuten Herausforderung mit warmem Wodka-Lemon? Weil noch nie ein Mensch an schlechtem Geschmack gestorben war, sehr wohl aber an Dehydrierung, entschlossen wir uns noch in Parkposition, die Sache mit dem Wodka ein zweites Mal zu probieren. Der Geschmack des Getränks hatte sich auf wundersame Weise von völlig ungenießbar zu *„mit ganz viel gutem Willen und unter großem körperlichen Widerstreben gerade eben akzeptabel"* verbessert. Vielleicht ging dieser

Wandel aber auch einher mit der Konsumierung der ersten Flasche, sowie der diversen Biere im Flugzeug. Nach weiteren geschätzten zehn Minuten hatten endlich alle Nörgler ihr Gepäck und danach ihren Bus gefunden und ein völlig genervtes Paar setzte sich auf einen der Doppelsitze vor uns. Bei genauer Betrachtung wirkte er eigentlich relativ entspannt, wohingegen sie kurz vor einem Nervenzusammenbruch stand und ihr Möglichstes tat, um ihn mit ins psychische Verderben zu ziehen. Sie meckerte in einer Tour, über das schlechte Essen im Flieger, dass man die Kopfhörer bezahlen musste, dass der Duty-free Shop ihr Parfum nicht hatte, dass die Transferbusse nicht vernünftig ausgeschildert waren und natürlich auch über die furchtbaren präpubertären Jungs, die schon am Abfluggate angefangen hatten zu saufen. Man muss dazu sagen, dass die beiden nur unwesentlich älter als wir wirkten und ich einiges darum gewettet hätte, dass er den Urlaub oder zumindest die Wartezeit im Gate lieber mit uns, als mit seiner Freundin verbracht hätte.

Nachdem wir uns an den Geschmack des lauwarmen Wodka-Lemon gewöhnt hatten und der Bus bereits einige Minuten unterwegs war, rief Conny von der einen Seite der Rückbank zur anderen, dass Nils nochmal eine Runde mischen sollte, er wolle schließlich nicht nüchtern am Hotel ankommen. Das war der Moment, in dem das Mädel vor uns realisierte, wer da im Bus hinter ihr saß und das noch für mindestens 60 Minuten. Sofort ging der Kopf rüber zu ihrem Freund und es wurde getuschelt. Toni und ich saßen unmittelbar hinter ihr, konnten aber kaum was verstehen, lediglich die Worte »Nein«, »Verrückt« und »Höllenfahrt« waren klar erkennbar. Das Ganze war für uns natürlich der Startschuss, nochmal eine Schippe drauf zu legen und nur für die völlig entnervte Schnatterzicke vor uns eine Aufführung von „Höhlenmensch im Sommerurlaub" neu aufzulegen. Hanno gab das Stichwort: »Alles klar, Männer, lasst uns eine Runde Niveau-Limbo spielen.« Er trank seinen Wodka Lemon auf ex, gab Nils den Becher und verlangte sofortiges Nachladen und zwar bei allen, schließlich würde noch keiner lallen, niemand würde wacklig gehen und es hätte sich auch noch keiner übergeben, was das ganze überhaupt für ein lahmer Urlaub wäre. Nils tat wie ihm geheißen war und Conny feuerte umgehend die zweite Kugel ab, »Mensch Hanno, wir dürfen es aber auch nicht zu sehr übertreiben, wir wollen schließlich nicht nur Saufen, sondern auch ein paar nette Mädels klarmachen und volltrunken klappt das nicht.« Jetzt nahm das Schiff langsam Fahrt auf und auch Toni gab einen zum besten, »Klappt schon, aber du kriegst halt nur die, die entweder genauso voll sind wie du oder die sonst keiner will.« Das Getuschel in der Sitzreihe vor uns nahm zu und man konnte klar verstehen, dass sie ihn immer energischer dazu aufforderte, doch endlich mal ein Machtwort zu sprechen. Die restlichen Insassen schienen sowohl uns, als auch das Gebaren der Schnatterzicke als willkommene Unterhaltung zu sehen und wir erkannten auf dem ein oder anderen Gesicht ein Lächeln. Nur die beiden Gesichter vor uns lächelten nicht. Während er sehr gequält aussah, schien ihr Kopf kurz vor einer Explosion zu stehen. Da aber „kurz vor" oft noch lange nichts bedeutet und wir gerade so schön in Fahrt kamen, legten wir natürlich nach. »Nils, wieso ist mein Becher leer?«, fragte Tina. »Weil du so eine Saufziege bist!«, kam die postwendende Antwort. »Nix Saufziege, ihr fahrt doch alle mit angezogener Handbremse, jetzt macht mal fertig, die Flasche ist nicht mal halbleer!« »Dafür bist du schon mehr als halbvoll und wenn du so weitermachst, redet gleich nicht mal der Portier mit dir, geschweige denn irgendein Mädel« konterte Nils. »Wer will denn reden?«, fragte Hanno. »Berechtigter Einwand, aber so Sätze wie zieh dich aus, oder leg dich hin, sollten schon drin sein.«, kommentierte ich Hannos Statement. »Wie gesagt, die Mädels, die mit euch Suffköppen noch reden, kannst du eh in die Schublade mit der Aufschrift Ladenhüter Schrägstrich Resteverwertung packen.«, kam aus Nils' Richtung. »Genau und am nächsten Morgen bekommst du 'nen Schock fürs Leben.«, unterstützte Toni. »Ach was.«, konterte ich, »Erstens sind nachts alle Katzen grau, zweitens haben alle Mädels rosa Innenfutter und drittens hast du eh einen Fehler gemacht, wenn du morgens immer noch da bist!« Bei meinem letzten Ausspruch musste sogar der bedauernswerte, gequälte Freund der Schnatterzicke kurz lachen, was zunächst einen langen und sehr bösen Blick ihrerseits zur Folge hatte und zum anderen endgültig das Fass für sie zum Überlaufen brachte. Sie drehte sich zu uns herum und warf uns über die Rückenlehne einen Blick zu, als würde sie sich jeden Moment auf uns stürzen, um uns die Augen auszukratzen. Dann erhob sie ihre Stimme und richtete sie vor allem gegen Toni und mich, weil wir ihr unglücklicherweise am nächsten waren. »Ich habe echt gedacht das ganze primitive Volk fährt nur zum Ballermann, aber leider gibt es wohl ein paar Asoziale, die andere Teile Mallorcas bevorzugen. Wie kann man nur so billig und primitiv sein, es ist ein Trauerspiel, dass gebildete und gut erzogene Leute mit so einem Pack zusammen in einem Bus eingepfercht werden, mit denen man kein einziges vernünftiges und gepflegtes Wort reden kann!« Das war ein großer Fehler ihrerseits, den sie auch sofort bereuen sollte. Toni und ich sahen uns an und ohne jedes Wort war klar, was jetzt passiert, das einzige was nicht klar war, wer anfängt. Ich entschloss mich, Toni den Vortritt zu lassen, der auch gleich mit erstaunlich klarer Stimme loslegte als gäbe es kein Morgen. »Entschuldigen sie bitte vielmals verehrte Mitreisende, es war nicht unsere Absicht ihre werte Urlaubsatmosphäre auf irgendeine Art und Weise zu stören. Wenn ihnen unsere Gesprächsthemen nicht intellektuell genug sind, können wir uns gerne mit ihnen über anspruchsvollere Themen unterhalten. Was würde ihnen denn mehr zusagen? Vielleicht lieber etwas aus dem Bereich Politik, ob die momentane Regierung unter Helmut Kohl einen guten oder eher nicht so guten Job macht, ob die Außenpolitik unter Klaus Kinkel besser ist als unter seinem Vorgänger Genscher, die Wirtschaftspolitik von Günter Rexrodt und die Bildungspolitik von Jürgen Rüttgers sinnvoll ist, oder wo die Schwachstellen liegen?« »Oder vielleicht doch lieber etwas aus dem Bereich der Wissenschaft?«, ergänzte ich, »Wir könnten zum Beispiel die Quadratur des Kreises neu überdenken, vielleicht fällt uns vielleicht doch eine Lösung ein und wir können die

These von Ferdinand von Lindemann aus dem Jahr 1882 widerlegen, dass es unmöglich ist, aus einem gegebenen Kreis in endlich vielen Schritten ein Quadrat mit demselben Flächeninhalt zu konstruieren, solange man die Konstruktionsmittel auf ein Lineal und einen Zirkel beschränkt. Sie können uns auch ihre Haltung gegenüber Klonen von Säugetieren nahelegen am Beispiel vom Schaf Dolly, welches letztes Jahr geboren wurde.« Mittlerweile hatte sich der Gesichtsausdruck der Schnatterzicke dahingehend geändert, dass sie in etwa so aussah wie ein Erstklässler, dem man gerade versucht, die Relativitätstheorie nahe zu bringen, was uns jedoch nur noch mehr anstachelte und zur Höchstform auflaufen ließ. »Ja, sagen sie doch mal, meine Liebe, was denken sie eigentlich über Gentechnik im allgemeinen und über die gentechnisch veränderten Lebensmittel im Besonderen?«, fragte ich die nun leichenblasse Schnatterzicke. »Und finden sie es nicht beachtlich, dass Johannes Kepler bereits um 1604 ein Fernrohr konstruierte, Supernovas beobachtete und bis heute gültige Gesetze der Astronomie aufstellte?« Das war jetzt endgültig zu viel für sie, die Schnatterzicke drehte sich langsam um, sank wortlos auf ihren Sitz, schaute zu ihrem Freund herüber, der sich nicht verkneifen konnte, ihr ein süffisantes »Mit so was hast du wohl nicht gerechnet?« zuzuflüstern, was ihm sicherlich einen sehr ungemütlichen folgenden Urlaubstag beschert haben dürfte, und verbrachte den Rest der Fahrt wortlos nach vorne blickend. Ein etwa fünfzig Jahre alter Mann, der immer noch laut lachend drei Reihen vor uns saß, streckte uns nur einen erhobenen Daumen entgegen und eine Dame Anfang vierzig, die mit ihrem Mann und zwei Kindern unterwegs war, meinte nur, »Alle Achtung Jungs, hätte ich euch nicht zugetraut.«. Spaßeshalber haben wir dann den Rest der Fahrt ausschließlich über sehr anspruchsvolle Themen geredet und dabei unseren Wodka-Lemon stilecht aus Plastikbechern aber mit abgespreiztem kleinem Finger getrunken. Als die Flasche langsam zur Neige ging, war das Hotel der Schnatterziege erreicht. Sie verließ fluchtartig den Bus wobei sie tunlichst jeden Blickkontakt mit uns vermied. Dem Freund, der die leidige Aufgabe hatte das Handgepäck aus der Gepäckablage zu hieven, wünschten Toni und ich unauffällig noch einen schönen Urlaub und boten ihm an, falls es ihm zu „zickig" würde, mal bei uns im „Alondra" auf einen primitiven Wodka vorbei zu kommen. Er bedankte sich zwar aber sein leicht gequältes Lächeln zeigte uns, dass mit ihm wohl nicht zu rechnen war. Jetzt konnten wir uns ruhigen Gewissens wieder über andere, primitivere Dinge unterhalten. »Oh man, ich hoffe das Hotel ist gut und nicht so ein Dreckloch.«, meinte Conny. »Ja, und hoffentlich ist das Essen genießbar, hab keinen Bock, immer auswärts zu essen!«, sagte Tina. »Ach was, das, was wir essen würden, können wir zur Not auch trinken. Hauptsache die anderen Gäste sind locker, viele nette Mädels und keine spießigen Angestellten.« warf ich ein.

Endlich waren wir da, der Bus bog um eine Ecke und der Fahrer kündigte das Hotel „Alondra" an. Außer uns machte keiner Anstalten aufzustehen und es keimten Zweifel auf, ob wir mit dem Hotel eine gute Wahl getroffen hatten. Es war inzwischen etwa fünf Uhr nachmittags, als wir aus dem Bus stiegen. Der Busfahrer lud unsere Koffer aus und als wir Richtung Haupteingang trotteten, hörten wir plötzlich wildes Geschnatter, pfeifen und einen Ruf »Frischfleisch«. Dann blickten wir hoch und sahen an etwa zehn unterschiedlichen Balkonen Mädels stehen, die offensichtlich sehr interessiert daran waren, wer denn da gerade Neues angekommen war. Damit war die Sache im Grunde schon klar, bevor wir durch den Haupteingang gegangen waren. Wir hatten die richtige Hotelwahl getroffen!

Happy Hour scheiß egal

Wir waren also schon einigen Mädels bekannt, bevor wir überhaupt im Hotel waren, das Hotel machte von außen einen sauberen und vernünftigen Eindruck und auch der Hotelier erwies sich als überaus freundlich. Alles in Allem konnten wir mehr als zufrieden sein. Wir bekamen zügig unsere Zimmerschlüssel und eine kurze aber doch eindringliche Mahnung, keine fremden Frauen mit ins Hotel und aufs Zimmer zu nehmen und wenn möglich, nicht völlig alkoholisiert ins Hotel zu kommen. Wir versicherten dem guten Mann, dass wir uns die größte Mühe geben würden, seine Regeln zu befolgen, wobei wir nach nunmehr zwei Litern Wodka und einigen Bieren ziemliche Konzentration aufwenden mussten, um wirklich glaubwürdig zu erscheinen. Dann ging es ab auf die Zimmer. Alle drei Doppelzimmer lagen nebeneinander im zweiten Stock mit Balkonsicht auf den Pool. Toni und ich nahmen das Zimmer links außen, Tina und Nils nahmen das mittlere und Conny und Hanno quartierten sich im rechten ein. Die Zimmer machten so, wie das gesamte Hotel, einen für unsere Zwecke mehr als ausreichenden Eindruck. Sie waren groß genug, hatten alle einen Balkon, wo man auch zu sechst Platz hatte und auch die Badezimmer waren ausreichend groß und sauber. Wir packten grob unsere Koffer aus und machten uns mit Hilfe einer Dusche startklar für das Abendprogramm. Mittlerweile war es 18.30 Uhr und Zeit für unser erstes Abendessen. Das Buffetessen war keine Offenbarung, aber für unsere Geschmäcker ansprechend und in reichlicher Menge vorhanden. Nach dem reichhaltigen Essen, zu dem wir uns, entgegen unserer sonstigen Gewohnheiten, alle eine Cola gegönnt hatten, der Dusche und den inzwischen fast drei Stunden Alkoholabstinenz, fühlten wir uns auch alle wieder nahezu nüchtern. Um diesem uns unwürdigen Zustand bestmöglich entgegenzuwirken, wollten wir alsbald die örtlichen Getränkequellen begutachten. Wir steuerten zielsicher eine Cocktailbar an, die uns schon von weitem dadurch auffiel, dass die Cocktails sehr groß waren, mit Wunderkerzen serviert wurden und die Leute bunte Kunstblumenketten umgehängt bekamen. Je näher wir kamen umso deutlicher sahen wir, dass der Laden voll war bis unters Dach, so dass uns die Sorge beschlich, dass wir keinen Tisch bekommen würden. Als wir jedoch gerade im Begriff waren an der Bar vorbei zu gehen, weil alles bis auf den letzten Platz besetzt war, stand eine Gruppe von Leuten auf und bot uns ihren Tisch an. »Na, wenn das nicht mal göttliche Fügung ist«, meinte Hanno und nahm sich gleich mal die Cocktailkarte. »Ach was«, sagte Conny, »Vergiss die Karte, das machen wir anders!«. Er winkte einen Kellner herbei und fragte ihn, welches der stärkste Cocktail wäre, den sie im Programm hätten. Der Kellner überlegte kurz und antwortete dann ziemlich überzeugend, dass der „Cala Ratjada" und der „Testamento" die beiden stärksten wären. »Prima«, entgegnete Conny, »dann hätten wir gerne von jedem sechs Stück!«. Der Kellner antwortete etwas irritiert und zögerlich, »Entschuldigen sie, sie wissen aber, dass wir 19.50 Uhr haben und heute bis 20.00 Uhr Happy Hour ist?« »Ja, ist doch supi.«, bestätigte Conny und der Kellner ging. »Happy Hour ist doch scheißegal, wir sind doch nicht zum Spaß hier, oder?« fragte Conny in die Runde, worauf sich Hanno nur die Hand vor den Kopf schlug und meinte, »Hast du die Eimer gesehen, die die hier servieren?« »Ja, ist doch prima und wir bezahlen nur die Hälfte.«, triumphiert Conny. »Ich glaube, du hast da was falsch verstanden.«, kläre ich ihn auf »Happy Hour bedeutet hier nicht Cocktails zum halben Preis, sondern zwei zum Preis von einem!« Keine fünf Minuten später wurde meine Aussage dadurch bestätigt, dass sich eine kleine Karawane von vier Kellnern, ihren Weg zu uns bahnte. Jeder trug ein Tablett mit sechs riesigen Cocktails, an denen brennende Wunderkerzen befestigt waren und einer hatte Blumenbänder um den Arm gehängt. Wir bekamen alle das obligatorische Blümchenband um den Hals, und vor jedem von uns wurden vier der riesigen Cocktaileimer aufgebaut. Wieder hatten wir es geschafft, uns mit einer perfekten Marketingstrategie in kürzester Zeit in der gesamten Bar bekannt zu machen. Alle Leute beobachteten die Karawane der Kellner zu unserem Tisch. Dachten anfangs vielleicht einige, dass wir noch ein paar Leute erwarteten und auf Grund der Happy Hour bereits für sie mitbestellt hätten, war spätestens, nachdem wir die beiden freien Stühle an unserem Tisch gerne der Nachbargruppe abtraten, klar, dass die 24 riesen Cocktails alle für die sechs Jungs sein mussten. So bekamen wir immer wieder belustigte, anerkennende, neugierige aber auch verächtliche Blicke von allen Seiten zugeworfen. Wir ließen uns jedoch nichts anmerken und taten ganz so, als würden wir in Cocktailbars immer gleich jeder vier Cocktails bestellen und machten uns tapfer ans Werk, die etwa zwei Liter Cocktail pro Person zu bezwingen. Beide Cocktails waren, wie erwartet, sehr gehaltvoll und der „Cala Ratjada" zudem auch erstaunlich lecker. Leider ließ sich das vom „Testamento" nicht behaupten. Von der Stärke her war der Name schon Programm, aber die etwas eigenwillige Mischung von Fernet Branca de Menthe, weißem Rum, Sahne und einem nicht wirklich zu identifizierenden Saft hatte zur Folge, dass wir uns alle mehr als schwer taten mit unseren zwei zierlichen „Testamentos". Die „Cala Ratjadas" wurden im Grunde immer nur für Spülgänge nach einem Schluck der giftgrünen, milchigen Minzbrühe verwendet. Gegen 21.30 Uhr waren die Cocktailmonster endlich bezwungen und wir hatten erfolgreich das Gefühl des Nüchternseins vertrieben. Nachdem wir gezahlt hatten sagte Hanno noch im Rausgehen, »Cool für 14 Mark hab ich jetzt richtig gut Standgas.« »Ja, dank Conny haben wir ja auch jeder zwei Liter Super verbleit getankt.«, antwortete ich. »Mensch, jetzt stellt euch mal nicht so an, wir sind doch keine Mädchen.«, beschwerte sich Conny ein wenig schuldbewusst und ein wenig trotzig zugleich. »Okay, wo geht's denn jetzt hin?«, fragte Toni und Tina, der sich ja schon ein wenig auskannte, meinte wir sollten doch erst mal auf die Hauptstraße, da gäbe es nette Bars und in einer Stichstraße auch zwei große Diskotheken. Gesagt getan, wir gingen zur Hauptstraße und entschieden uns für eine gut besuchte Bar mit dem Namen „Chocolate" und bestellten eine Runde Bier. Trotz der vielen Gäste kam das Bier erfreulich schnell. Wir prosteten uns mit den Halbliterkrügen zu und sondierten erst mal die Qualität und Quantität der Mädels in unserem Umfeld. »Man hier sind aber schon ein paar Leckerlis am Start.«, kommentierte Hanno die Situation treffend, denn es waren in der Tat viele gut aussehende Mädels unterwegs und das Verhältnis von Männern gegenüber Frauen war erfreulicherweise auch annähernd 50:50. Während die eine oder andere Dame etwas genauer begutachtet wurde, kam von Conny der Hinweis, wir sollen mal zum Eingang schauen, da käme gerade eine neue Sahneschnitte auf die Terrasse der Bar. Er hatte nicht zu viel versprochen, ein weiteres durchaus ansehnliches Mädel betrat gerade das „Chocolate". »Yo, die kann auch gleich bis zu uns durchkommen.«, schlug Hanno mit breitem Grinsen vor. »Genau, auf meinem Schoß ist noch ein Platz frei.«, entgegnete ich mit breitem Grinsen. »Hey, die kommt wirklich in unsere Richtung.«, stellte Nils amüsiert fest und tatsächlich, die Blondine bahnte sich ihren Weg durch die volle Terrasse in Richtung unseres Stehtisches. »Die muss bestimmt auf die Toilette.«, versuchte Toni zu erklären. »Nein, die Toiletten sind auf der anderen Seite.«, klärte Tina ihn auf, »Die kennt bestimmt irgendwen hier in unserer Nähe.«. Mit dieser Vermutung lag Tina jedoch falsch, denn das Mädel ging um unseren Tisch herum, stellte sich hinter mich und fragte mich zur Verwunderung aller, »Hi, kommst du aus Köln?« Da ich ein T-Shirt mit der Aufschrift „Universität zu Köln" trug, war diese Frage jetzt nicht so abwegig und wurde von mir wahrheitsgemäß damit beantwortet, dass ich zwar aus Dülken stamme aber in Köln wohnen würde, worauf sie noch eine weitere Frage hatte, die mich ziemlich erstaunte. »Sag mal studierst du vielleicht Biologie?«, wollte sie wissen und unser aller Augen wurden vor Erstaunen groß. »Ja, das stimmt, woher weißt du das, kennen wir uns?«, wollte ich jetzt neugierig und ein wenig irritiert wissen. »Ich kenne dich, du bist zwei Semester über mir, ich studiere auch Bio in Köln.«, sagte sie lächelnd. Da war meine Verwunderung natürlich erstmal groß und auch die anderen staunten nicht schlecht. Nicht nur, dass ich nicht damit gerechnet hatte, in dem Urlaub jemanden zu treffen, der auch Bio in Köln studiert, sondern, dass dieser jemand auch noch ein hübsches Mädel war, was sich zudem auch noch an mein Gesicht aus der Uni erinnerte und mich daraufhin auch noch ansprach, war sensationell. Der erste Abend verlief nicht nur super, sondern bislang besser, als erhofft. Leider kam dann ein kleiner Dämpfer, denn auf meine Frage, wie sie denn heißen würde und was sie den Abend noch vor hätte bzw. ob sie mit uns zusammen ein wenig feiern wolle, antwortete sie kurz, »Ich heiße Josi, also Josefine und ich muss erstmal zurück ins Hotel, meinen Freund abholen, aber später wollen wir ins "Physical", kommt doch auch hin.« Da war das böse F-Wort, was auf Mallorca nun wirklich keiner hören wollte. War ja abzusehen, dass die Sache einen Haken haben musste. Dennoch sagten wir zu, später mal ins "Physical" zu kommen, worauf sie genauso schnell, wie sie gekommen war, das „Chocolate" wieder verließ. »Sag mal, was ist denn da jetzt gerade passiert?«, fragte Toni. »Tja, so genau weiß ich das auch nicht, aber wir sollten nachher mal im "Physical" vorbei gehen, ein Freund ist ja kein Hindernis.«, schlug Hanno vor.

Wir tranken also unser Bier aus und machten uns langsam auf den Weg Richtung "Physical". Genau gegenüber befand sich eine weitere große Disco mit dem Namen "Bolero", allerdings schien weder dort, noch im "Physical" schon etwas los zu sein und Tina erklärte, dass es meistens erst so gegen Mitternacht voll wird in den Discotheken. Wir gingen trotzdem rein und da im Eintritt ein Freigetränk mit inbegriffen war, gingen wir auf direkten Weg zur Theke und bestellten uns gemäß dem Gesetz der Serie sechs Wodka Lemon. Die Disco war mit einer guten Laseranlage ausgestattet und aus den Boxen dröhnte der aktuelle Sommerhit „I'll Be Missing You" von Puff Daddy. Ebenso wie wir, wurde auch die Tanzfläche langsam aber sicher immer voller. Plötzlich sagte Hanno, »Guck mal, ist das nicht Josi, die da hinten auf der Box tanzt?« Wir schauten rüber und erkannten, dass er Recht hatte. Josi tanzte in einem sehr knappen Röckchen, welches man aus der Ferne glatt für einen Gürtel hätte halten können, auf der Box. »Na bestens, gehen wir doch einfach mal rüber.«, schlug ich vor und schon standen wir neben der Box. »Ah, hallo Jungs, da seid ihr ja.«, sagte sie und lächelte uns von oben aus an. Sie sprang zu uns herunter und wir stellten uns erstmal vor, weil wir im „Chocolate" nicht dazu gekommen waren. Sie teilte uns mit, dass ihr Freund im Hotel geblieben war, da er wohl ein wenig zu viel an der Hotelbar getrunken hatte. Was für bedauerliche Nachrichten für uns, so mussten wir die ganze Nacht mit ihr alleine feiern. Nachdem wir sie gegen drei Uhr früh gentlemanlike zu ihrem Hotel gebracht hatten, gingen wir ebenfalls zum "Alondra", jedoch nicht ohne uns für den nächsten Tag mit Josi am Strand der Son Moll Bucht zu verabreden.

»Na, das war doch mal ein netter Urlaubsbeginn.«, merkte Tina an, bevor wir uns alle auf die Zimmer verzogen und ziemlich müde ins Bett fielen und Recht hatte er, das Kind hatte einen guten Anfang gemacht und die nächsten beiden Wochen sollten dem ersten Abend um nichts nachstehen.

Heiße Blondine auf sechs Uhr

Wir wurden durch die warmen und extrem hellen Strahlen der Sonne und den unüberhörbaren Lärm vom Pool geweckt. Ich wagte es ein zögerliches »Frühstück???« in den Raum zu werfen, worauf hin Toni etwas träge entgegnete, »Frühstück? Guck mal auf den Tacho, wir haben fast zwölf Uhr, Frühstück können wir haken.« »Hat schon irgendwer sonst ein Lebenszeichen von sich gegeben oder liegen die alle noch im Packeis?« »Hab bis jetzt noch nix gehört, lass mal Strandsachen packen und die anderen wecken.« Gesagt getan, wir packten unsere Sachen und Dank dem kostenlosen Hoteltelefon und dem Balkonfunk, waren alle drei Zimmer nahezu gleichzeitig abmarschbereit, bis auf eine kleine Ausnahme. Tina hing bereits seit einer halben Stunde am Telefon und an der Art und Weise, wie er sprach, war es nicht schwierig zu erkennen, wer am anderen Ende der Leitung hing. »Oh man, der hat doch schon gestern ewig mit der telefoniert, nur um ihr zu sagen, dass wir gut angekommen sind, geht das jetzt jeden Tag so?«, fragte ich. »Na los, lasst uns schon mal losziehen, der kennt sich ja hier aus, der findet den Strand und wir können auch das erste Bierchen ohne ihn trinken.«, schlug Hanno vor. »Bierchen klingt gut!«, sagte Conny, »Aber erst mal brauch ich was hinter die Krawatte, bevor ich wieder mit Saufen anfange.« und wieder war das Glück uns hold, denn gleich um die nächste Ecke, auf dem direkten Weg zum Strand kamen wir an einem kleinen Supermercado vorbei. »Verpflegungskommando ausschwärmen!«, lautete Hannos Ansage und wir traten zu fünft in den kleinen Laden. »Okay, wie starten wir in den Tag, Jungs?«, wollte Toni wissen. »Na, wie schon?«, entgegnete ich, »Spanisches Sieben-Gänge-Frühstück, ein Sixpack San Miguel und ein Käse-Schinken-Toast!« und so saßen wir eine viertel Stunde später auf unseren Strandlaken im Sand und aßen unsere Toasts. Das Sixpack, welches tatsächlich aus sechs Flaschen San Miguel bestand, hatte geringfügig andere Dimensionen, als man es aus Deutschland her kannte. Es bestand aus Literflaschen mit Schraubverschluss, was im Gegensatz zu Deutschland, in Spanien weit verbreitet ist. Die Flaschen waren zwar eisgekühlt, drohten aber in der Sonne recht schnell warm zu werden. Deswegen wurde ein verwegener Plan ausgeheckt und auch gleich in die Tat umgesetzt und der lautete: „verdammt schnell trinken". Die ersten drei Flaschen leerten wir in rekordverdächtigen neun Minuten. Mittlerweile war auch Tina eingetroffen und um den Spott so gering, wie eben möglich zu halten, hatte er zufälligerweise sechs Bier dabei. Es waren allerdings keine Monster, wie unsere, sondern süße kleine 0,25l-Flaschen einer uns bis dato gänzlich unbekannten Marke namens „Cruzcampo", die er für den angenehmen Preis von 100 Peseten, was etwa 1,20 Mark entsprach, am nahegelegenen Strandlokal der *"Malibubar"* erstanden hatte. Wir gaben ihm erstmal eine Literflasche mit den Worten: „mach mal eben leer, du hast Nachholbedarf". »Aber ich hab doch noch nix gegessen.«, beschwerte er sich zögerlich. »Jetzt heul nicht rum, selber schuld, wenn du unbedingt so viel telefonieren musst!«, stellte Conny fest. »Kommt Leute, lasst doch 'ne Kleinigkeit in der „Malibubar" essen, danach kann ich richtig mitsaufen.« »Nix da, kauf dir ein Bügeleisen und zieh dir 'nen Rock an! Erst werden die Flaschen leer gemacht, sonst werden sie warm, danach können wir ja 'nen kleinen Snack nehmen.«, kam es postwendend von Hanno. Diesmal kam kein weiteres Nörgeln von Tina, weil er wusste, je schneller die Flaschen leer waren, umso eher würde er was zu Essen bekommen. Nach etwas mehr als 20 Minuten, waren die drei restlichen, großen Flaschengiganten bezwungen. »Die kleinen Flaschen können wir als Wegzehrung nehmen.«, schlug ich vor. »Alter, die „Malibubar" ist keine 200 Meter weg, wir können von da aus unsere Handtücher sehen, glaubst du da brauchen wir ein Bier als Wegzehrung?«, fragte Toni. »Stimmt, eins könnte knapp werden, aber wenn wir schnell gehen, reicht es, um gerade nicht zu verdursten.«, antwortete ich aufrichtig besorgt.

Keine zwei Minuten später betraten wir mit sechs leeren „Cruzcampo" die Terrasse der „Malibubar" und Wunder über Wunder, keiner von uns war auf dem anstrengenden Marsch verdurstet. Wir setzten uns an einen der Tische und kurze Zeit später stand ein Kellner bei uns, der unsere Bestellung aufnahm. Toni und Conny nahmen Spaghetti Bolognese, Tina und Hanno Hamburger mit Fritten und Nils und ich nahmen Calamari. Außerdem sechs grande Serveza. Im Handumdrehen waren die Halbliterkrüge Bier da und erfreulich kurze Zeit später, kam auch das Essen. »Cool, dann kann ich gleich weitersaufen, Fisch muss nämlich schwimmen.«, sagte Nils und steckte sich ein Calamariring in den Mund. »Ähhm, sorry Nils, aber Calamari sind keine Fische, sondern Mollusken, verwandt mit Muscheln und Schnecken.« »Oh, der Herr Biologe muss mal wieder klugscheißen, diese Molukken schwimmen doch auch, oder?« kam es von Tina. »Naja, Molukken sind Inseln in Indonesien und deren Einwohner, die Mollukker, können sicher schwimmen aber Mollusken oder auch Weichtiere, können das nur, wenn sie im Wasser leben oder hast du schon mal zwei Weinbergschnecken gesehen, die um die Wette kraulen?« »Jaja ist ja gut, Molukken war nur ein Versprecher und Tintenfische leben doch im Wasser, also müssen sie schwimmen und damit ist das Thema durch.«, brachte Toni wieder Ruhe in die Runde. »Und saufen kann man auch nach Hamburgern und Spaghetti ganz ausgezeichnet.«, legte er nach. So saßen wir zusammen, aßen das Essen, was für eine spanische Strandbar in einer Touristengegend, wo sich fast ausschließlich partywütige Jugendliche aufhielten erstaunlich gut und günstig war und tranken unser Bier. Nebenbei waren natürlich alle unsere Antennen für die holde Weiblichkeit auf Empfang gestellt und es kamen von Zeit zu Zeit eindeutige Hinweise, wie »Granate auf Elf Uhr« oder »Tanga auf halb zwei« oder auch »Nippelwetter gerade aus im flachen Wasser« wobei sich jedes mal fünf Jungs, nämlich alle außer dem Kommandogeber, völlig unauffällig entsprechend ausrichteten. So ging das Ganze eine Weile und nach dem zweiten großen Bier beschlossen wir, zu zahlen, auszutrinken und zu den Handtüchern zu gehen. Als wir gerade dabei waren auszutrinken, kam auf einmal das Kommando, »Heiße Blondine auf sechs Uhr!«, doch keiner von uns hatte das Kommando gegeben. Hinter uns stand Josi und kugelte sich vor Lachen, als wir sie alle mit großen Augen ansahen. »Soso, das macht ihr also den ganzen Tag, Bier trinken und Frauen abchecken, ihr solltet das Ganze nur vielleicht ein klein wenig unauffälliger machen, nur so als Tipp.« »Oh, wie lange stehst du denn schon da?« fragte Hanno ein wenig verschüchtert. »Etwa zwei Granaten und ein Tanga lang.«, kam die kichernde Antwort. »Ups, naja, jetzt wo du unseren Tagesablauf kennst, hast du Lust uns dabei Gesellschaft zu leisten, unsere Handtücher liegen da vorne?«, fragte ich und erstaunlicher Weise kam postwendend ihre Antwort, »Ja klar, ich hol nur eben meinen Freund, wir haben unsere Sachen ein wenig weiter durch am Ende des Strandes, wir kommen dann gleich zu euch.« »Prima, dann holen wir schon mal Bier.«, kam es von Hanno und kurz darauf saßen wir zu acht im Sand, tranken Bier und quatschten. Es stellte sich heraus, dass Stefan, der Freund von Josi, eigentlich auch eine Partytour mit einem Freund geplant hatte. Dieser war aber kurz vorher abgesprungen und da die beiden keine Reiserücktrittversicherung hatten und niemand anderes einspringen wollte, war Josi mitgefahren. Jetzt schien Stefan schon irgendwie ein wenig erleichtert, das er Leute gefunden hatte, mit denen er ordentlich einen trinken konnte und weil er sich bei unseren Kommandos ebenfalls im Rahmen der Gruppendynamik völlig ungeniert und straffrei umsehen durfte. Aber auch Josi war dem Alkohol und dem Feiern nicht abgeneigt, was wir schnell feststellten, und so war im

Grunde ständig einer von uns damit beschäftigt neues Bier aus der „Malibubar" zu holen.
Während Stefan mal unterwegs war, Nachschub zu holen, fragten wir Josi, ob es nicht etwas merkwürdig wäre, als Paar einen Urlaub in so einer Partyumgebung zu machen, wo nur gesoffen und gebaggert wurde? »Naja, meistens trinkt Stefan so viel vorher, dass ich dann alleine feiern gehe.«, entgegnete Josi grinsend. »Okay, heute Abend ab 20 Uhr Vorfluten bei uns auf dem Balkon.«, schlug ich vor. »Alles klar!«, kam die spontane Antwort von Josi.
Ein vertrautes Kling-Klong zeigte uns, dass Stefan mit dem Bier zurückkam. Mittlerweile hatte sich bereits eine stattliche Pyramide aus leeren Bierflaschen angesammelt und wir hatten alle bereits leichte Wölkchen im Kopf, doch dann passierte etwas Unerwartetes. Ein paar Jungs hatten in einiger Entfernung bis dato völlig unbemerkt von uns, eine etwa doppelt so große Pyramide aus leeren Bierflaschen erbaut. Nun rappelte sich einer von ihnen auf und an seinem schwankenden Gang bemerkten wir zweifelsfrei, dass es bei ihm keine kleinen Wölkchen sondern eher eine Sturmfront im Kopf war. Er taumelte langsam in unsere Richtung, fiel jedoch nach wenigen Schritten in den Sand. Zu der bereits späten Nachmittagsstunde waren die meisten Urlauber bereits wieder in die Hotels gegangen, weswegen der Betrunkene außer uns kaum Publikum hatte, aber wir genossen seine Darbietung. Er kämpfte sich wieder hoch, nur um nach einigen Schritten erneut zu stürzen. Bei seinem dritten Anlauf bemerkten wir, welches Ziel er im Auge hatte und zwar einen der Strandmülleimer. »Was will der

denn an dem Mülleimer, er hat doch gar keinen Müll dabei?«, fragte Nils ein wenig naiv und seine Frage wurde sogleich beantwortet. Der Betrunkene hatte den Mülleimer erreicht, hielt sich schwankend daran fest und öffnete ihn. »Der wird doch wohl nicht etwa da rein kotzen?«, kam es etwas ungläubig von Toni aber genau das war sein Plan. Leider konnte er diesen nicht in die Tat umsetzen, denn kurz bevor er den vermuteten Ladungsverlust erlitt, fiel er erneut um und so ergoss sich sein üppiger Mageninhalt in den Sand. »Das hat er mal sauber vergeigt, der Plan war ja nicht schlecht, aber die Umsetzung war miserabel.«, lachte ich. »Oh Mann, da legen wir uns in den nächsten Tagen aber nicht hin.«, stellte Conny treffend fest. »Besser nicht, aber die Vorstellung war trotzdem super, endlich mal bin nicht ich der Dumme im Mittelpunkt.«, geierte Hanno. »Okay Leute, dann lasst mal austrinken und unseren Müll wegräumen, dann gehen wir auf dem Weg ins Hotel noch beim Supermarkt vorbei und kaufen ein.«, schlug ich vor. Gesagt getan, wir räumten die leeren Flaschen weg, packten unsere Sachen zusammen, sagten Josi und Stefan noch zu welchem Hotel und welchen Zimmer sie abends mussten und machten uns auf den Weg. »Okay, was brauchen wir noch?«, fragte Toni. »Wir haben noch zwei Liter Wodka aus dem Duty free, also holen wir noch zwei Flaschen, acht Liter Lemon und einen Sack Eiswürfel, damit sollten wir auf jeden Fall hinkommen.«, schlug Hanno vor. Gerade als wir Hannos Vorschlag mit einheitlichem Nicken quittierten, kam erneut das Kommando „heiße Blondine auf sechs Uhr". Wir drehten uns um und sahen Josi lachend die Straße überqueren und in Richtung ihres Hotels gehen. »Jungs wir müssen das ganze echt unauffälliger machen« »Da hast du vollkommen Recht, Nils. Da hast du vollkommen Recht!«, pflichtete ich ihm bei.

Der bunte Minirock

Mein rebellierender Magen wies mich darauf hin, dass es fast 19 Uhr und damit Zeit zum Essen war. Wie tags zuvor war es auch diesmal gut und reichlich und das sollte sich auch in den kommenden zwei Wochen nicht ändern, genau wie die Tatsache zum Essen immer etwas Antialkoholisches zu trinken. Das war die Stunde pro Tag, in dem wir unserem Körper auch Urlaub gönnten. Mit dem letzten Bissen war jedoch der Urlaub für den Körper vorbei und es ging zum Vorfluten aufs Zimmer. Pünktlich um acht Uhr standen Josi und Stefan vor der Türe und bekamen natürlich umgehend einen Wodka Lemon und einen Stuhl auf unserem Balkon angeboten. »Hey Nils, mach mal Musik und bring den Würfelbecher mit.«, schlug Tina vor und Nils gehorchte entgegen seiner normalen Gewohnheiten prompt, schaltete den Mini Disc Player ein und kam mit einem Würfelbecher und zwei Würfeln wieder. Das war der Startschuss für ein berühmtes und berüchtigtes Trinkspiel, dem Würfelspiel „Mäxchen". Bei diesem Spiel geht es darum, mit zwei Würfeln eine höhere Zahl zu Würfeln, als der Spieler vor einem, wobei der Würfel mit der niedrigeren Augenzahl die Einer- und der andere die Zehnerzahl darstellt. Die höchste zu erreichende Zahl ist demnach die 65. Über der 65 sind nur noch die sechs möglichen Pasch und der aller höchste Wurf, das Mäxchen, welches im Grunde bei normaler Zählweise der niedrigste wäre, nämlich die 21. Gewürfelt wird stets verdeckt auf einem Bierdeckel und falls man es nicht schafft, den Wurf des Vordermannes zu überbieten, hat man die Möglichkeit, den Nächsten durch geschicktes Lügen davon zu überzeugen, dass man es doch geschafft hätte. Wird man jedoch beim Lügen erwischt, bekommt man einen Strich, wird man fälschlicherweise des Lügens bezichtigt, bekommt der andere einen Strich und bei drei Strichen muss man trinken. Wir haben allerdings noch einige Zusatzregeln hinzugefügt, dass man durchaus mehr gewürfelt haben darf, nur nicht weniger und dass man nicht zwingend Würfeln muss, was es möglich macht, ein kleines Pasch ungewürfelt und ungesehen als ein größeres weiterzugeben. Wenn sich dann mehrere in der Runde gut kennen und unausgesprochen einig sind, kann man auf diese Weise gezielt einer oder mehreren nicht eingeweihten Personen zu einer Menge Getränken verhelfen. Jetzt wäre unsere normale Strategie mit nur einer Frau am Tisch, diese so lange zum Primärziel zu erklären bis sie in sehr lockerer Partylaune wäre. Diesmal sah die Strategie jedoch anders aus. Da auch ihr Freund mit in der Runde war und er laut ihrer Aussage meistens vorher schon zu viel trinkt, um anschließend noch feiern zu gehen, galt es zunächst ihm so viele Striche zu verpassen, bis er weit über die Partylaune hinaus sein würde. Wir würden dann anschließend ganz uneigennützig mit Josi feiern gehen, damit ihr nicht langweilig würde. Wie zu erwarten war, hatten wir sechs alle den gleichen Gedanken und so kam wie es kommen musste. Stefan durfte in weniger als einer Stunde acht Wodka Lemon trinken, während wir anderen alle maximal drei zu Buche stehen hatten. Josi schien das Ganze erstaunlicherweise sehr amüsant zu finden, man konnte fast den Eindruck bekommen, sie hätte nichts dagegen, wenn ihr Freund später leider nicht mehr mit feiern könnte. Mittlerweile war es fast 22 Uhr und Toni fragte, wo es denn später hingehen soll und ob Josi und Stefan einen guten Vorschlag hätten, weil sie ja bereits etwas länger vor Ort waren. »Klar, lasst uns heute Abend ins "Xiroi" gehen, das ist 'ne coole Disco unten am Strand und dann kann man auch in der „Malibubar" mal einen trinken, da ist immer viel los.«, schlug Josi vor. »Ja, aber da brauch man nicht vor 23 Uhr hin, dann ist da noch nix los.«, sagte Stefan, »Dann können wir noch eine Runde weiter Würfeln.«, legte er leicht lallend nach. »Prima, vielleicht hast du ja dann jetzt 'ne Glückssträhne, bisher lief es ja nicht so prall.«, lachte Conny. In dem Moment würfelte ich einen Einerpasch und gab ihn an Toni, der völlig selbstbewusst Zweierpasch sagte und den Becher an Hanno weitergab. Der gab den Becher mit dem Wort Dreierpasch an Stefan weiter, der kurz nachdachte und dann den Becher hochhob. »Oh Hanno du hast gelogen, das ist dein dritter Strich, macht ein Wodka Lemon!«, sagte Josi lachend. »Hey was soll das, warum krieg ich einen reingewürgt?«, beschwerte sich Hanno. »Ich hatte 'nen Einerpasch, was soll ich da sagen?«, fragte ich, »Du hättest ja auch den Zweier von Toni hochheben können, sieh es als Kollateralschaden.« »Ich geb dir gleich Kollateralschaden auf die Zwölf.«, kam es postwendend zurück. »Ja, aber zuerst trinkst du den Wodka Lemon!« »Na gut, dann will ich mal nicht so sein.« »Jetzt stell dich nicht so an, sonst kannst du davon nicht genug kriegen.«, stellte Conny treffend fest. So spielten wir noch etwa eine Stunde weiter und unser Plan ging auf. Stefan wankte irgendwann Richtung Toilette und kam nicht wieder. Nach etwa zehn Minuten fragte ich Josi, ob sie nicht mal nachsehen wolle, wo er blieb. Sie entgegnete nur lachend, dass er entweder gerade dafür sorge, dass die Putzfrauen morgen eine Menge Spaß hätten oder schlafend in ein Bett gefallen wäre. Hier lag die kleine Schwachstelle unseres Plans, Josi hatte mit beidem Recht. Unser Bad sah furchtbar aus, weil Stefan zwar die Toilettenschüssel getroffen hatte, allerdings von außen und dann anschließend versucht haben musste, das Angerichtete mit unseren Duschhandtüchern aufzuwischen. Nach diesem Kraftakt konnte er sich nur noch ins nächstliegende Bett schleppen und das war Tinas`. Hanno war der erste, der die Bescherung sah, als er seinerseits mal auf Toilette musste. Er kam lachend wieder, schaute Josi an und meinte, »Bei euch gab`s heute Nudeln zum Abendessen, oder?«. Dann schaute er Tina an und sagte, »Man bin ich froh, dass das hier nicht mein Zimmer ist, da liegt übrigens eine Leiche in deinem Bett und ihr solltet den Putzfrauen eine Menge Trinkgeld geben, nur so als guten Tipp. Echt zu geil, zwei Kotzstorys an einem Tag und in keiner bin ich Hauptperson«. In dem Moment sprang Nils auf, der sich ja mit Tina dieses Zimmer teilte, rannte ins Bad und wir hörten nur ein lautes »Oh mein Gott, soviel kann doch in einen Menschen gar nicht reinpassen.«. Nachdem wir dann mit vereinten Kräften und unter zu Hilfenahme der von mir in weiser Voraussicht mitgebrachten Einweggummihandschuhe, das Badezimmer wieder nahezu in den Grundzustand versetzt hatten, standen wir vor dem Problem, was wir mit der Leiche machen sollten. »Och, den setzten wir bei uns im Hotel ab, das liegt eh auf dem Weg.«, schlug Josi vor. Wir hatten also wieder einen Plan, der danach schrie, in die Tat umgesetzt zu werden. Josi und Nils zogen Stefan aus dem Bett und wir verließen so leise, wie acht Betrunkene sein können, das Hotel, jedoch nicht ohne den ein oder anderen bösen Blick der Angestellten, die uns auf dem Weg begegneten. »Haha, warte mal auf die Blicke der Putzfrauen, wenn die morgen die Handtücher wechseln müssen.«, lachte Toni und er sollte Recht behalten aber nun ging es erst mal weiter Richtung "Xiroi". Kurz bevor wir den Strand der Son Moll Bucht erreichten, an dessen Ende sich das "Xiroi" im Keller des Hotels „Gili" befand, hielten wir beim Hotel Son Mol, in dem Josi und Stefan gastierten. Nils und Josi brachten Stefan hoch und waren zehn Minuten später voller Tatendrang wieder unten. Diese zehn Minuten hatte ich dafür genutzt an der „Malibubar" sieben Bier zu holen, was von den anderen mit entsprechendem Beifall begrüßt wurde. Dann ging es ins „Xiroi" und wir waren gespannt, was uns erwartete. Wir hofften nur, dass die Disco besser wäre, als der Ruf des Hotels, welches sie beherbergte, denn das Gili galt als eines der schlechtesten Hotels in Cala Ratjada, wahrscheinlich sogar in ganz Spanien und genoss lediglich bei Kakerlaken einen hervorragenden Ruf. Entgegen unserer Befürchtungen wurden wir positiv überrascht. Die Disco war wie eine Art Grotte gestaltet, inklusive eines kleinen Pools und zwei Bars. Um die Tanzfläche herum gab es erhöhte Podeste, auf denen man ebenfalls tanzen konnte. Im

Eintritt war, wie auch schon im „Physical", ein Freigetränk mit inbegriffen, so lange man vor Zwölf da war. Als wir die Disco betraten war jedoch kaum etwas los, dafür war es mächtig kalt, weil die Klimaanlage auf Hochtouren lief. Wir wollten gleich unser Freigetränk holen, da meinte Josi, wir sollten lieber erst draußen an der „Malibubar" noch einen trinken, weil es da erstens wärmer wäre, zweitens, da mehr los wäre und wir drittens, unser Freigetränk noch brauchen würden, wenn es nachher voll und heiß im „Xiroi" wäre. Verdammt, die Kleine war echt ein Profi, wir waren schwer beeindruckt und gingen zurück zur „Malibubar", aber nicht ohne uns vorher einen Stempel abzuholen und einen Flyer für den nächsten Abend, auf dem stand, dass es bis 23 Uhr freien Eintritt und ein Freigetränk gäbe. Verglichen zum „Xiroi" war an der „Malibubar" gerade Rush Hour. Wir brauchten etwa fünf Minuten, bis wir uns zur Theke durchgekämpft und ein Bier bestellt hatten. Anschließend sondierten wir, was sich so alles um uns herum tummelte und uns aller Wahrscheinlichkeit nach später im „Xiroi" wieder begegnen würde. Wieder waren wir angenehm überrascht. »Mensch, da sind aber einige Zehnen unterwegs.«, flüsterte Conny mir zu. »Ja und wenn man davon ausgeht, dass wir in zwei bis drei Wodka-Lemon auch mit ner Fünf zufrieden sind, eröffnen sich uns ungeahnte Möglichkeiten.«, entgegnete ich ihm grinsend. »Na, darauf trinken wir.«, prostete Hanno uns zu, der wohl unsere Gespräch mitbekommen hatte. Plötzlich deutete Conny zu einer Gruppe Mädels und meinte, »Die Kleine in dem bunten Minirock, die würde mir schon gefallen, glaub, da versuch ich später mal mein Glück.« »Na dann beeil dich mal, die Truppe setzt sich nämlich gerade in Bewegung Richtung „Xiroi".«, stellte Hanno fest, was Conny zum Anlass nahm, uns zu motivieren, nach dem Bier ebenfalls wieder zurück zu gehen. Ganz zu seinem Entsetzen kam Josi gerade mit einer neuen Runde Bier und sie verstand nicht so ganz, warum Conny sich nur bedingt darüber freute. »Tja Josi, du hast Conny mit dem Bier leider das Leben versaut, weil wir jetzt zehn Minuten später ins „Xiroi" kommen und dadurch Connys beinahe zukünftige Ehefrau und Mutter seiner fünf Kinder einen anderen Mann gefunden haben wird.«, sagte Hanno lachend. »Naja, dafür hast du ihr Leben gerettet.«, sagte ich grinsend, wofür ich viele Lacher, aber auch einen ziemlich bösen Blick von Conny bekam. Nachdem wir auch dieses Bier getrunken hatten, gingen wir alle schon recht angeheitert wieder zum „Xiroi" zurück, zeigten dem Türsteher unsere Stempel und waren erstaunt, wie sich die Disco in der letzten Stunde verändert hatte. Aus einem fast leeren und durch die Klimaanlage unterkühlten, hallenartigen Raum im Grottenstil, hatte sich ein gut gefüllter, durch die Menschen aufgeheizter Partytanztempel gebildet. Jetzt verstanden wir auch, was Josi damit meinte, als sie sagte, dass wir das Freigetränk noch brauchen würden.

Wir wanderten zunächst rund um die Tanzfläche, um zu sehen, was sich alles für nette Mädels in dem Laden eingefunden hatten und Conny suchte mit aller Konzentration, die er noch aufbringen konnte den bunten Minirock. Josi war innerhalb der ersten fünf Minuten zum Tanzen auf eines der Podeste geklettert und war in ihrem Element. Wir entschieden uns, uns zwei unserer bevorzugten Elemente zuzuwenden, Wodka Lemon und Frauen abchecken. Deswegen steuerten wir auf direktem Wege die Theke an und bestellten sechs Wodka Lemon. »Wow, die Disco hält, was der Strand versprochen hat.«, sagte Toni. »Jepp, und der Wodka auch, ich hab gut einen im Tee.«, stellte Hanno fest. »Dann lass uns doch mal auf die Tanzfläche, 'ne Runde Zappeln, dann werden wir wieder etwas nüchterner und kommen den Mädels näher.«, schlug Nils vor. Wunschgemäß schoben wir uns auf die Mitte der Tanzfläche, in die unmittelbare Nähe von zwei Mädelsgruppen, die uns aufgefallen waren. Dank der üppigen Menge Alkohol in unserem Blut tanzten wir wie eine Mischung aus John Travolta und Patrick Swayze. Zumindest dachten wir das wohl, weil wir wie selbstverständlich das ein oder andere Mädel antanzten und völlig überrascht waren, dass keine sich sofort eng an uns schmiegte oder völlig beeindruckt von unseren tänzerischen Fähigkeiten dahinschmolz. Wären wir von einem Nüchternen beobachtet worden, hätte dieser sich sicher gefragt, ob die besoffenen Halbaffen gerade einen Regentanz oder ein Fruchtbarkeitsritual aufführten. Da wir jedoch nicht beobachtet wurden und vor allem weil die meisten Menschen in der Disco betrunken oder zumindest angetrunken waren, fielen wir nicht über die Maßen auf. Irgendwann tanzen zwei Mädels bei den Klängen von „Quit playing Games" von den Backstreet Boys zu Tina und mir herüber. Ob es einfach daran lag, dass wir aus Ermangelung an Besserem nach dem Ausschlussprinzip erwählt wurden, die Mädels noch voller waren als wir oder sie uns wirklich interessant fanden, werden wir leider dank Tina nie erfahren. Wir haben nicht mal ihre Namen erfahren, denn auf die Frage des einen Mädels, ob wir nicht Lust hätten uns mit den beiden an der „Malibubar" ein Bier zu holen und uns dann an den Strand zu setzen, entgegnete Tina, »Ja, coole Idee, ich hab allerdings 'ne feste Freundin aber ihr könnt euch ja um meinen Kumpel prügeln.« Nicht, dass ich das nicht gerne gesehen hätte, oder mich nicht uneigennütziger Weise der Siegerin als Preis zur Verfügung gestellt hätte, aber leider waren die Mädels davon nicht so angetan und verließen fluchtartig die Tanzfläche. »Hab ich was falsches gesagt?«, fragte mich Tina leicht lallend. »Tina, wenn es irgendwann wider Erwarten nochmal vorkommen sollte, dass uns zwei Mädels anquatschen und mit uns zum Strand wollen oder auch irgendwo anders hin, dann schau sie dir genau an! Sehen sie scheiße aus, dann sag genau das, was du gerade auch gesagt hast! Sehen sie aber gut aus, dann sag gar nix, erst recht nix über deine Freundin! Lass mich reden und komm einfach artig mit, okay?«, fuhr ich Tina ein wenig angesäuert an. Anschließend wollte ich erstmal mit etwas Hochprozentigem den Frust wegspülen und steuerte auf die Theke zu, an der ich Nils, Hanno und Toni stehen sah. »Na, wart ihr erfolgreich, ihr Aufreißer?«, fragte Nils mit einem Augenzwinkern. »Aufreißen, mit Tina? Der Typ ist im Sandyfieber, da ist Aufreißen so erfolgversprechend, wie bei der Tour de France mit einem Dreirad anzutreten. Selbst, wenn nette Mädels versuchen uns aufzureißen, haben sie bei Tina in etwa so viele Chancen, wie eine blinde, dreibeinige Kuh mit Arthrose in der Mitte des Amazonas gegen einen Schwarm ausgehungerter Piranhas! Apropos ausgehungerte Piranhas, wo ist eigentlich Conny?« »Er hat gesehen, wie der bunte Minirock mit ihren Freundinnen raus ist und meinte, es wäre jetzt ein guter Zeitpunkt, an der „Malibubar" ein Bierchen zu trinken und zu sehen, ob man ins Gespräch kommen kann.«, klärte Toni mich auf. »Echt? Hab ich gar nicht mitbekommen.«, sagte Hanno, der auch bereits deutlich vom Alkohol gezeichnet schien. »Ich glaub, ich geh mal schaun, ob er Erfolg hatte, vielleicht ist ja bei den Freundinnen eine für mich dabei.«, fügte er an, worauf Nils sofort versuchte, ihm das ganze auszureden und auch Toni und ich sagten ihm, dass es in seinem leicht alkoholisierten Zustand vielleicht keine Superidee wäre und Conny darüber sicherlich nicht besonders glücklich sein würde. »Ach was.«, beschwichtigte Hanno, »Ich benehm' mich auch und lass ihm seinen Minirock.« und schon steuerte er schwankend Richtung Ausgang. Mittlerweile kam auch Tina zu uns, der zwischenzeitlich auf Toilette war und von der ganzen Geschichte nichts mitbekommen hatte. »Hey, wo sind denn die anderen?« wollte er wissen. »Tja, Josi ist immer noch auf ihrem Podest, Conny versucht den bunten Minirock klar zu machen und Hanno ist losgezogen, um eine der Freundinnen des Minirocks abzugreifen.«, klärte ich ihn auf. »Oh je, wenn das mal nicht eine schlechte Idee war, mir tut Conny jetzt schon leid, also wegen Hanno nicht wegen dem Minirock.«, entgegnete Tina grinsend. Wir haben uns dann entschlossen, gemeinsam noch einen letzten Absacker zu trinken und danach langsam Richtung Hotel zu wanken, weil es inzwischen kurz nach drei in der Früh war. Als unsere vier Wodka Lemon auf der Theke standen, gesellte sich Josi mit den Worten zu uns, dass ihr langsam die Füße weh täten und es jetzt Zeit wäre, ihr Freigetränk einzulösen und Richtung Hotel aufzubrechen. Wir teilten ihr mit, dass wir eine ähnliche Idee hatten und sie noch bis zu ihrem Hotel bringen könnten, weil es eh auf dem Weg läge, was ganz in ihrem Interesse war. »Wo sind eigentlich die anderen, fehlen da nicht zwei?«, wollte Josi wissen. Wir erzählten ihr die Kurzform, während wir tranken und als wir gerade im Begriff waren zu gehen, stand Conny vor uns und sowohl seine Gesichtsfarbe als auch der Ausdruck darauf verrieten uns unmissverständlich, dass er keine gute Laune hatte. »Ich mach ihn platt, wenn er das noch mal macht, pump ich den Deppen um, das ist so ein Vollpfosten!«, schimpfte er wie ein Rohrspatz und bestätigte damit, was wir uns alle bereits gedacht und vorhergesehen hatten. »Komm erstmal runter, was ist denn passiert?«, versuchte Nils ihn zu beruhigen. »Was los ist?«, schimpfte Conny weiter und erzählte uns dann, was passiert war. Nachdem er sich ein Bier geholt und eine Weile Blickkontakt mit dem Minirock hatte, traute er sich irgendwann sie anzusprechen. Das Ganze lief wohl ganz gut an und die beiden haben sich, laut Connys Aussage, sehr gut verstanden, bis Hanno plötzlich auftauchte. Ob es wirklich so dramatisch abgelaufen war, oder ob Conny auf Grund seines Alkoholpegels und seines Gemütszustandes ein wenig übertrieben hat, wird sich wohl nie endgültig klären lassen, aber es soll sich folgendermaßen zugetragen haben. Ein stark alkoholisierter Hanno platzte mit den Worten »Hallo, bunter Minirock, hast du nicht noch eine nette Freundin?« in Connys Unterhaltung. Wäre diese Eröffnung und Hannos alkoholgezeichneter Anblick nicht schon schlimm genug gewesen, legte er noch einen nach, indem er zu Conny sagte »Mensch das ist echt eine Nette, die du dir da ausgesucht hast, dann drück ich dir mal die Daumen, dass du die klar machst.« Leider hatte Hanno das wohl wesentlich lauter gesagt, als er es beabsichtigt hatte, weil es laut seiner späteren Aussage nur für Connys Ohren bestimmt war. Das Resultat war jedoch, dass der Minirock schleunigst die „Malibubar" Richtung Hotels und Innenstadt verlassen hatte. Conny kam daraufhin wutentbrannt zu uns, weil er Angst hatte, Hanno ernsthaft zu verprügeln, wenn er da geblieben und mit ihm geredet hätte. Wir konnten uns bei der Geschichte ein Lachen nicht verkneifen, drückten Conny aber gleichzeitig unser Mitgefühl aus und bestellten doch noch ein Getränk, damit er wieder auf Betriebstemperatur abkühlen konnte. Wir hofften nur, dass Hanno jetzt nicht auftauchte, aber das geschah zum Glück nicht. Inzwischen war es halb fünf früh und wir machten uns auf dem Weg zum Hotel. Unterwegs setzten wir, wie versprochen, Josi in ihrem Domizil ab und verabredeten uns für nächsten Tag am Strand. Dann steuerten wir auf direktem Wege das „Alondra" an.

Von Hanno sahen wir auf dem ganzen Weg nichts, weswegen wir davon ausgingen, dass er ins Hotel und aufs Zimmer gegangen war. Hier kam das nächste Problem auf uns zu. Für jedes Zimmer gab es zwar zwei Schlüssel an der

Rezeption und wie erwartet war Hanno bereits da gewesen, doch offensichtlich waren beide Schlüssel für das Zimmer von Conny und Hanno bereits abgeholt worden. Connys Laune, die sich gerade wieder auf eine relativ erträgliche Weise gebessert hatte, wurde durch diese Tatsache erneut strapaziert. »Wenn der Sack mich jetzt nicht klopfen hört, weil er im Vollsuff pennt und beide Schlüssel hat, dann brech' ich die Tür auf und reiß ihm den Kopf ab!« »Warte erstmal ab, vielleicht ist er ja noch wach oder hört dich.«, versuchte Tina wieder ein wenig Dampf aus Connys Überdruck Ventil herauszulassen, hatte jedoch wenig Erfolg damit. Kurz darauf standen wir vor unseren Zimmern oder besser gesagt standen wir alle vor dem Zimmer, in dem Hanno bereits tief und fest schlief und Conny verzweifelt versuchte, ihn lautstark dazu zu bewegen, die Türe zu öffnen. »Mach auf, du Penner, erst vermasselst du mir die Tour und dann sperrst du mich aus.«, schrie Conny und hämmerte derart gegen die Türe, wie Virgil Hill gegen den Kopf von Henry Maske im November des Vorjahres. Nachdem jedoch die Türe nach etwa zehn Minuten immer noch nicht zu Boden gegangen war und weiterhin erbitterten Widerstand leistete, machte Nils einen Vorschlag. Conny sollte mit in das Zimmer von Tina und Nils kommen und es von außen probieren, vielleicht hatte Hanno ja die Balkontüre offengelassen. Glücklicherweise lag Nils richtig mit seiner Vermutung und Conny konnte wie Tarzan in seinen besten Tagen von dem Balkon des mittleren Zimmers auf den seines eigenen klettern. »Ich bin mal gespannt, ob Hanno morgen ein blaues Auge hat.«, grinste

Nils. »Zumindest war er bei der dritten großen Story heute die Hauptperson, nachdem er so glücklich war, bei den ersten beiden nur Zuschauer sein zu dürfen.« feixte ich. Dann machten Toni und ich uns auf den Weg in unser Zimmer und auf direktem Wege ins Bett, in drei Stunden gab es Frühstück, das wir jedoch mit ziemlicher Sicherheit verpassen würden. Die Bilanz unseres ersten vollen Tages war etwas ernüchternd, zwar hatten einige Frauen durchaus Interesse bekundet, jedoch wurden sie von Tina und Hanno erfolgreich vertrieben. Ich hatte also gelernt, mit Tina im Sandyfieber und Hanno kurz vor der Alkoholvollnarkose sollte man besser keine Frauen angraben!

Gammelburger

Ich lag mitten im Traumland mit einer braun gebrannten Schönheit am Strand, als ich von einem hässlichen Klingeln geweckt wurde. »Mann, Toni mach diesen fürchterlichen Wecker aus!« »Ich hab gar keinen Wecker mit.«, kam ziemlich verschlafen aus Tonis Richtung. »Das ist das Telefon, welcher Spinner ruft uns so früh an?«, fragte ich etwas motzig und hob den Hörer ab. »Ja, was ist?«, flötete ich in meinem gewohnt freundlichen „Ich-bin-gerade-geweckt-worden"-Ton in den Hörer. »Hey, wie schaut's aus bei euch, wir wollen zum Strand, es ist schon fast zwölf Uhr mittags.«, trällerte mir Nils Stimme entgegen. »Was schon so spät, alles klar, gib uns noch 15 Minuten, dann sind wir startklar.« und schon warfen wir uns in die Strandklamotten und packten alles Nötige wie Geld, Handtücher und Sonnenmilch in die Rucksäcke. Kurze Zeit später klopften Nils und Tina an unsere Tür. »Okay, hat schon jemand ein Lebenszeichen von Hanno und Conny?«, wollte ich wissen. »Ja, die kommen gleich nach, brauchen noch ein wenig.« klärte Nils mich auf. »Gut, dann los, erster Stopp am Supermarkt.«, kam mein Vorschlag. »Gute Idee, aber ich muss auf jeden Fall auch was Vernünftiges essen, sonst nimmt das ein böses Ende mit mir, bevor es richtig angefangen hat.«, warnte Toni. »Dann lasst uns doch heute mal bei Paco essen, das ist das Restaurant gleich schräg gegenüber, da war ich letztes Jahr oft.«, schlug Tina vor. »Prima, auf zu Paco! Hanno und Conny sollen nachkommen und anschließend geht's zum Strand.«, sagte Toni.

Wir gaben den beiden also kurz Bescheid und gingen los. Auf unserem Weg durch die Hotellobby, fiel uns eine Tafel ins Auge. „Miss Alondra" prangte in großen Buchstaben darauf und kündigte die Animation dieses Abends an. »Cool, dass könnten wir uns ja mal geben, bevor wir in eine Disco abwandern, oder was meint ihr?«, kam es von Tina. »Klar, macht Spaß und kostet nix, bin dabei.«, entgegnete ich. Wir hatten also bereits wieder einen Schlachtplan, zumindest so lange, bis die Miss „Alondra" gewählt worden war. Wir gingen aus dem Hotel und schräg gegenüber sahen wir schon das kleine, biergarten-ähnliche Restaurant, in dem sich viele freie Tische und wenige Leute befanden. Wir gingen trotzdem rein und setzten uns an einen Tisch, der groß genug war, dass auch Hanno und Conny später einen freien Stuhl vorfänden. Es dauerte nicht lange, da stand ein kleiner, etwas untersetzter Mann mit recht verschwitzter Halbglatze neben dem Tisch und fragte uns, ob wir etwas bestellen wollten. Wir nahmen vier große Bier und ließen uns die Speisekarte bringen. Beides kam verhältnismäßig schnell und alles in allem sah Paco nicht so aus, als würde er von Arbeit überflutet, weswegen er sich nahezu voll und ganz uns widmen konnte. Während wir uns langsam wieder an den Geschmack von Bier gewöhnten, wobei wir eine drohende Revolte unserer Mägen gleich im Keim erstickten, indem wir uns trotzig ein zweites bestellten, studierten wir die Speisekarte. Kurz darauf waren auch Hanno und Conny bei uns am Tisch. »Hey Hanno, dreh dich mal, ich will sehen, ob noch alles dran ist oder ob Conny dir irgendwas abgerissen hat.«, lachte Nils. »Hahaha, sehr witzig, es ist noch alles dran und mir tut die Sache voll leid, aber ich kann mich nicht wirklich an viel erinnern.«, entschuldigte sich Hanno kleinlaut. »Ja ist ja gut, mach das nur nie wieder!«, warnte Conny ihn mit einem langen, strengen Blick. Hanno bestellte daraufhin zwei Bier und teilte Conny mit, dass es sich um ein Entschädigungsbier handeln würde und es auf ihn ginge, beide stießen erst miteinander und dann mit uns an und schon schien die Harmonie in unserer Truppe wieder zu stimmen. Dass Conny doch recht schnell besänftigt war, lag sicherlich auch daran, dass er am letzten Abend völlig vergessen hatte, seinen Schlüssel an der Rezeption abzugeben, so dass er sich die ganze Zeit in seiner Hosentasche befand. »So, vor dem nächsten Bier sollten wir aber was zu Essen bestellen, sonst kommen wir heute nicht mehr zum Strand und schon gar nicht zur Miss-"Alondra"-Wahl heute Abend.«, stellte ich fest. »Was für 'ne Misswahl?«, wurde Hanno hellhörig und wir erzählten kurz von unserem Plan für den Abendbeginn. Dann stand Paco wieder am Tisch und nahm unsere Bestellung auf. Wir orderten zweimal Spaghetti, diesmal für Nils und Tina, einmal Calamari für Conny, zweimal das Paradeessen für Mallorcaurlauber, das Wiener Schnitzel für Hanno und mich und Toni bestellte sich zwei Cheeseburger. Damit der arme Paco nicht zu oft laufen musste, bestellten wir auch gleich noch eine Runde Bier. Als unser Essen kam, war es kurz nach eins und wir waren mit unserem dritten Bier fast durch. Da wir bis dahin nichts gegessen hatten, fielen wir entsprechend hungrig über unsere Teller her. Nach kurzer Zeit stand für uns fest, dass wir das nächste Mal lieber wieder in die „Malibubar" gehen würden, da sich die Fähigkeiten des Kochs in diesem Lokal deutlich in Grenzen hielten. Die Calamari erinnerten an Gummischläuche, die Pommes waren völlig durchfrittiert und die Schnitzel winzig. Hinzu kam, dass es wohl nur eine Friteuse in der Küche gab, da sowohl Schnitzel als auch Pommes ein wenig fischig schmeckten. Die Spaghettifraktion war auch nur bedingt zufrieden, da die Nudeln verkocht waren und es keinen Parmesan gab. Der Gewinner schien also Toni mit seinen Cheesburgern zu sein, zumindest bis zu diesem Zeitpunkt. Den ersten Burger hatte Toni bereits vertilgt, nachdem er ihn zuvor noch mit ordentlich Ketchup versehen hatte. Dann kam der zweite an die Reihe. Er nahm auch hier die obere Brötchenhälfte ab, um Ketchup auf den Burger zu schütten doch was er da sah, gefiel ihm gar nicht. »Hey, guckt mal hier, ich glaub da ist Schimmel an dem Burgerbrötchen.« Wir schauten uns die Brötchenhälfte an und in der Tat waren da zwei kleine Punkte, die Schimmel hätten sein können. Nun fing Toni an den Burger genau zu untersuchen und auf der Unterseite war es dann eindeutig. Das Brötchen war schimmelig. Damit hatte sich Toni dann vom Gewinnerstatus ans Ende des Feldes katapultiert, weil das Essen aller anderen zwar nicht besonders gut, aber wenigstens nicht vergammelt war. Toni war natürlich außer sich und machte sich Sorgen, was wäre, wenn der Burger, den er bereits gegessen hatte, auch vergammelt war. »Ach, so schlimm ist das nicht, Schimmelsporen sind überall und deine Magensäure sollte eh alles abtöten.«, versuchte ich ihn zu beruhigen. »Das größte

Risiko ist, dass du BSE bekommst, falls das Fleisch aus England kam, aber nicht, dass du an Schimmel stirbst du kleiner Hypochonder.« kam es von Conny. »Das sagt ihr doch nur so, habt ihr denn keine Angst, dass euer Essen auch gammelig war?« »Nö, da hab ich keine Angst, sieht alles gut aus.«, sagte ich, »Wenn was Gammeliges dran war, hat die Friteuse es eh vernichtet.« »Oder das heiße Nudelwasser, sie haben ja lang genug drin gelegen.«, stimmte Nils mir zu. Toni ließ sich aber nicht wirklich beruhigen, stand auf und ging mit den Worten, er würde sich jetzt den Finger in den Hals stecken, in Richtung Hotel. Wir schauten uns alle an und waren der Meinung, dass dies vielleicht ein klein wenig übertrieben wäre und aßen unsere Gerichte auf, aber nicht ohne jeden Bissen argwöhnisch zu kontrollieren. Etwa fünfzehn Minuten später kam Toni zurück. Wir hatten mittlerweile aufgegessen und hatten auch Paco bereits auf den unangenehmen Missstand hingewiesen. Als er Toni sah, kam er sofort herbeigeeilt, entschuldigte sich vielmals und fragte, ob Toni neue Burger haben wolle, aber Toni lehnte missgelaunt ab. Wir beschlossen dann endlich Richtung Strand zu gehen und sagten Paco, dass wir gerne zahlen wollen. Keine zwei Minuten später kam er mit der Rechnung. Zu diesem Zeitpunkt hatte Toni bereits mächtig schlechte Laune, doch das die durchaus noch steigerungsfähig war, sollten wir kurze Zeit später herausfinden. Paco begann zu kassieren, erst Hanno und mich, dann Nils und Tina, weil wir immer jeweils das gleiche zahlen mussten. Selbstredend gaben wir nach diesem Vorfall nicht mal zehn Peseten Trinkgeld, was etwas mehr als zehn Pfennig gewesen wären. Als nächstes wurde Conny zur Kasse gebeten und im Anschluss dachten wir, wir wären fertig, weil keiner ernsthaft damit gerechnet hatte, dass Toni nach dem Vorfall noch irgendetwas hätte bezahlen müssen. Da hatten wir jedoch die Rechnung ohne Paco gemacht. Er legte Toni allen Ernstes eine Rechnung für drei Bier und zwei Cheesburger vor die Nase und wollte 1400 Peseten von ihm. »Oha, jetzt passiert es, jetzt rastet Toni gleich ganz aus.«, flüsterte Conny mir zu und er sollte damit Recht behalten. Nach einer kurzen Zeit der Ruhe, in der sich Toni wohl von seinem Schock erholen musste, das er überhaupt eine Rechnung bekam, vielleicht aber auch nur überlegte, was auf ihn in Spanien zu käme, wenn er einen Gastwirt am helllichten Tage, auf offener Straße, vor Zeugen, mit bloßen Händen töten würde, legte er los. Er kam über den völlig überraschten Paco wie ein Orkan und faltete ihn förmlich zusammen wie ein Papiertaschentuch. »Sag mal, brennen bei dir noch alle Lampen am Leuchter? Du willst nicht wirklich Geld von mir für schimmelige Burger? Gibt's hier in Spanien sowas wie ein Gesundheitsamt, die dürfte das interessieren?« »Ja aber sie haben doch drei Bier getrunken und einen Burger gegessen und sie hätten ja auch noch neue von mir bekommen.«, entgegnete Paco wahrheitsgemäß. »Sag mal merkst du noch was, du setzt mir hier schimmeliges Zeug vor und glaubst ernsthaft, dass ich eine Lebensmittelvergiftung riskiere und hier nochmal irgendwas esse, geschweige denn für den Gammelkram, mit dem du mich vergiften wolltest, bezahle? Hat man dich als Kind zu heiß gebadet oder bist du mal vor eine Schleuse geschwommen? Ich sag dir jetzt mal eins, wenn überhaupt, bezahle ich das Bier aber fürs Essen kriegst du keinen Pfennig und du kannst mir glauben, dass ich jedem erzähle, dass man hier schlechtes Essen bekommt!« Mittlerweile schien Paco gemerkt zu haben, dass es zum einen wohl doch etwas unverschämt war, für vergammeltes Essen auch noch Geld zu verlangen, und zum anderen auch nicht besonders geschäftsfördernd für einen eh nicht sonderlich gut laufenden Laden war, wenn diese Diskussion im Lokal noch länger weitergehen würde, weil schließlich potentielle Gäste das mitbekommen könnten. Vielleicht hatte er aber auch einfach nur Angst, dass Toni ihm an den Hals gesprungen wäre. Was auch immer seine Beweggründe dafür waren, er lenkte ein und zerriss die Rechnung von Toni, der also auch das Bier nicht bezahlen musste. Anschließend bot er uns allen noch einen Schnaps auf Kosten des Hauses an. »Nee, ich will hier nix mehr.«, murmelte Toni und verließ das Restaurant. Wir anderen nahmen den kostenlosen Hierbas gerne mit und folgten Toni dann hinaus. »Hey Toni, was war los, hattest du Angst, dass der Hierbas auch schimmelig war? Du nimmst doch sonst jeden kostenlosen Schnaps mit.«, fragte Hanno. »Alter, das einzige, was ich heute gegessen habe, war ein Cheeseburger, den ich sofort wieder ausgekotzt hab. Wenn ich dann sofort mit Schnaps anfange, könntet ihr mich gleich am Strand auch eingraben, ich würde nix merken und außerdem wollte ich von dem Penner gar nix mehr haben!« »Lass mal gut sein, du wirst es überleben. Er wird uns sicher nicht mehr als Gäste begrüßen dürfen und wir gehen jetzt zum Supermarkt, holen uns ein erstes Bier für den Strand und schaun mal, ob wir nix zu Beißen für dich finden.«, besänftigte ich Toni ein wenig. Gemäß diesem Vorsatz gingen wir zum Supermarkt und als hätte Toni sie vorbestellt, hatte der Supermarkt recht üppige und gänzlich schimmelfreie Pizzabrötchen, von denen er vorsichtshalber gleich zwei mitnahm. Der Rest des Strandtages verlief unspektakulär mit einer moderaten Menge Bier, ein paar Partien Tuppen und tatsächlich unserem ersten Kontakt mit Meerwasser, der jedoch ohne gesundheitliche Folgen für alle Beteiligten blieb. Am späten Nachmittag stand Josi auf einmal bei uns und fragte, wie denn unsere Abendplanung aussehen würde. Wir erklärten ihr kurz, dass wir uns zuerst die Miss Wahl ansehen und anschließend in irgendeine der drei Discotheken wollten, wobei wir uns da noch nicht festgelegt hatten. Josi eröffnete uns daraufhin, dass die beiden nur noch drei Abende da wären und sie gerne jede der drei Discotheken noch einmal besuchen würde. »Sollen wir dann heute mal ins "Bolero", da waren wir ja noch gar nicht.«, schlug Nils vor und erlangte allgemeine Zustimmung. Josi verabschiedete sich darauf hin, da die beiden an dem Abend auswärts essen gehen wollten, und sie wohl eine gewisse Zeit brauchen würde, sich schick zu machen. Da es inzwischen bereits fünf Uhr nachmittags war, entschlossen wir uns ebenfalls ins Hotel zu gehen, um kurz den Sand im Pool los zu werden. Bei der Gelegenheit konnten wir schon mal ein paar Mädels aus dem Hotel begutachten, die für eine Miss „Alondra" in Frage kämen. Etwa zwanzig Minuten später befanden wir uns im Hotelpool, allerdings nur zu fünft, weil

Tina bereits aufs Zimmer gegangen war, um seinen täglichen Telefonmarathon mit Sandy zu absolvieren. Nachdem wir eine Weile unsere eigene Vorabwahl zu Miss „Alondra" durchgeführt hatten, ohne dabei jedoch auf ein einheitliches Ergebnis zu kommen, gingen auch wir aufs Zimmer. Toni drehte gerade den Schlüssel, als wir Nils hörten, der völlig ungläubig feststellte, dass Tina immer noch telefonierte. Kopfschüttelnd gingen wir aufs Zimmer und begannen, uns für den Abend zu stylen. Wie verabredet, trafen wir uns um sieben zum Abendessen und nachdem wir unserem Körper wieder eine gute halbe Stunde alkoholfreie Erholung und schimmelfreies Essen gegönnt hatten, suchten wir uns einen guten Platz in Bühnennähe.

Der Schein trügt

Langsam füllte sich der Außenbereich und alle warteten darauf, dass die Spiele begannen. Als um kurz vor acht noch immer keine Miss zu sehen war, entschlossen wir uns dazu, die Erholungsphase für unsere Leber zu beenden und bestellten sechs Bier. Während uns der Kellner unser Bier brachte, betraten drei Mädels in angenehm knappen Cocktailkleidchen die Bühne, dicht gefolgt vom spanischen Pendant zu Thomas Gottschalk, der das ganze offensichtlich moderieren sollte. »Hey, da haben die sich ja drei nette ausgesucht, ist für jeden was dabei, eine blonde, eine brünette und eine dunkelhaarige.«, stellte Hanno fest. »Jepp, die hab ich aber bis jetzt leider noch nicht im Hotel gesehen, hoffe das ändert sich aber in Zukunft.«, sagte ich lachend. »Mir sind die alle irgendwie zu mager, die wiegen ja nur geschätzte 45kg, das ist in etwa so viel wie eins deiner Beine, Winnie.« »Ja und haben zu wenig Holz vor der Hütte.«, taten Toni und Nils kund. »Ich find die alle drei ganz lecker, wie siehst du das denn, Tina? Sieht eine davon Sandy ähnlich?«, stichelte Conny. »Sehr witzig, von denen sieht keine so gut aus wie Sandy!«, sagte Tina voller Überzeugung. »Ja klar, und die Welt ist eine Scheibe und Teresa Orlowski noch Jungfrau!« Und schon hatte Hanno sich wieder einen bösen Blick gefangen, zur Abwechslung mal nicht von Conny, sondern von Tina. Bevor die Diskussion eskalieren konnte, rettet uns der Moderator. Er stellte uns nacheinander die drei Grazien vor. Wir hatten es mit der blonden, zwanzigjährigen Jessica aus

Münster, der brünetten, einundzwanzigjährigen Anja aus Dortmund und der dunkelhaarigen, ebenfalls zwanzigjährigen Nina aus Offenbach das Vergnügen. Alle gastierten angeblich im „Alondra" und waren tagsüber am Pool überredet worden, an der Wahl teilzunehmen. »Toll, die haben wir aber nicht gesehen, die sehen bestimmt im Bikini auch nicht verkehrt aus.«, warf ich in die Runde. »Da können die ja noch weniger pushen.«, lästerte Nils. »Oh, schaut mal, jetzt kriegen die auch noch
Gratisdrinks.«, lenkte Hanno unsere Aufmerksamkeit wieder auf die Bühne, wo gerade drei große Krüge Sangria mit je einem Strohhalm auf einen Tisch gestellt wurden. Anschließend verkündete der Moderator, dass nun die erste Aufgabe auf die Mädels zukäme und fragte sie, was sie denn glauben, tun zu müssen. Uns war natürlich sofort klar, was auf die Mädels zukam, aber entweder waren sie zu naiv, zu dumm oder trauten sich nicht zu reden, denn sie zuckten nur mit den Schultern, worauf hin irgendwo aus dem Publikum nur ein lautes "*Saufen*" zu hören war. Der Moderator bestätigte sogleich, was außer den Mädels scheinbar jeder wusste und teilte ihnen mit, dass sie die Gläser durch die Strohhalme leer trinken müssten, wobei die schnellste drei, die zweite zwei und die dritte lediglich einen Punkt ergattern könnte. Die Blondine sowie die Dunkelhaarige schlugen völlig überrascht die Hände vor den Mund, nur die Brünette lächelte gefasst und siegessicher. »Damit steht dann wohl die Gewinnerin fest, kann doch nicht sein, dass die anderen beiden wirklich nicht gerafft haben, was sie tun müssen?«, fragte Conny. »Ja, ich bin mir

auch nicht sicher, ob das Spiel eine gute Idee ist.«, stellte ich fest. »Warum?«, wollte Hanno wissen. »Naja, Alkohol ist nur für solche Leute geeignet, die den Verlust einiger Gehirnzellen problemlos verkraften können. Bei den Mädels aber fürchte ich, dass die Gehirnzellen auf der roten Liste der extrem seltenen und vom Aussterben bedrohten Arten stehen.«, klärte ich den lachenden Hanno auf. Auch die anderen war sehr amüsiert über meine Feststellung und meinten, dass es äußerst interessant werden würde, ob alle Missen in Spe nach dem Glas noch ihren Namen kennen würden. Endlich ging es los, die drei bekamen jede ein Glas, der Moderator gab das Zeichen und sie fingen an zu trinken. Wie erwartet gewann die Brünette, in einer sehr imponierenden Zeit von nur etwa zehn Sekunden. Deutlich dahinter kam die Dunkelhaarige ins Ziel und als Letzte die Blondine. »Wow, die hat das Glas ja in null komma nix leer gesaugt, das sind ja ungeahnte Fähigkeiten. Ich wette, die schafft auch 'nen Golfball durch zehn Meter Gartenschlauch.«, stellte Conny beeindruckt fest. Damit waren die ersten Punkte verteilt und es folgte die zweite Runde. Der Moderator kündete ein Quiz an, bei dem er insgesamt fünf Fragen stellen würde, die die Mädels mittels einfachem Reinrufen beantworten sollten, wobei die Schnellste pro richtig beantworteter Frage einen Punkt bekommen sollte. »Ach du Schande, jetzt kommt die Zeit der Wahrheit, wo sich die Spreu vom Weizen trennt.«, kam ein Kommentar von Tina, der sich auffällig zurückhielt, aber diesmal von uns nicht mit Sandy aufgezogen wurde. Es kam die erste Frage, bei der der Moderator wissen wollte, wie das spanische, bowleähnliche Getränk aus Wein, Schnaps und Zitrusfrüchten hieße, welches wörtlich übersetzt so etwas wie Aderlass bedeuten würde. Wir erwarteten eine Antwort im Millisekundenbereich, wurden jedoch böse enttäuscht, oder vielmehr wurden unsere Vermutungen bestätigt. Die Sekunden vergingen, doch es kam keine Antwort, vielmehr schauten die Mädels in etwa so, wie ein Sechsjähriger, dem man gerade versucht die Gesetze der Thermodynamik nahe zu bringen. Auch der Moderator war sichtlich überrascht, weil er dachte, mit einer relativ einfachen Frage begonnen zu haben. »Oh mein Gott, entweder der stellt jetzt nur noch so Fragen, wie: Wie heißt Lothar Matthäus mit Vornamen?, oder wir werden hier morgen noch ohne Miss sitzen.«, stellte Nils korrekterweise fest. Der Moderator schien ebenfalls zu der Überzeugung gekommen zu sein, dass er ohne Hilfe noch lange auf eine Antwort warten würde und gab den Mädels einen Tipp, indem er ihnen sagte, dass sie im ersten Spiel ein Glas davon getrunken hätten. Man sah förmlich, wie der Groschen bei allen drei Mädels fiel und nahezu gleichzeitig schrien sie »Sangria«, wobei die Blondine es eher piepste. Um bei keiner der Grazien in Ungnade zu fallen, erklärte der Moderator, dass die Antworten zeitgleich gegeben wurden und gab jeder einen Punkt. Bei der zweiten Frage, wollte er wissen, welches neben Mallorca, Menorca und Formentera, die vierte Insel der Balearen sei und Wunder über Wunder, er schaute erneut in drei riesige Augenpaare, wartete aber vergebens auf eine Antwort. Unerwarteter Weise stammelte die Brünette plötzlich etwas zögerlich und mehr fragend als antwortend »Ibiza« und herzlichen Glückwunsch, das war ihr insgesamt fünfter Punkt. Woher der Geistesblitz der Brünetten kam, war nicht klar, vielleicht hatte sie in einem früheren Urlaub auch auf Ibiza bereits ein Glas Sangria durch einen Strohhalm geleert, aber das sollten Mutmaßungen bleiben. Als nächstes fragte der Moderator nach der dritten großen Disco in Cala Ratjada neben dem "Bolero" und dem „Xiroi" und da waren die Mädels in ihrem Element. Wie aus der Pistole geschossen, kam ein selbstbewusstes »„Physical"« von der Blondine, die sich damit ihren dritten Punkt sicherte. Blieben noch zwei Fragen und wir werden nie erfahren, ob der Moderator von Anfang an folgende Fragen stellen wollte oder ob er sich kurzfristig welche überlegt hatte, die dem Schwierigkeitsgrad entsprechend an die Teilnehmerinnen angepasst waren. Wirklich ernst konnte er diese Fragen nicht gemeint haben, da waren wir uns einig. Bei Frage vier wollte er wissen, welches die offizielle Währung auf Mallorca war und zum Schluss sollten die Mädels sagen, worum es sich bei Cruzcampo, Estrella und San Miguel handelte. In beiden Fällen kamen drei richtige Antworten, die Mädels tankten Selbstbewusstsein und der Moderator deklarierte einmal die Blondine und einmal die Schwarzhaarige als Gewinnerin, vermutlich, um das Event spannender zu gestalten. Es ging also nahezu gleichauf in die nächste Runde, wobei die Brünette einen hauchdünnen Vorsprung von einem Punkt gegenüber ihren Kontrahentinnen hatte. Was wir zu diesem Zeitpunkt noch nicht wussten, Toni würde noch eine Hauptrolle in der kommenden Runde spielen.

Dem Moderator wurden drei Tücher gebracht und er fing an zu erklären, dass er den dreien jetzt die Augen verbinden würde. Anschließend sollten drei Jungs auf die Bühne geholt werden, bei denen die Mädels alleine durch Betasten das Alter schätzen müssten. Es durfte kein Alter geschätzt werden, was bereits eine Vorgängerin geschätzt hatte und wer jeweils am nächsten dran wäre, bekäme einen Punkt. Den Mädels wurden also die Augen verbunden und dann ging es los, drei Jungs aus dem Publikum auf die Bühne zu ziehen. Es traf einen, wie sich später herausstellte, zwölfjährigen Jungen, einen durchtrainierten Zweiundzwanzigjährigen und unseren Toni. Letzterer wurde etwas widerwillig, aber unter unserem tosenden Applaus, auf die Bühne geholt. Zu dem Zeitpunkt verfluchte er sicherlich unsere guten Plätze an der Bühne, aber dafür durfte er sich einmal so fühlen, wie Leonardo di Caprio vor ein paar Wochen auf dem roten Teppich, bei der Premiere von Romeo und Julia.
An dieser Stelle muss ich kurz ein paar erklärende Worte anbringen. Toni war zu diesem Zeitpunkt, wie wir alle gerade Anfang Zwanzig, war mittelgroß, hatte eine durchschnittliche Figur und trug an diesem Abend mal keine Kontaktlinsen, sondern eine Brille. Das war bis jetzt noch nichts Besonderes aber es war auch noch nicht Alles. Trotz Tonis jugendlichen Alters, hatten sich bereits eine Vielzahl seiner Haupthaare überlegt, sich von seinem Kopf zu verabschieden und dafür den gesamten übrigen Körper zu besiedeln. Aus diesem Grund rasierte er die Haare auf dem Kopf meist bis auf wenige Millimeter runter, was sicherlich besser aussah, als in seinem Alter bereits mit mehr als schütte-

rem Haar herumzulaufen. Kehren wir nach diesen Hintergrundinformationen nun zurück zur Misswahl.
Die Jungs standen auf der Bühne, wobei Toni als letzter an der Reihe sein sollte und die Mädels wurden zu dem Zwölfjährigen geführt. Die Blondine sollte anfangen und nach kurzem, zögerlichen Tasten gab sie, wohl durch die Körpergröße des Jungen veranlasst, mit elf Jahren eine recht gute Schätzung ab. Nach ihr waren die Brünette und die Schwarzhaarige nacheinander an der Reihe. Beide lagen mit zehn und dreizehn auch nicht schlecht. Toni und der andere zumindest bei dieser Wahl noch unberührte Junge mussten sich hinter die Kandidatinnen stellen, dann wurden kurz die Augenbinden gelöst, die Mädels durften betrachten, wen sie gerade betastet hatten und der Junge nannte sein Alter. Die Blondine und die Brünette bekamen beide einen Punkt und die Schwarzhaarige ging leer aus. Jetzt wurde es wieder Dunkel für die drei und der Zweiundzwanzigjährige trat vor die Mädels, von denen jetzt die Schwarzhaarige beginnen sollte. Man merkte, dass langsam die Berührungsängste abgelegt waren, denn das Betasten verlief deutlich beherzter, was auch Toni mitbekam. Es traute sich jedoch noch kein Mädel, wirklich intime Stellen zu betasten. Nach den erneut guten Schätzungen von einundzwanzig, zweiundzwanzig und dreiundzwanzig, stand fest, dass die Schwarzhaarige durch ihren Punkt aufgeholt hatte. Nach der kurzen Betrachtung ihres zweiten Opfers und dem erneuten Augenverbinden, wurde Toni zum Schafott geführt. Bei ihm durfte die Brünette zuerst ran und sie machte sich sogleich ans Werk. Nicht gerade

zimperlich begann sie den Oberkörper zu betasten, um anschließend zum Kopf überzugehen. Man sah förmlich, dass sie ein wenig überrascht war und nicht so ganz wusste, wie Kopf und Oberkörper zusammen passen sollen. Wir konnten uns vor Lachen kaum noch halten, während die Brünette ausgiebig die Beine und den Hintern von Toni befummelte und dabei noch verunsicherter wurde. »Pass auf, gleich tastet die auch Tonis drittes Bein ab.«, lachte Hanno und als ob Toni es gehört hätte, nahm er wie ein Fußballspieler in der Mauer, die Hände schützend zwischen die Beine und das keine Sekunde zu früh. Der finale Kontrollgriff der Brünetten, die inzwischen offensichtlich jegliche Scheu abgelegt hatte, endete an seinen Händen und wurde von ihm mit einem lachenden »von wegen« kommentiert. Jetzt war die Schätzung an der Reihe und man merkte, wie es in der Brünetten knisterte. Sie tat sich wohl schwer damit, einen trainierten, jungen Körper mit einem Rentnerkopf zusammen zu bringen und entschied sich für die goldene Mitte. Etwas zögerlich sagte sie „vierunddreißig" und war ziemlich irritiert über das Gelächter aus dem Publikum. Nun waren die anderen beiden Mädels an der Reihe und waren ähnlich irritiert. Die Blondine schätzte Toni auf fünfunddreißig und die Schwarzhaarige auf dreiunddreißig. Man sah bei jeder Schätzung, wie Tonis Gesicht länger wurde und alle freuten sich darauf, dass die Augenbinden abgenommen wurden. Der große Augenblick war gekommen und die Mädels brachen ebenfalls in Lachen aus, als sie Toni sahen, wobei sich die Brünette sofort bei ihm entschuldigte. Unter lautem Applaus verließ Toni die Bühne und kam zerknirscht zu uns an den Tisch zurück. »Hey Opa, schaffst du es noch bis zum Tisch oder soll ich dich stützen?«, stichelte ich sofort. »Halt die Fresse, sonst fängst du dir eine!«, kam sofort zurück. »Ui, dann pass aber auf, dass du dir nichts dabei brichst, alte Knochen sind oft porös.«, kam es von Hanno und wir mussten alle lachen, zumindest alle außer Toni. »Ich brauch jetzt auf jeden Fall Bier und zwar nicht zu knapp, am besten noch Hochprozentiges dazu!«, maulte Toni und bedeutete uns, dass er ab jetzt für den Rest des Abends aktives Vergessen praktizieren würde. Sein Wunsch wurde ihm auch postwendend erfüllt, da uns ein Kellner eine neue Runde brachte, was Toni zunächst besänftigen sollte. Auf Grund unserer ganzen Stichelei trat die letzte Runde der Misswahl fast ein wenig in den Hintergrund. Bei der Alles entscheidenden Runde, mussten in fünf Minuten so viele Schuhe wie möglich von männlichen Zuschauern gesammelt werden, wobei nur rechte Schuhe gewertet wurden. Da bei der Auswertung jeder Schuh einen Punkt bedeutete, wurden die anderen Spielrunden nahezu bedeutungslos. Die Mädels sammelten jede mühelos mehr als zwanzig Schuhe ein und die Brünette entschied die Misswahl letztlich für sich und verwies die Blondine auf den zweiten und die Schwarzhaarige auf den dritten Platz. Von uns bekam jedoch keine einen Schuh, wir boykottierten sie gnadenlos, das waren wir Toni schuldig. Im Grunde hätte er den Preis verdient gehabt, denn er war der wahre Star der Misswahl, wobei er mit orthopädischen Schuhen und Stützstrümpfen sicher noch erfolgreicher gewesen wäre.

In einem wunderbaren Land

Nachdem wir nun also den Vorläufer von Mallorcas next Topmodel bewundern durften, es aber noch viel zu früh war ins "Bolero" zu gehen, gingen wir nochmals aufs Zimmer. Toni wollte noch eine Runde Tuppen und so richtig mit dem Frustsaufen starten, worauf Tina ihn voller Fürsorge fragte, ob er sich denn in seinem Alter zutraue, so viel zu trinken und sich trotzdem die Karten zu merken. »Komm, jetzt ist gut, mach mir lieber `nen Wodka Lemon!«, flehte Toni fast verzweifelnd. Wir ließen es fürs Erste gut sein, zumindest für die Zeit, in der wir Karten spielten. Toni spielte absichtlich einen Harakiri Kamikaze Stil und musste mit Abstand die meisten Strafgetränke trinken, was genau seinem zuvor kundgetanen Plan entsprach. Um halb zwölf ging es gut angeheitert zum "Bolero". »So, jetzt lass mal schaun, ob sich da ein paar nette Mädels tummeln.«, warf Hanno ein. »Ja und vielleicht hat Toni Glück und die ein oder andere hat `nen Vaterkomplex.«, nahm ich ganz zu Tonis Leidwesen die Stichelei wieder auf. »Ja, die muss dann aber auch auf betrunkene Väter stehen.«, legte Nils nach. Toni verdrehte nur die Augen, machte eine abfällige Handbewegung und beschleunigte seine Schritte ein wenig. Fünf Minuten später standen wir vor dem "Bolero", ebenso wie etwa fünfzig andere Jugendliche. Erfreulicherweise wurde die Schlange jedoch sehr schnell abgearbeitet und um fünf vor zwölf standen wir mit einem Getränkebon im "Bolero". Wir staunten nicht schlecht über den Laden, denn drinnen war es nicht so, wie in den anderen beiden Discotheken. Es spielte eine Live Band und es erinnerte uns an eine Scheunenparty im Discoambiente. Während wir noch staunten, standen Josi und Stefan bei uns und fragten, wie die Misswahl war. Natürlich schilderten wir in epischer Breite Tonis Auftritt, was nicht nur zu großem Gelächter führte sondern auch dazu, dass Toni keine zwei Minuten später einen Wodka Lemon in der Hand hatte, oder, wie er ihn bestellt hatte, einen großen Wodka auf Eis mit einem kleinen Schuss Lemon. Angeregt von solch einer innovativen Getränkevariante, gingen Hanno und ich los, um fünf weitere Wodka-Lemon-Speziale zu ordern. Als wir zurück kamen und mit Toni anstießen, waren Stefan und Josi bereits mit einem Bier bewaffnet auf der Tanzfläche, wobei Josi mitten im Getümmel stand und Stefan das Treiben eher vom Rand her beobachtete. »Hey, echt nicht verkehrt so ein Wodka-Lemon-Speziale und das als Freigetränk, da hat sich der Eintritt schon gelohnt.«, stellte Hanno korrekterweise fest, denn der Eintritt hatte nur 500 Peseten gekostet, was etwa sechs Mark entsprach. »Fuck verdammt, ich hab den Getränkebon vergessen und den Drink bezahlt.«, fluchte Toni, was er im gleichen Augenblick bedauern sollte. »Ja klar, alte Leute vergessen so was schon mal, du solltest dir einen kleinen Notizblock besorgen, den du immer bei dir hast, dann kannst du dir so was aufschreiben.«, kam sofort ein Schuss von Conny. »Hätte ich doch bloß meine Fresse gehalten und nachher das nächste Getränk mit dem Bon geholt.«, ärgerte sich Toni über sich selbst. »Genau, manchmal ist Schweigen eben doch Gold aber ist schon gut so, da haben wir wenigstens unseren Spaß und der geht mal nicht auf meine Kosten.«, freute sich Tina. Leicht grummelnd trank Toni den Rest auf ex, holte den Getränkebon aus der Tasche und stellte sich an, einen weiteren zu holen. »Er wollte ja Frustsaufen, aber wenn er so weiter macht, wird das ein böses Ende mit ihm nehmen heute Abend.«, prognostizierte ich. »Ach was, wir haben alle schon gut gebechert, aber gleich geht's auf die Tanzfläche und dann werden ein paar Promille verbrannt.«, schlug Nils vor. Nach einer kurzen Zeit des Trinkens und Mädels abchecken, setzten wir Nils Vorschlag in die Tat um und gingen auf die Tanzfläche. Als wir so auf der Tanzfläche zappelten, fiel es mir plötzlich auf. Zuerst dachte ich, ich hätte deutlich mehr Alkohol im Blut, als ich gedacht hatte, aber dann war ich mir sicher, dass meine Sinne noch voll funktionsfähig waren. Die Band spielte zwar nicht schlecht, weswegen uns die Lieder auch so bekannt vorkamen, aber der Gesang war völlig daneben. Die Sänger konnten offensichtlich keine andere Sprache als Spanisch und Lieder, die in anderen Sprachen geschrieben waren, wurden rein phonetisch gesungen, ohne dass die Bandmitglieder einen Schimmer hatten, was sie gerade sangen. Bei englischen Liedern konnten sie es, bei dem überwiegend deutschen Publikum, recht gut kaschieren, so dass es den zumeist alkoholisierten Leuten nicht auffiel, aber dann fingen sie an deutsche Lieder zu spielen und nun merkten es alle. Nils schaute mich mit großen Augen an und fragte, »Was soll das denn sein, was der da singt?« »Ich glaube Mit Pfefferminz bin ich dein Prinz, aber ganz sicher bin ich mir nicht.«, entgegnete ich lachend. Anschließend kamen noch neununeuzich Luffballons, 1000 Maa berührt und als die Band dann schließlich värückt nach Wästaland war, lachten wir uns mehr schlapp, als zu tanzen. Nach der Phase der deutschen Lieder, wurde die Band für eine kurze Zeit von einem DJ abgelöst und es kam wieder Musik in ihrer Originalform. Merkwürdigerweise wurde die Tanzfläche deutlich leerer, obwohl Nanas „Lonely" und Coolios „Gangsta's Paradise" durchaus angesagte Songs waren. Die falsch singende Band schien bei einer Vielzahl der Leute anscheinend eine Art Kultstatus zu besitzen. Inzwischen war es schon zwei Uhr durch und Josi kamen zu uns, erklärten uns, dass sie völlig platt ins Hotel gehen würden und fragte, ob wir am nächsten Tag am Strand wären. Wir erklärten, dass wir es zumindest vorhätten und verabschiedeten uns von den beiden. »So richtig schlecht fände ich es jetzt auch nicht, ins Bett zu gehen.«, sagte Tina. »Gut, dass du das sagst und nicht ich, sonst wäre garantiert wieder ein blöder Spruch gekommen.«, stellte Toni völlig richtig fest. »Lasst uns noch einen Wodka-Speziale nehmen, dann können wir gut schlafen und vor allem noch ein wenig trocknen, bevor wir rausgehen, ich bin total verschwitzt.«, schlug Nils vor und erntete von uns allen Zuspruch. Wir gingen zur Bar und bestellten eine finale Runde, bei der es der Barkeeper besonders gut meinte. Vielleicht hatte er sich auch einfach überlegt, wie er die eh schon gut angetrunkenen deutschen Touris endlich los werden könnte und hatte sich entschieden, in unsere sechs Wodka Lemon eine ganze Flasche Wodka zu kübeln, ein paar Eiswürfel darin zu versenken und maximal ein Schnapsglas Alibilemon dazu zu kippen. Als wir diese Kopfgranaten bezwungen hatten, waren wir definitiv nicht mehr fahrtauglich, nicht mal mit dem Dreirad. Genau genommen war Gehen schon eine kleine Herausforderung, besonders für Toni, der ja mit Abstand am Meisten vorgelegt hatte. Wir machten uns schwankend auf den Weg zum Hotel und plötzlich fing Toni ohne ersichtlichen Grund an, ganz leise das Biene Maja Lied vor sich hin zu summen. Wie nicht anders zu erwarten, löste er damit eine Lawine aus und dauerte es keine zwei Minuten bis wir alle sangen oder besser gesagt, wir grölten. Wie wir es den ganzen Abend von der Band im "Bolero" gelernt hatten, kam es weder auf den richtigen Text, noch die perfekte Melodie an, das einzige, was zählte war Lautstärke. Völlig falsch, extrem schief und dazu auch noch sechsstimmig intonierten wir, »In einem wunderbaren Land, vor gar nicht allzu langer Zeit...« und das in einer Lautstärke, dass man es sicher noch auf Ibiza hören konnte. Ob es an der fortgeschrittenen Zeit, oder vielleicht doch an unserem etwas mäßigen Talent lag, wird wohl nie rauskommen, aber es dauerte keine fünf Minuten, da kamen von mehreren Balkonen umliegender Hotels sehr unschöne Rufe von genervten Miturlaubern. »Ey, was wollen die denn, wir singen doch super.«, fragte Conny völlig ohne jedes Schuldbewusstsein. »Zumindest super laut.«, stellte ich fest. "*Vielleicht sollten wir besser aufhören*", hätte am besten einer von uns gesagt. Da aber niemand sich zu dieser weisen Erkenntnis aufraffte, sangen wir in unveränderter Lautstärke weiter mit dem winzigen Unterschied, dass wir den Text, der sicherlich ohnehin nicht fehlerfrei über unsere Lippen kam, dahingehend abänderten, dass möglichst viele Schimpfworte darin vorkamen. Da das ganze völlig spontan passierte, sang jeder andere Schimpfworte. Es liefen also sechs gut angetrunkene Typen die Promenade entlang und grölten Strophen wie, »Und diese fette, dumme Biene nennt sich Maja, blöde, assi kack scheiß Biene Maja…«. Natürlich ließen die Reaktionen unseres äußerst kritischen Publikums nicht lange auf sich warten. Wir hörten so Dinge wie, »Haltet die Fresse oder ich komm runter.«, über »Seid ihr verrückt, wisst ihr wie, spät es ist?«, bis »Ich stopf euch gleich das Maul!«. Anscheinend waren wir noch nicht ganz so beliebt wie die Band im "Bolero", obwohl man uns unser Engagement nicht absprechen konnte. Schließlich gaben wir auf, unser Auditorium für unsere eigenwillige Interpretation von Biene Maja begeistern zu wollen, und wie sich zeigen sollte, kam diese Entscheidung keine Minute zu früh. Es war gerade für einige Sekunden Ruhe eingekehrt, da kamen zwei Polizisten aus einer Seitenstraße. Ob man sie wegen Ruhestörung gerufen hatte oder ob sie auf Grund des Grölens, das sie unzweifelhaft gehört haben mussten, auf die Promenade kamen, wussten wir nicht, aber wir legten auch keinen Wert darauf, es herauszufinden, zumindest die meisten von uns. »Ey, sollen wir nicht für die Polizisten noch mal singen, vielleicht haben die ja einen besseren Geschmack?«, schlug Conny vor und ich dachte, ich hör nicht richtig. »Conny sag mal kann es sein, dass deine Eltern früher deine Schaukel ein klein wenig zu nah an die Hauswand gestellt haben oder bist du zu heiß geföhnt worden? Ich hab keinen Bock auf Stress mit denen und bin auch nicht scharf drauf, ein spanisches Polizeirevier von innen zu sehen, geschweige denn einen spanischen Knast.«, ließ ich ihn wissen und an den Reaktionen der anderen erkannte ich, dass sie glücklicherweise auf meiner Seite waren. Während die Polizisten uns entgegen kamen, schauten sie uns unentwegt an und ich hatte das Gefühl, sie warteten nur auf irgendein Fehlverhalten unsererseits. Offenbar hatten das auch die anderen wahrgenommen und erstaunlicherweise gingen wir alle sechs ganz ruhig in erfreulich gerader Haltung in Richtung unseres Hotels. Kurz bevor die Polizisten an uns vorbei gingen, bedachten sie uns nochmal mit einem langen, durchdringenden und vor allem warnenden Blick und dann schien die Gefahr gebannt. Conny ließ jedoch unsere Herzen kurz stehen bleiben, indem er deutlich vernehmbar sagte, »Immer diese besoffenen Touristen, die nachts Lärm machen und allen den Schlaf rauben, die sollte man alle wegschließen!«. Das die Polizisten es nicht gehört hatten, war sehr unwahrscheinlich und ich befürchtete, dass wir doch noch von ihnen angehalten werden würden, aber es passierte nichts. Nun dachten wir endgültig heil aus der Nummer herausgekommen zu sein, aber leider hatten wir uns mal wieder geirrt. Wir hörten plötzlich jemanden schimpfen und drehten uns um. Offensichtlich war ein besonders strenger Musikkritiker gerade dabei den Polizisten zu erklären, dass wir uns gerade der nächtlichen Ruhestörung strafbar gemacht hatten und dabei gestikulierte er wild und zeigte immer wieder auf uns. »Leute wir sollten schleunigst die Biege machen.« trieb ich die anderen an und bog zügig in eine Seitenstraße ab. »Jetzt stell dich nicht so an, was soll denn passieren.« versuchte Conny das ganze herunterzuspielen aber in dem Moment kamen auch die Polizisten um die Ecke. »Ola Señores, uno momento por favor!« »Fuck, was jetzt, laufen oder warten?« »Besser wir warten, Toni läuft sicher nicht mehr so schnell« antwortete Hanno auf Nils Frage. Also warteten wir auf die Dinge, die da kommen würden. Vor meinem geistigen Auge saßen wir bereits in einer kleinen, verdreckten Gefängniszelle mit spanischen Großkriminellen. Wir setzten alle ein Gesicht auf, was größtmögliches Bedauern ausdrücken und gleichzeitig möglichst hilflos wirken sollte. Leider funktioniert das Ganze nur bei kleinen, niedlichen Mädchen, die dann immer ein wenig aussehen, wie Bambi. Sechs halbstarke, angetrunkene Jungs hingegen sehen dann eher aus als hätten sie gerade nach einer schweren Magendarmattacke auf der Toilette bemerkt, dass kein Papier mehr da ist. Die Polizisten waren also weder gerührt, noch hatten sie Nachsicht. Wir bekamen einen spanischen Strafzettel wegen Ruhestörung. Jeder von uns musste 1000 Peseten bezahlen und hoch und heilig schwören, dass wir nachts nicht mehr auf offener Straße singen. Nachdem das erledigt war durften wir wieder unserer Wege gehen, jedoch sagte uns der eine der beiden Polizisten noch in gebrochenem Deutsch, dass er zwar so gut wie nichts von dem Lied verstanden hat aber dass er es nicht so schlimm fand, wie einige Hotelbesucher. Dann gingen die Polizisten in die eine Richtung und wir in die entgegengesetzte. Kurze Zeit später waren wir endlich im Hotel angekommen und weitere zehn Minuten später lag ich im Bett und fing an, meinen Alkoholspiegel im Schlaf abzubauen, jedoch nicht ohne zuvor meinen spanischen Strafzettel auf meinen Nachttisch zu legen. Ich hätte schwören können in dieser Nacht zu den von Toni leise gesummten Klängen von Biene Maja eingeschlafen zu sein.

Fatales Frühstück

Am nächsten Morgen wachte ich erstaunlich fit auf und auch Toni machte für den Alkoholkonsum des Vorabends einen Eindruck wie der frische Frühling. Es zeigte sich eindrucksvoll, dass eine durchtrainierte Leber mehr zu leisten vermag, als man ihr gemeinhin zutraut. Nach einem kurzen, hotelinternen Telefonat, erfuhren wir, dass bei Hanno und Conny die Lebern den Streik ausgerufen haben mussten. Aus den kurzen, abgehackten und gestammelten Worten extrahierten wir die Information, dass die beiden noch betrunken wären, schlafen wollten und später nachkommen würden. Anschließend versuchten wir Nils und Tina anzurufen, aber wir hörten nach dem Wählen der Nummer nur das Besetztzeichen und wie aus einem Mund sagten wir beide, »Sandy!«. Wir lagen natürlich richtig mit unserer Vermutung und als wir kurze Zeit später mit gepackten Sachen an der Zimmertür von Nils und Tina klopften, öffnete uns ein ziemlich genervter Nils die Tür und beschwerte sich lauthals, dass Tina ihn geweckt hätte, um zum Strand zu gehen und jetzt bereits seit fast einer halben Stunde die Drähte glühen ließ. Er gab kurzerhand Tina ein Zeichen, dass wir schon losgingen, nahm seine Sachen und schloss die Zimmertüre von außen. »Los auf geht's, vamos ala Playa!«, gab ich die Marschrichtung vor. »Nix da, vamos ala Supermarkt!«, korrigierte mich Toni. Wir gingen also zum Strand und machten auf dem Weg einen kurzen Versorgungsstopp beim Supermarkt. Sechs Pizza-Brötchen und drei große Flaschen Bier sollten uns über die erste Stunde bringen. Wir breiteten unsere Handtücher an gewohnter Stelle aus und ließen uns darauf nieder. »Okay, erst mal 'ne Flasche Bier, dann die Brötchen!«, sagte Nils in einem fast schon befehlshabenden Ton. Toni wollte wissen warum und kriegte sofort die entsprechende Antwort von Nils. »Erstens haben wir drei Bier und nur zwei Brötchen, also müssen wir gleiche Verhältnisse schaffen, zweitens kann Bier warm werden und bei den Brötchen ist das völlig egal und der dritte, allerwichtigste Grund, ich habe saumäßigen Brand.« »Na gut, den dritten Grund lass ich mal gelten.«, sagte Toni, nahm die erste Flasche Bier aus dem Plastikbeutel und reichte sie Nils. Pünktlich, nachdem wir unser fünf Gänge Frühstück mit einer Flasche Bier als Aperitif, einem Brötchen als Vorspeise, einer weiteren Flasche Bier als Hauptgericht, dem zweiten Brötchen als Nachspeise und der dritten Flasche als Absacker genossen hatten, tauchte Tina am Strand auf. »Schaut mal, Tina kommt und er hat mal wieder eine Tragetasche voller kalter Entschuldigungen dabei.«, stellte Toni lachend fest, während er Tina zu uns heran winkte. »Hey Tina, mal über 'nen Job beim Callcenter nachgedacht, bei deinen Fähigkeiten kannst du da sicher Karriere machen und dich hochtelefonieren.«, empfing ich ihn freundlich. »Ihr seid doch nur neidisch.« »Auf was denn? Darauf, dass wir nicht jeden Tag im Männerurlaub eine Stunde mit der Freundin telefonieren müssen und dafür am Ende ein Vermögen bezahlen dürfen?«, konterte Toni. »Wo hast du denn den Polizistenschreck und seinen Zimmergenossen gelassen?«, wollte Nils wissen. »Die beiden waren gerade auf dem Weg zum

Supermarkt und wollten dann gemütlich auf dem Balkon frühstücken. Denke die kommen so in ein bis zwei Stunden.«, wurden wir informiert. Ein kurzer Blick auf die Uhr zeigte, dass wir für unsere Verhältnisse früh unterwegs waren, denn es war erst halb Zwölf. Wir entschlossen uns, zu viert eine Runde Geber-Skat zu spielen und tranken dabei Tinas Entschuldigungsbier. Anschließend gingen wir eine Runde schwimmen und spazierten über den Strand bis zur „Malibubar", um nach Josi und Stefan Ausschau zu halten. Nach erfolgloser Suche, beschlossen wir, die zurückgelegte Strecke sinnvoll zu nutzen, setzten uns in der „Malibubar" an einen Tisch und bestellten vier gekühlte, blonde Muntermacher. »Irgendwie hab ich schon wieder ein klein wenig Hunger, wie schaut es bei euch aus?«, wollte Toni wissen. Da wir alle nichts gegen einen kleinen Happen einzuwenden hatten, bestellten wir einen großen Teller vierkantige, frittierte Kartoffelstäbchen für alle. Inzwischen war es schon zwei Uhr und von Hanno und Conny immer noch keine Spur. Langsam machten wir uns Sorgen, weniger darum, dass den beiden etwas passiert sein könnte, sondern eher, dass ihr Frühstück ausgeartet war und sie besinnungslos betrunken auf ihrem Balkon lagen, wenn wir später ins Hotel kämen. Die Sorgen sollten sich jedoch nicht bestätigen, zumindest nicht in dieser Form. Kurz bevor der Teller Pommes komplett in unseren Mägen verschwunden war, standen die beiden Verschollenen an unserem Tisch, wobei Conny ein Grinsen im Gesicht hatte, wie ein Honigkuchenpferd und Hanno knallrot im Gesicht war. Alles Weitere kann ich leider nicht aus erster Hand berichten, aber da Hanno kaum widersprach, denke ich, dass die von Conny erzählte Geschichte weitestgehend der Wahrheit entspräch.

Conny und Hanno kamen vom Supermarkt zurück, mit allem, was man zu einem guten Frühstück braucht, Brötchen, etwas Käse, Wurst, Croissants, Marmelade, Bier, Wodka und Red Bull. Sie breiteten ihr Frühstück auf dem Balkonplastiktisch aus und sondierten, was es für Poolschönheiten zu bewundern gab. Der Pool war gut besucht und nahezu jede Liege schien belegt zu sein. Nachdem die beiden die erste Literflasche Bier geleert, zwei Brötchen gegessen und ihre jeweilige Poolkönigin gekrönt hatten, passierte es. Hanno, der gerade sein Croissant in der einen Hand hielt, beugte sich schräg nach vorne, um die Flasche Wodka aus der Plastiktüte zu holen. Bei dieser Aktion musste er wohl den Plastikstuhl leicht über dessen Belastbarkeitsgrenze getrieben haben. Es gab einen leisen Knack, Hanno blickte zu Conny in der hilflos flehenden Art und Weise, wie ein Kaninchen in die Mündung einer Schrotflinte schaut, und im nächsten Moment brach der Stuhl unter lautem Getöse zusammen. Hanno lag samt dem halben Frühstück in mitten von Stuhlresten auf dem Balkon und wäre das Ganze nicht schon peinlich genug gewesen, hatte wohl auch der ganze Pool die Geschichte mitbekommen. Es war totenstill und alle schauten rauf zum Balkon, was Hanno jedoch noch nicht mitbekommen hatte. Er rappelte sich auf und zeigte Conny voller Stolz, dass er heldenhaft die Wodkaflasche gerettet hatte, als er von der Poolseite plötzlich Applaus, Pfiffe und Gelächter hörte. Hanno drehte sich

langsam um und wurde schlagartig rot wie eine Tomate, als ihm klar wurde, dass er soeben im ganzen Hotel als „Wodka rettender Stuhlcrusher" bekannt geworden war.
Als Conny mit seiner Erzählung geendet hatte, standen uns Tränen in den Augen vor Lachen. Hanno, der zwar lachte, wirkte ein wenig gequält dabei und sagte kleinlaut, »Das musste doch passieren, wenn die so schrottige Plastikstühle auf Fliesenboden stellen. Die machen doch schneller die Grätsche als ein besoffenes Kamel.« »Sollen wir mal langsam zahlen und zu unseren Handtüchern gehen, wenn ihr noch was Sonne abbekommen wollt, wird es Zeit, wir haben schon kurz nach Drei.«, stellte Nils fest. Wir bezahlten die Rechnung aber nicht, ohne vorher sechs Bier „to go" zu ordern und gingen zu unseren Strandlaken. Auf dem Weg bekamen wir einen Flyer in die Hand gedrückt. An diesem Abend sollte es im „Xiroi" an Stelle eines Freigetränkes, einen Gutschein für ein T-Shirt geben, falls man vor 23 Uhr da wäre. Damit war die Abendplanung auch erledigt und wie es der Zufall wollte, kam uns gerade Josi entgegen, die auf dem Weg ins Hotel war. Sie sicherte uns gerne zu, dass die beiden mit ins „Xiroi" kämen und vorher auch gerne mit bei uns vorfluten würden. »Wie wäre es mit einer Runde Tuppen, der Verlierer geht neues Bier holen.«, schlug ich vor und erntete Wogen der Begeisterung. Vier Runden und einen knappen Liter Bier pro Person später, kam Toni auf die glorreiche Idee, dass wir eigentlich auch mal einen Inselausflug machen müssten. Wir diskutierten eine Weile darüber, dass es mit einem Auto schwirig werden könnte, weil wir erstens einen nüchternen Fahrer bräuchten und

zum anderen ein Auto für sechs Personen, was nicht allzu teuer sein durfte. Toni schien jedoch sehr überzeugt von seiner Idee und meinte nur, dass er sich darum kümmern würde und völlig unverständlicherweise auch gerne mal einen Tag nüchtern bleiben könnte. Unter diesen Umständen gefiel uns anderen dieser Vorschlag immer besser, weil wir natürlich nichts dagegen hatten, auch mal den berüchtigten Ballermann zu sehen. Als Toni das nächste Mal verloren hatte und zum Bier holen geschickt wurde, blieb er erstaunlich lange weg, kam dann aber mit sechs Bier und einem breiten Lächeln zurück. »Alles klar Männer, wir machen morgen `ne Inseltour!«, kam ihm über die Lippen und brachte uns zum Erstaunen. »Wie hast du das denn jetzt so schnell geregelt und wie soll das Ganze denn vonstattengehen?«, wollte ich wissen. »Ganz einfach, wie ich vom Kellner der „Malibubar" erfahren konnte, gibt es eine kleine Autovermietung gleich da vorne um die Ecke. Da bin ich dann mal eben hin und hab mir angeschaut, was die für Autos haben. Auf den Tafeln war unter anderem ein Bild von einem coolen Jeep Cabrio, der für bis zu sechs Leute zugelassen ist und nur umgerechnet 250 Mark zuzüglich Sprit kosten soll. Ich hab dann gleich nachgefragt, und morgen um Neun können wir den Wagen abholen und bis sieben Uhr abends behalten.« »Das ist ja cool aber hast du überhaupt eine Ahnung, wo man so hinfahren kann oder wie so das Straßennetz auf Malle ist?«, wollte Conny wissen. »Noch nicht aber gleich, hoffe ich. Wenn wir Stoff zum Vorfluten heute Abend holen gehen, kauf ich im Supermarkt eine Karte und 'nen Reiseführer.« Das vertrieb unsere letzten Zweifel und es war beschlossen, dass wir am nächsten Tag die Insel unsicher machen würden. Da wir nun alle neugierig waren, was man am nächsten Tag erkunden könnte, beschlossen wir, die Sachen zusammenzupacken, zurück zum Hotel zu gehen und auf dem Weg im Supermarkt einzukehren. Im Supermarkt angekommen, schlug Hanno vor, den Abend zur Abwechslung mal mit Wodka Red Bull zu beginnen, weil vom Frühstück noch einiges übrig wäre. Wir holten eine weiter Flasche Wodka, ein paar Dosen Red Bull und eine äußerst praktische Mischung aus Landkarte und Reiseführer. Wieder im Hotel, sprangen wir kurz in den Pool, um den Sand weitestgehend los zu werden. Dabei hätte ich schwören können, dass nicht nur einmal gekichert, getuschelt und dabei auf Hanno gezeigt wurde, der sichtlich erleichtert war, als wir endlich aufs Zimmer hoch gingen. Hier zeugten lediglich Reste eines zerbrochenen Plastikstuhls von Hannos Frühstücksunfall.

Viel natürlich!!!

Das Essen verlief ohne Zwischenfälle, außer, dass wir uns ein wenig Sorgen um Connys Gesundheitszustand machten, weil er fast so viel aß, wie der Rest zusammen. Zwar war es üblich, dass wir stets eine gute Grundlage für den späteren Abend schafften, aber Conny schien an diesem Abend jegliches Sättigungsgefühl verloren zu haben. Er vertilgte zwei Teller voll mit italienischer Teigware, die so beladen waren, dass ein Geländer drum herum nicht schlecht gewesen wäre. Als Zwischengang gab es einen Salatteller, frei der Devise: „was gesundes braucht der Mensch" und anschließend einen weiteren Teller auf dem Hähnchen Cordon bleu, Pommes, ein wenig Fisch und jede Menge Ketchup und Majo ein Potpourri des guten Geschmacks bildeten. Auf unsere Frage, ob es noch ein Dessert sein dürfte, antwortete er nein, er würde zwei nehmen und holte sich etwas Melone und eine Schüssel Pudding. »Junge, alleine mit dem Abendessen hast du die halbe Reise rausgefuttert.«, stellte Hanno völlig richtig fest. »Ja und den Kalorienbedarf für etwa eine Woche gedeckt.«, fügte ich hinzu. »Sag mal kommst du jetzt alleine hoch zum Zimmer oder müssen wir dich rollen?«, wollte Nils wissen. »Ach was, das einzige, was ich jetzt brauche, ist ein Absacker.«, kam Connys Antwort, und den sollte er knappe fünf Minuten später in Form eines doppelten Wodka Red Bull in der Hand halten.

Zwei Runden Wodka Red Bull später, klopften Josi und Stefan an unsere Tür, reichlich bepackt mit Bier. Wir holten die Stühle aus den anderen Zimmern und setzten uns alle zusammen auf den Balkon, wobei drei von uns auf dem Geländer sitzen mussten, weil ja leider ein Stuhl Hannos Frühstücksaktion zum Opfer gefallen war. Wir mischten eine weitere Runde, während Josi und Stefan das erste Bier öffneten. Wir berichteten den beiden von unseren Plänen für den nächsten Tag, woraufhin natürlich die Frage aufkam, wo wir denn alles hin fahren würden. Ruck zuck hatte Toni die Reiseführer Karte in der Hand und las uns die Insidertipps vor. »Also Leute, Ballermann ist ja klar, den wollen wir auf jeden Fall sehen. Dann gibt's hier noch Tropfsteinhöhlen, das wäre doch auch was, oder?« stellte Toni in den Raum. »Klar, warum nicht, darf man da Bier mit rein nehmen« fragte ich scherzend »ne im Ernst, Höhlen sind cool, was gibt's sonst noch?« »Im Grunde können wir eine komplette Inselrundreise machen. Orte wie Cala Millor oder Cala D'or angucken, dann die Höhlen und den Ballermann, weiter empfehlen die, dass der Nordwesten der Insel sehr schön sein soll, mit Steilküste und Aussichtstürmen. Ach ja, dann schreiben die hier noch von nem malerischen, völlig abgelegenen Strand, der ein absoluter Insidertipp sein soll« las Toni aus dem Reiseführer vor. »Okay, klingt gut, du bist der Fahrer, zeig uns was Tolles und bring uns heil zurück« sagte Nils und sprach im Grunde das aus, was wir anderen gedacht hatten. »Los Jungs, wenn ihr noch eine letzte Runde wollt und dann sollten wir los, wir haben kurz vor zehn und müssen ja vor elf da sein, wenn wir das T-Shirt haben wollen« erinnerte Josi. Tina und ich schickten uns also an, schnell eine weitere Runde zu mischen, wobei wir nicht mit Wodka geizten. Stefan und Josi blieben bei Bier, wobei Stefan beim Anblick unserer Mischungen nur kurz anmerkte, dass er bei solchen Mischungen anschließend sicher wieder zu Hause bleiben würde. Wir tranken unser Getränk in einer Geschwindigkeit, wie sie sonst nur Kamele nach 10 Tagen Wüstenritt in der Oase an den Tag legen. Toni und Hanno waren offensichtlich die durstigsten Kamele und standen kurz darauf mit Josi und Stefan wartend im Flur. »Wie schaut's aus, wir haben schon Viertel nach zehn, trinkt mal ein wenig schneller Mädels« kam es von Nils, der sich zu den anderen in den Flur gesellt hatte, während Tina, Conny und ich noch mit den beiden Flaschen Wodka auf dem Balkon standen. »Wir haben unsere Getränke längst aus aber in beiden Flaschen ist noch ein kleiner Rest, sollen wir nicht noch eine schnelle Runde nehmen, dann sind sie leer?« fragte Tina. »Nix da, avanti galoppi, wenn wir wegen euch keine Shirts kriegen, bin ich sauer« grollte Toni. Ich weiß nicht, warum Tina und ich in diesem Moment genau dasselbe dachten, wieso wir überhaupt so etwas dachten, aber wir sahen uns kurz an, nahmen jeder eine Flasche und tranken den Rest Wodka auf ex pur aus der Flasche, während Conny sich die Augen rieb und nur fragte, ob wir noch bei Trost wären. Fünf Minuten später durchquerten wir den Haupteingang des Hotels und machten uns auf den Weg zum „Xiroi". »Was habt ihr denn noch so lange auf dem Balkon gemacht, ihr trinkt doch sonst nicht so langsam?« wollte Josi wissen und bevor Tina oder ich antworten konnten, erzählte Conny unsere kleine Wodka Eskapade. Allerdings klang es bei ihm ein wenig dramatischer, als wir es selber in Erinnerung hatten. Während wir der festen Überzeugung waren, es hätte sich nur noch um einen kleinen Schluck in jeder Flasche gehandelt, war Conny sich sicher, dass es noch ein respektabler Rest war, den wir wie Wasser herunter geschüttet hatten. Wieviel es wirklich war, ließ sich natürlich nicht mehr rekonstruieren, aber es sollte so oder so nicht der letzte Wodka für diesen Abend gewesen sein.

Genau um drei Minuten vor elf standen wir vor dem „Xiroi", zahlten unseren Eintritt und nahmen unsere Gutscheine in Empfang. Die Shirts sollte es gegen Vorlage des Bons an der „Malibubar" geben. Wir verstanden zwar nicht, warum die Leute mit einer solche Aktion früh in die Disco gelockt wurden, um sie dann sofort wieder zu einer angegliederten Bar zu schicken, aber vielleicht hingen „Xiroi" und „Malibubar" auch in irgendeiner Weise zusammen. Im Inneren der Disco waren kaum Gäste und wir entschlossen uns, unsere Shirts an der Bar zu holen und bei der Gelegenheit gleich noch das ein oder andere Getränk zu uns zu nehmen. Unglücklicherweise waren wir nicht die einzigen, die diesen genialen Plan hatten, denn an der „Malibubar" kam man sich vor wie beim Start des Sommerschlussverkaufs. Wir kämpften uns mit unseren Gutscheinen bis zur Theke und holten uns unsere Shirts. Leider mussten wir feststellen, dass man lediglich zwischen M und L wählen konnte. »Mist, ich brauche mindestens XL.«, sagte ich. »Ich fürchte, in den Dingern sehen wir aus wie Presswurst.«, stimmte mir Hanno zu. »Dafür seh ich aus, wie in nem Minirock.«, lachte Josi. »Ist doch egal, wir nehmen einfach sieben Mal L und einmal M und gut ist.«, schlug Toni vor und wir befolgten seinen Vorschlag. Kurze Zeit später hatten wir unsere neuen Kleidungsstücke und stellten fest, dass die Weite völlig okay war, auch wenn der ein oder andere von uns sicherlich leichtes Übergepäck auf den Rippen trug. Dafür war die Länge ein wenig kurz oder um es treffender zu formulieren, ich stand bauchfrei da. Die Shirts würden wir also maximal zum Autowaschen tragen und Nils meldete sich freiwillig, die edlen Kleidungsstücke ins Hotel zu bringen, um sie nicht den ganzen Abend herumschleppen zu müssen. Wir nahmen sein Angebot dankend an und versprachen ihm, dass im Gegenzug sein erstes Getränk auf unsere Rechnung gehen würde, sobald er wieder zurück wäre. Er machte sich also auf den Weg ins Hotel, während Stefan sich ein weiteres Mal zur Theke kämpfte und kurz darauf mit sieben Flaschen Cruzcampo wiederkam. »Jungs, irgendwie schmeckt mir heute Abend das Bier nicht.«, teilte ich den anderen mit, nachdem ich einen kräftigen Schluck genommen hatte. »Was heißt das jetzt? Willst du heute nix mehr trinken, ich bin doch morgen der Fahrer?«, fragte mich Toni ungläubig. »Red' keinen Scheiß, hast du was am Sender? Natürlich trink ich heute Abend, ich könnte sonst Gefahr laufen irgendwann mal nüchtern zu werden und ich kann nicht garantieren, ob ich mich in dem Zustand unter Kontrolle halten kann. Deswegen geh ich jetzt mal zur Theke und schau, was die für Alternativen haben.« Ich trank mein Bier aus, was mir an diesem Abend erstaunlicherweise wirklich nicht besonders schmeckte und ging zur Theke. Während ich da so in der Schlange stand und darauf wartete an die Reihe zu kommen, fiel mir eine Tafel hinter der Bar ins Auge, auf der mit Kreide geschrieben stand "***Wodka Red Bull 300 Pts.***". Das passte hervorragend, ich konnte da weitermachen, wo ich auf dem Balkon aufgehört hatte und für nicht mal umgerechnet 4 Mark konnte man sich das durchaus mal gönnen. Endlich war ich an der Reihe, bestellte einen Wodka Red Bull, zeigte auf die Tafel und hoffte, dass ich ein großes Glas oder zumindest eine gute Mischung bekäme. Plötzlich fragte mich der Kellner, der mir bereits an den letzten Tagen diverse Biere überreicht hatte, ob ich gerne viel oder wenig Wodka im Getränk hätte. So etwas hatte ich bis dato auch noch nicht erlebt, dass mich ein Kellner fragt, wie stark er mein Getränk machen sollte aber es gefiel mir ausnehmend gut, darauf ließ sich aufbauen. Ich lachte den Kellner an und sagte ihm, dass ich für den gleichen Preis natürlich viel Wodka bevorzugen würde. Was der Kellner mir daraufhin auf die Theke stellte für meine 300 Peseten übertraf meine kühnsten Träume. Er stellte ein Kölschglas auf den Tresen, warf zwei Eiswürfel hinein und machte es randvoll mit Wodka. Ich überlegte noch, wo er denn jetzt den Red Bull hinkippen wollte oder ob ich ihn mit meinem Wunsch nach viel Wodka dazu animiert hatte, den Red Bull gänzlich weg zu lassen, da wurden mir meine Fragen beantwortet. Er stellte einfach eine Dose Red Bull neben das Glas, öffnete sie und sagte mit breiten Grinsen, »fertig!«. Ich bedankte mich artig, nahm leicht verstört meinen getrennten Longdrink und ging zu den anderen, wo auch Nils wieder eingetrudelt war. »Leute habt ihr schon mal so `nen Wodka Bull bekommen?«, fragte ich in die Runde und erzählte anschließend, was mir an der Theke widerfahren war. »Wie trinkst du den Kram denn jetzt, immer abwechselnd?«, wollte Josi wissen. In der Tat hatte ich mir dieselbe Frage auch schon gestellt, aber wie immer hatte mein Hirn bereits die passende Lösung. Ich nahm einen großen Schluck aus der Dose, schüttete anschließend etwa das halbe Glas Wodka hinein, schwenkte die Dose gut und machte das Glas wieder voll. Jetzt hatte ich eine starke Mischung in der Dose und eine massiv gesundheitsgefährdende im Glas. Ich war allerdings nicht der einzige, denn Hanno und Conny hatten es sich in der Zwischenzeit nicht nehmen lassen, sich ebenfalls einen Wodka Red Bull nach Sodom und Gomorrha Art zu bestellen. Nils und Tina blieben bei Bier und Toni, der sich selbst als Fahrer für den nächsten Tag erkoren hatte trat ebenfalls kürzer. Wir standen also zu sechst auf der Terrasse der „Malibubar" und taten mal wieder das, was wir am besten konnten, Trinken und Mädels Abchecken, der rote Faden, der sich durch den Urlaub zog. »Sag mal, wo sind eigentlich Josi und Stefan?«, wollte Hanno wissen. »Die wollten mal gucken, ob im „Xiroi" schon was los ist.«, klärte uns Toni auf. »Hey Toni, sag mal passen in den Jeep genau sechs Leute oder haben wir noch 'nen Platz frei?« fragte Conny. »Ne der ist genau für sechs Leute, warum?« »Schade, ich hätte gern die Perle da vorne gefragt ob sie mit will.«, grinste Conny. »Ach frag ruhig, wenn sie mit will, nehm ich die gerne auf den Schoß.«, bot ich völlig uneigennützig an. »Von wegen, eher bezahl' ich dir noch ein paar Wodka Bull, dann kann die deinen Platz haben.«, kam Connys Retoure. »Apropos, ich hab meinen auf, nehmen wir noch 'ne Runde, Nils hat eh noch einen gut fürs Shirt Wegbringen.«, kam es von Hanno. Wir stimmten alle zu und die nächste Runde rollte an erneut drei Bier und drei Schädelspalter. Diesmal setzten wir uns an einen Tisch, der soeben von sechs Mädels geräumt wurde. Auf Connys dezente Frage, ob die Damen nicht vielleicht doch noch ein klein wenig bleiben wollten, wo doch jetzt die genau passende Zahl an stattlichen jungen Männern da war, kam nur ein verächtliches »Nein Danke!« zurück. »Olle Bratzen, die wissen gar nicht, was sie verpassen.«, beschwerte sich Conny im Flüsterton. »Ach lass die dummen Trockenpflaumen doch, wer nicht will, der hat schon.«, tat Hanno seine Meinung über die Abfuhr kund. »Ach Hanno, pass lieber auf, dass du nicht hier noch mit nem Stuhl zusammenbrichst, die sind auch nur aus Plastik.«, warf ich ein, um ein wenig von den Beleidigungen weg zu kommen, da diese sicherlich nicht zuträglich gewesen wären, wenn sich wirklich ein Mädel in unsere Nähe verirrt hätte. »Jetzt, wo du es sagst, die Stühle hier sehen genau so aus, wie die auf unseren Balkonen.«, stellte Tina fest. »Cool, da nehm' ich gleich einfach einen mit, dann haben wir wieder jeder einen.«, schlug Hanno allen Ernstes vor. »Ich glaube du hast schon einen Wodka zu viel, kann das sein? Du kannst doch hier keinen Stuhl klauen, wir wollen hier noch gerne ein paar Tage bedient werden du Gehirnakrobat.«, warnte ich ihn. Nachdem kurzem Nörgeln widmete sich Hanno wieder seinem Getränk. Da es nahezu unbemerkt bereits zwei Uhr früh geworden war und auch Josi und Stefan sich zwischenzeitlich bei uns abgemeldet hatten, wollten wir uns ebenfalls auf den Weg machen. »Eine Runde geht noch, oder?«, bettelte Hanno. »Aber nur noch eine, wir müssen morgen um neun Uhr morgens den Wagen abholen.«, appellierte Toni an unsere Vernunft. Hanno und ich gingen also ein letztes Mal für diesen Abend zur Theke und holten Getränke. Während wir die letzte Runde genossen, stellten wir fest, dass wir gar nicht in der Disco waren, was jedoch keiner sonderlich schlimm fand, schließlich hatten wir ein bauchfrei-Shirt für unser Eintrittsgeld bekommen. Nach der Runde siegte tatsächlich die Vernunft und wir machten uns auf den Heimweg. Kurz bevor wir die Terrasse verließen, meinte Hanno, dass er kurz nochmal in die Keramikabteilung müsse, aber wir ruhig schon mal langsam vorgehen könnten. »Sag mal musste der jetzt noch ein Ei legen.«, fragte Toni, nachdem wir bereits fünf Minuten langsam Richtung Hotel geschlurft waren. »Ne, ich glaub ich spinne, da ist der Magier der Keramikabteilung und schaut mal, was er in der Hand hat.«, machte ich die anderen auf das aufmerksam, was ich beim Zurückblicken sehen musste. »Hat der Seppel jetzt echt einen Stuhl mitgenommen?«, kam es voller Fassungslosigkeit aus Nils Mund. Ich hatte mich also nicht verguckt, Hanno kam hinter uns her getrottet und hatte einen weißen Plastikstuhl dabei. Auf unsere Frage, was das solle, versicherte er uns, dass es kein Stuhl aus der „Malibubar" wäre, sondern einer, der so bei einem Laden an der Straße gestanden hätte. Wir taten uns schwer die Geschichte zu glauben, aber wir konnten ihm auch nicht das Gegenteil beweisen, also ließen wir ihn den Stuhl mitnehmen. »Jetzt sag mal du Geistesgröße, wie gedenkst du denn den Stuhl auf den Balkon zu bekommen, willst du ihn hoch werfen oder wanderst du damit durchs ganze Hotel?«, fragte ich den etwas ratlos drein blickenden Stuhlträger. »Ach was, die sollen froh sein, dass wir für Ersatz sorgen, wir gehen einfach damit aufs Zimmer und wenn einer fragt, dann erklären wir, dass wir nur ersetzen wollen, was uns kaputt gegangen ist.«, antwortete Toni an Hannos Stelle, der dies mit einem dankbaren Blick quittierte. »Dann machen wir es doch so, dass Tina, Nils und ich die Schlüssel holen und wenn der Portier sich rumdreht, um die von der Wand zu nehmen, geht ihr mit dem Stuhl durch die Halle.«, schlug ich vor. Nils, Tina und ich betraten also als erste die Lobby, dicht gefolgt von Conny, der den anderen beiden ein Zeichen geben wollte, sobald der Portier nicht guckte, aber leider hatte mein genialer Plan eine Schwachstelle. »Ja spinnen denn die Spanier, warum sind die denn heute zu zweit?«, flüsterte Tina. »Keine Ahnung, vielleicht hat sich rumgesprochen, dass sich zur Zeit gefährliche, betrunkene Ruhestörer durchs nächtliche Cala Ratjada bewegen nach unserer Gesangseinlage gestern.«, flüsterte ich zurück. »Hilft alles nix, wir holen die Schlüssel und die zwei Stuhlträger sollen halt versuchen, aufs Zimmer zu kommen.«, sagte Nils leise und nickte Conny zu, der daraufhin Toni und Hanno das Zeichen gab. Ob wir damals tatsächlich so naiv waren zu denken, dass spanische Hotelangestellte es einfach ignorieren, wenn jugendliche Hotelgäste potentiell gestohlene Möbelstücke durchs Hotel tragen, kann ich nicht sagen aber wir wurden natürlich nicht ignoriert. Wir drei gingen, wie geplant, zur Rezeption und fragten nach unseren Zimmerschlüsseln. Wie befürchtet, machte sich nur einer der Angestellten daran, sie zu holen, während der andere vorne am Tresen blieb. Plötzlich weiteten sich die Augen des Portiers und er ging langsam um den Tresen herum. Wir mussten uns nicht erst umdrehen, um zu wissen, dass Hanno und Toni gerade mit dem Stuhl durch die Lobby spazierten. »Ola Seɲores, was machen sie bitte mit dem Stuhl?«, fragte er höflich. Hanno und Toni unterhielten sich, taten so, als ob sie nichts gehört hätten und gingen in Richtung Treppe. »Bleiben sie bitte stehen, Seɲores!«, sagte der Angestellte nun deutlich aggressiver und lief schnellen Schrittes auf Hanno und Toni zu. »Oh hallo, guten Abend, was ist denn los?«, sagte Toni und tat dabei überrascht, den Portier zu sehen. Anschließend entwickelte sich eine ziemlich heißblütige Diskussion zwischen Toni, Hanno und dem Portier, in der Toni versuchte zu erklären, dass die beiden den Stuhl gefunden hätten und nur den kaputten dadurch ersetzen wollten. Hanno beteuerte währenddessen entschuldigend, dass der Balkonstuhl sehr unglücklich kaputt gegangen wäre und es eindeutig ein Materialfehler gewesen sein musste. Der Portier nahm Toni den Stuhl aus der Hand und ich dachte, dass es jeden Moment richtig böse werden könnte doch dann sagte der Angestellt in ruhigem Ton folgendes: »Es tut mir sehr leid, dass sie Unannehmlichkeiten mit unseren Stühlen hatten, ich hoffe es ist niemand zu Schaden gekommen. Sie brauchen diesen Stuhl nicht mit aufs Zimmer zu nehmen, ich werde veranlassen, dass sie gleich morgen Ersatz für den defekten bekommen. Ich bitte nochmals um Verzeihung für den Vorfall und wünsche ihnen noch eine gute Nacht und einen angenehmen Aufenthalt.« Ich traute meinen Ohren nicht, wir hatten einen Stuhl zerstört, auch wenn es aus Versehen geschah, haben irgendwo anders einen mitgenommen, also vermutlich illegal entwendet und der Portier hat sich für das Ganze bei uns auch noch entschuldigt. »Ist das gerade wirklich passiert?«, fragte ich, als wir auf dem Flur vor unseren Zimmern waren. »Jepp, wir kriegen morgen 'nen neuen Stuhl und vielleicht steht noch ein Präsentkorb als Entschuldigung drauf.«, lachte Conny. »Sachen gibt's, die gibt's nicht, aber jetzt ab ins Bett, morgen um halb neun Frühstück und dann Wagen abholen!«, gab Toni das Kommando.

Auf der Tour auf Tour

Da sich Toni die Tour zu einer Herzensangelegenheit gemacht hatte, bekamen wir um 7.45Uhr einen Weckruf von der Rezeption, den Toni am Vortag veranlasste. Selbstverständlich wurde davon abgesehen, uns vorzuwarnen. Während ich noch leicht benebelt mit mir selbst kämpfte, terrorisierte Toni die anderen beiden Zimmer mit Weckanrufen, was auf nicht besonders viel Gegenliebe stieß. »Wir haben schon acht, stell dich mal unter die Dusche, damit du wach und nüchtern wirst!«, nervte er mich, während er einige Sachen in einen Rucksack packte. »Alter, mach mal keinen Stress, ich versuche gerade, meinen Körper und meinen Geist in Einklang zu bringen. Wie kommst du überhaupt darauf, dass ich nüchtern werden will?«, war meine unwirsche Antwort. Trotzdem schleppte ich meinen Körper unter die Dusche und machte mich Tourfertig. Toni war natürlich längst startklar und fest davon überzeugt, dass auch in den anderen Zimmern die Vorbereitungen auf Hochtouren liefen. Pünktlich um 8.30 Uhr machten wir uns alle, mehr oder weniger frisch, wie der junge Frühling auf den Weg zum Frühstück. Eigentlich waren nur die Biertrinker Toni, Tina und Nils wirklich fit, der Rest kämpfte noch mit dem beflügelten Kartoffelsaft, aber der Nebel vor unseren Augen lichtete sich zunehmend. Nach einem Rundlauf ums Buffet standen sechs Teller mit Rührei, Speck, Brot und Aufschnitt auf unserem Tisch. Dank des ebenfalls zum Frühstück dazugehörigen und damit kostenfreien instant Orangensafts Imitat,

konnten wir auch erfolgreich unseren Nachdurst bekämpfen. »Alle satt, können wir los, den Wagen holen?«, drängelte Toni, der es kaum erwarten konnte.
Wir nahmen unsere Rucksäcke und machten uns auf den Weg zur Autovermietung. Da wir nicht alle in den zehn Quadratmeter großen Laden gepasst hätten, ging Toni alleine rein, um den Schlüssel abzuholen, während wir anderen versuchten den „coolen Jeep Cabrio" für sechs Leute ausfindig zu machen. »Jungs, ich glaub ich hab ihn gefunden.« rief Tina nach ein paar Momenten. Er stand in einer kleiner Sackgasse bei einem grünen Jeep, der neben den beiden Sitzen vorne und der Rückbank, noch zwei weitere Anschnallgelegenheiten auf einer Art Ladefläche besaß. Während wir noch rätselten, ob dies wirklich das richtige Vehikel sein könnte, kam Toni, präsentierte freudig den Schlüssel und bestätigte, dass wir vor dem richtigen Wagen standen. »Na ob das Ding aber durch `nen deutschen Tüv kommen würde, bezweifle ich aber und es scheint die Windschlüpfrigkeit eines Kühlschrankes zu haben.«, nörgelte Tina ein wenig. »Stell dich nicht an und steig ein! Wer geht freiwillig nach hinten?«, stellte Toni die entscheidende Frage. Nach einer kurzen Diskussion, entschieden sich Tina und ich dafür, als erste auf die Ladefläche zu gehen, während Nils den Beifahrersitz bekam und Hanno und Conny auf der Rückbank Platz nahmen. Recht schnell stellte sich heraus, dass Tina und ich, abgesehen vom Fahrer, den besten Platz hatten. Die übrigen Plätze waren ziemlich eng und alle beschwerten sich häufig über schmerzende Knie. Tina und ich taten es den anderen gleich und be-

schwerten uns bei jeder Gelegenheit, damit bloß keiner auf die Idee kam, mit uns tauschen zu wollen. Sollten sie doch ruhig weiter der Meinung sein, wir ganz hinten hätten die aller schlechtesten Plätze. Um kurz nach neun ging es los, Toni fuhr zunächst einfach mal der Nase lang und ein wenig später waren wir in Cala Millor, wo wir uns an einem kleinen Supermarkt mit Wegzehrung eindeckten. »Wo fahren wir denn jetzt zuerst hin?«, fragte Tina. »Ich schlage vor zu den Drachen Höhlen, die liegen eh auf dem Weg in Richtung Ballermann.«, klärte uns Toni auf. Zwei Runden Bier später, hatte Toni unser Funmobil zielsicher nach Porto Christo gelenkt, wo man die berühmten Drachenhöhlen besichtigen konnte. Wir stiegen aus und gingen zum Ticketverkauf. An der Bretterbude, an der man die Eintrittskarten kaufte, hingen zwei Schilder. Auf dem einen stand der Preis und die Uhrzeiten, zu denen ein Höhlenkonzert stattfand und auf dem anderen war ein durchgestrichener Fotoapparat, ein durchgestrichener Radiorekorder und eine durchgestrichene Eistüte. »Wie geil, du darfst da unten keine Musik hören und kein Eis essen aber da steht nix von Bier.«, amüsierte sich Hanno. »Stimmt aber wir sollten vielleicht nicht übertreiben und jeder nur eine Flasche mitnehmen und die vorsichtshalber erstmal in 'nen Rucksack stecken.«, schlug Nils vor. Wir kauften uns also jeder ein Ticket für 400 Peseten, packten fünf Bier und eine Fanta in einen Rucksack und gingen zum Eingang. Dort befand sich schon eine Gruppe von etwa zwanzig Leuten, die scheinbar eine gebuchte Inseltour machten und einen Reisebegleiter dabei hatten. Wir überlegten, dass es sicher nicht schaden konnte, einfach mit der Gruppe zusammen zu gehen und kostenlos die Informationen des Reiseführers zu erhalten. Knapp zwei Minuten nachdem wir zusammen mit der Gruppe die Höhle betreten hatten, wurden fünf Bier und eine Fanta geöffnet. »Das ist das erste Bier, was ich unter Tage trinke.«, erklärte Tina. »Red' keinen Quatsch, als ob du noch nie in nem Keller gesoffen hättest.«, stellte Conny fest. »Ach stimmt ja, Keller ist ja auch unterirdisch aber dann ist es eben das erste Bier in 'ner unterirdischen Höhle.«, korrigierte Tina sich, ohne das diesmal jemand widersprach. Wir liefen durch die unterirdischen Höhlengänge und waren fasziniert von den skurrilen Formen, die sich über die Zeit gebildet hatten. Der Reisebegleiter erzählte über die Entstehung von Stalagmiten, Stalaktiten und Stalagnaten, über besonders große oder schwere Tropfsteine, über deren Alter und über die Höhlen im Allgemeinen. Nach einer Weile kamen wir an einen unterirdischen See und während der Erklärbär, wie wir den Reisebegleiter getauft hatten, über den See erzählte, erlosch die ohnehin sehr spärliche Beleuchtung in den Gängen, so dass es stockfinster war. »Hey, Funzel an, ich finde meinen Mund nicht mehr oder hat hier wer seine Stromrechnung nicht bezahlt?«, beschwerte sich Hanno leise. »Ruhe, das ist wegen dem Konzert, glaube ich.«, erklärte Toni und er sollte Recht behalten. Auf dem See erschien ein beleuchtetes Boot und die darauf befindliche Musikkapelle begann, klassische Musik zu spielen. Da sich weder auf dem Boot noch in den Höhlen ausgefeilte Technik befand, war die Musik, die wir hörten, unverstärkt und nicht aus irgendwelchen Boxen.

Wir waren über die Akustik wirklich beeindruckt, auch wenn Klassik nicht unbedingt unser bevorzugtes Genre war. Nach dem etwa zehn minütigen Konzert, entfernte sich das Boot wieder nahezu lautlos und die Beleuchtung ging wieder an. Weitere fünf Minuten später standen wir wieder im Freien und gingen zu unser Funmobil. »Los geht's Jungs, rein in den Wagen, wir haben eine Mission!« »Was denn für 'ne Mission?« wollte Nils von Toni wissen. »Na ist doch klar, wir müssen die Insel erforschen.« »Ach du meinst auf der Suche nach intelligentem Leben, so wie die Pathfinder Sonde, die gerade auf dem Mars ist.« »Genau Nils, sowas in der Art hab ich gemeint.« »Na dann steig ich mal in den Wagen, damit sich zumindest da schon mal intelligentes Leben befindet.«, sagte ich und stieg als letzter in den Jeep. »Nur weil du gut Klugscheißen kannst, heißt das nicht, dass du intelligent bist.« traf mich Nils verbaler Pfeil in die Brust. »Ab geht's zum Ballermann, nächster Halt El Arenal.«, kündigte Toni den weiteren Reiseverlauf an. »Das war aber ganz schön beeindruckend in den Höhlen, fandet ihr nicht?«, stellte Nils fest. »Auf jeden Fall, ich kann mir nur nie merken, was Stalagmiten und was Stalaktiten sind.«, sagte Tina. »Da gibt's 'ne ganz einfache Eselsbrücke, du musst nur an Frauen denken.«, erklärte ich. »Hä, wie meinst du das, wie soll das denn helfen?«, fragte Tina ungläubig. »Das würde ich auch gerne wissen.«, kam es von Conny. »Na ganz einfach, wenn ihr an Frauen denkt, denkt ihr irgendwann unweigerlich an was? Richtig, an Titten und was wird irgendwann mal mit allen Titten passieren? Richtig, sie werden sich dem Gesetz der Schwerkraft beugen und anfangen zu hängen und das tun Stalaktitten äh Stalaktiten auch, sie hängen von der Decke.«, führte ich die Erklärung aus, was zu großem Gelächter führte. »Alles klar, das war wirklich nicht unintelligent, jetzt werde ich das glaube ich nie wieder vergessen.«, beteuerte Tina. Inzwischen war es schon kurz nach Elf und wir bekamen nach den drei Bier einen Anflug von Hunger. »Wer hat Lust auf ein landestypisches Ballermann Frühstück, Schnitzel, Pommes, Pils?«, sprach ich den anderen aus der Seele. »Klar es ist ja jetzt unsere übliche Frühstückszeit.«, lachte Hanno. »Apropos, ich hatte eigentlich vor dem Urlaub nicht damit gerechnet, dass wir es mal zum Hotelfrühstück schaffen würden.«, grinste ich.

Dann war es so weit, wir erreichten die Strandpromenade von El Arenal und sahen den ersten Ballermann. Für die etwas weniger bewanderten Mallorcatouristen etwas Hintergrundinformation. Beim dem bekannten Ballermann 6 handelt es sich um eine Strandbar, die in Wirklichkeit Balneario 6 heißt. Da jedoch kein normal sterblicher, nicht Spanier, das richtig aussprechen kann und erst recht kein angetrunkener Deutscher, wurde die Strandbar inoffiziell, kurzerhand in Ballermann umgetauft, was deutlich einfacher von den Lippen geht. Die Zahl 6 lässt vermuten, dass es mehrere dieser Balnearios gibt und so ist es auch. Es gibt insgesamt 15 dieser Strandbars, die im Abstand von etwa 300 Meter aufeinander folgen und einfach der Reihe nach durchnummeriert sind. Wir befanden uns jetzt auf der Höhe von Ballermann 1 also ganz am Anfang der Partymeile. An dieser Stelle gab es jedoch noch nicht wirklich viel Party. Je näher wir jedoch dem berüchtigten Ballermann 6 kamen, umso höher stieg das Partyfieber. Immer mehr Leute waren unterwegs, von überall her kam Musik und auch bei uns kam Feierlaune auf. Wir waren inzwischen auf Höhe von Ballermann 4 und langsam aber sicher mutierten wir zu Partyproleten. Die Shirts wurde ausgezogen, die Musik aufgedreht und die Bierflaschen geöffnet. Kurz darauf standen Tina und ich hinten auf der Ladefläche, während der Jeep mit Schritttempo über die Promenade fuhr. Wir fühlten uns natürlich in diesem Moment, wie „mega coole Partylöwen". Da jedoch Wahrnehmungen häufig leicht auseinandergehen können, wirkten wir sicherlich auf den einen oder anderen Zuschauer wie die „absoluten assi Vollpfosten". Endlich am Ballermann 6 angekommen, suchten wir uns einen Parkplatz, denn wir wollten es uns nicht nehmen lassen, wenigstens ein Bier an der berühmtesten Strandbude der Welt zu trinken. Nun saßen wir also in der Mittagssonne an einem Tisch am Ballermann 6 und tranken ein Bier. Wir waren allerdings ehrlich gesagt ein wenig enttäuscht. Keiner trank Sangria aus Eimern oder wenigstens mit langen Strohhalmen, die Getränke waren nicht sonderlich günstig, an der Bude war recht wenig los und generell war nichts so, wie es in den TV Dokus immer beschrieben wird. »Irgendwie ist der Ballermann nicht so dolle, wie ich gedacht habe, was meint ihr?«, warf Toni in die Runde. »Er ist ziemlich klein.« »Hier ist wenig los.« »Die Musik ist Käse.« »Und es ist ziemlich schmuddelig.«, antworteten Conny, Tina, Nils und ich. »Schmuddelig? Dann schaut euch mal die Toiletten an, da könnte Winnie auf jeden fall 'ne Menge Mikrobiologie Studien machen.«, teilte uns Hanno mit, der gerade von besagten Sanitäranlagen kam und unser Gespräch mitbekommen hatte. »Dann lasst mal austrinken und uns wo anders was zu Essen besorgen, vielleicht können wir uns ja die Läden hier mal ansehen, auch wenn da tagsüber bestimmt nix los ist.«, schlug Nils vor. Wir tranken aus, gingen ein Stück über die Promenade und beobachteten den Strand. Überall waren mehr oder weniger große Grüppchen von Leuten auf Liegen oder Handtüchern, die teilweise Musik dabei hatten, merkwürdige Kostüme trugen oder Fahnen bestimmter Fußballvereine gehisst hatten. Eine Gemeinsamkeit ließ sich jedoch bei allen feststellen, sie hatten alle etwas zu trinken in der Hand, Bier, Sangria, Lumumba oder was auch immer. »Hier ist es viel besser als am Ballermann selber. Ich glaube hier könnte ich auch zwei Wochen Urlaub machen, endlich mal normale Leute hier.«, lachte Hanno. »Jepp und da vorne gibt's auch typisch normales, mallorquinisches Essen.«, zwinkerte Conny uns zu und wies auf ein Restaurant auf der anderen Seite der Promenade. Vor dem Laden stand eine große Klapptafel, auf der in großen Buchstaben "***Wiener Schnitzel, Currywurst und Hamburger***" geschrieben stand. Uns war zwar klar, dass wir hier nicht wirklich mit einem guten Schnitzel oder einer klasse Currywurst rechnen konnten, aber ungeachtet dieser Tatsache fanden wir, dass es irgendwie dazugehörte, am Ballermann ein Schnitzel zu essen. Wir gingen also rüber auf die andere Straßenseite. Eigentlich hätte einer von uns misstrauisch werden müssen, weil an keinem der Biergartentische ein Gast saß. Leider wurde keiner misstrauisch, sondern dummerweise freuten wir uns, die freie Auswahl zu haben und nahmen den Tisch, von dem alle gut in Richtung Playa und Promenade gucken konnten. Wir saßen noch nicht ganz, da stand auch schon der Kellner am Tisch und an Stelle der üblichen Frage nach der Bestellung, fragte er einfach nur, »Sechs große Bier und sechs Mal Schnitzel oder wollt ihr was anderes?«. Das war mal neu, ohne vorher etwas gesagt zu haben, ohne auf irgendetwas zu zeigen oder etwas Bestimmtes anzudeuten, reichte ein einziges »Ja« und sechs Leute hatten genau das zu Essen und zu Trinken bestellt, was sie wollten. Es kam aber noch besser, denn der Kellner konterte unser »Ja« mit der Aussage, »Dann bring ich auch gleich Majo mit, Ketchupflaschen stehen ja auf den Tischen.«. Wir konterten dies mit einem »Prima« und waren äußerst zufrieden. »Das war schon irgendwie 'ne freche Art von dem Kellner, oder?«, stellte Toni fest. »Tja ein wenig direkt und ziemlich offensiv aber ganz offensichtlich erfolgreich.«, fand Nils. Fast genauso schnell, wie sein Mundwerk, war die Zapfhand des Kellners, denn keine fünf Minuten später standen sechs Halbliterkrüge Pils vor uns und zwar deutsches König Pilsener. »Oh Geschmack aus der Heimat.«, skandierte Hanno, nachdem wir angestoßen hatten. »Ja, kann man sich eigentlich dran gewöhnen aber für mich jetzt erstmal das letzte, ist ja schon mein zweites und ich hab keine Lust auf ein weiteres Zusammentreffen mit der spanischen Polizei.«, ließ Toni die Vernunft sprechen. Dann kam unser Essen und von dem Moment des ersten Bissens an, waren uns drei Dinge klar. Erstens wussten wir, warum außer uns keiner in dem Lokal war. Zweitens kannten wir die Ursache, für die aggressive Marketingstrategie des Schnitzeldealers. Die Fleischlappen mussten dringend weg, weil aus Ermangelung an Gästen, sicher noch etliche davon im Kühlschrank lagen. Vielleicht bekam er neben seinem normalen Lohn sogar extra Provision für jedes verkaufte Schnitzel, und drittens wussten wir jetzt, warum wirklich auf jedem Tisch mindestens eine große Flasche Ketchup stand. »Wow, die Schnitzel sind aber mal so richtig trocken und die Pommes sind, ich sage mal knusprig.«, stellte ich fest. »Oh ja, das Essen braucht 'ne Menge Majo und Ketchup.« bestätigte Toni. »Bei Nudeln und Gemüse sagt man doch, verkocht oder zerkocht, wenn es zu lange im Wasser war, gibt es auch verfrittiert oder zerfrittiert?«, fragte Hanno. »Nuja, Zerkochtes ist aber normalerweise weich und matschig, unser Essen ist das genaue Gegenteil, hart und furztrocken, gemeinsam haben sie allerdings, dass die empfohlene Garzeit deutlich überschritten wurde.« »Winnie du bist und bleibst ein Klugscheißer!« »Danke Conny, ich nehm' das mal als Kompliment und jetzt reich mir bitte mal jemand den Ketchup.«

Wir kämpften mit unseren Schnitzeln wobei wir eine immense Menge Ketchup als Geschmacks- und Gleitmittel verwendeten. Ebenso verfuhren wir mit den Pommes, wobei wir zusätzlich große Mengen Majo konsumierten. Diese war zwingend erforderlich, da vor allem die kleinen, nahezu Zahnstocher artigen Fritten böse Stichverletzungen im Rachenbereich verursachen konnten. Ohne größeren Schaden rangen wir das Essen nieder und tranken erleichtert den

Rest unseres Bieres. »Oh man ich fühl mich, als hätte ich 'nen Sack Kies gefuttert.«, beschwerte sich Tina. »Dann lass mal zahlen und zum Auto gehen, dann bewegen wir uns ein wenig. Die Kieselsteine können sich dann bis in die Füße verteilen, wir haben ja auch noch ein wenig was vor heute.«, gab Toni das Kommando zum Aufbruch.
Um kurz vor eins saßen wir wieder im Auto und fuhren in Richtung wilde, nordwestliche Steilküste, jedoch nicht, ohne zuvor am Bierkönig, dem Oberbayern und dem Rio Palace vorbei zu fahren.
»Das ist mal ein krasser Gegensatz, wenn man jetzt hier die beeindruckende Landschaft sieht und vor ner halben Stunde noch mitten im Partytrubel war.«, beschrieb Tina die Extremen, die wir in kurzer Zeit gesehen hatten, während wir auf einem Aussichtsturm im Nordwesten der Insel standen und die atemberaubende Steilküste bewunderten. »Wie sieht denn jetzt die weitere Reiseroute aus?«, fragte Hanno unseren Reiseleiter. »Ich würde vorschlagen, wir fahren noch ein wenig die Küste entlang, dann durch ein paar Zitrusplantagen und wieder in Richtung Küste. Da soll laut Reiseführer ein super schöner kleiner Strand sein, der angeblich ein Geheimtipp ist. Da könnte man sich dann ein oder zwei Stunden in die Sonne legen und danach wieder langsam über Alcudia und Can Picafort nach Cala Ratjada zurück.« »Klingt nach nem gut durchdachten Plan.«, kommentierte Conny Tonis Ausführungen, während wir wieder ins Auto stiegen. Nach einer knappen Stunde Fahrt durch Mallorcas Bergmassive, durch Zitrusplantagen und an eindrucksvollen Steilküsten vorbei, kamen wir an eine Kreu-

zung, von der aus eine enge, gewundene Straße abzweigte, die laut Karte und Reiseführer zu dem Geheimtippstrand führen sollte. Was die enge, malerische, gewundene Straße anging, die zu dem Strand führen sollte, damit hatte der Reiseführer nicht gelogen. Was wir Dummdödel naiver Weise jedoch nicht bedacht hatten war, dass es mit dem Geheimtipp wohl nicht wirklich stimmen konnte, wenn es in jedem Reiseführer zu lesen war. Dieser Tatsache wurden wir uns bewusst, als wir um die nächste Kurve kamen und erkennen mussten, dass es offensichtlich sehr viele naive Leute geben musste, weil wir soeben in den Bergen Mallorcas in einen Stau gekommen waren. Unzählige Autos und Reisebusse quälten sich die enge Straße, die man eigentlich eher Feldweg nennen musste, herab. »Können wir nicht wenden Toni, dann sparen wir uns den Strand, der ist eh überfüllt.« »Hanno, du weißt schon, dass unser Funmobil nicht gerade den Wendekreis eines Matchbox Autos hat, der Feldweg ist zu eng. Wir müssen notgedrungen bis zum Geheimtippstrand durchhalten.«, reagierte Toni leicht angefressen. »Was ist das hier für eine Scheiße, das kann ja wohl nicht wahr sein.«, sprach Tina das aus, was wir alle gedacht hatten. »Oh man, ich hoffe wir sind bald da, wir haben nicht mal mehr ein Bier an Bord, was ist das für eine miese Planung?«, beschwerte sich Hanno. »Sorry, wer konnte denn ahnen, dass sich halb Mallorca ausgerechnet heute diesen blöden Strand ansehen will.«, entschuldigte sich Toni. »Wir sind auch Deppen, dass wir geglaubt haben, etwas aus einem Reiseführer könnte wirklich ein Geheimtipp sein.«, stellte ich völlig korrekterweise fest und ärgerte mich dabei über mich selber, weil nicht mal ich als großer Klugscheißer das bedacht hatte. »Aushalten Jungs, ich seh' ein Licht am Ende des Tunnels, ich glaube wir haben es gleich geschafft.«, kam es ermutigend vom Fahrersitz. »Sag mal hab ich schon Hallos oder ist da vorne ein gigantischer Geheimtippparkplatz mit speziellen Geheimtippparkplatzeinwinkern?«, stellte Nils ein wenig sarkastisch fest. Nachdem wir, perfekt eingewunken durch besagte Geheimtippparkplatzeinwinker, unser Funmobil geparkt hatten, machten wir uns auf den Weg, den so hoch angepriesenen Strand zu begutachten. Waren wir bis zu diesem Zeitpunkt angenervt und gestresst von der ätzenden Anfahrt, wurden wir einfach nur stinksauer, als wir den Strand sahen. Er war entgegen unserer Befürchtungen nicht besonders voll. Dies lag aller Wahrscheinlichkeit nach an der großen Menge Müll, den das Meer anspülte und der offensichtlich nicht weggeräumt wurde. Doch selbst, wenn es sauber gewesen wäre, wäre kein wirklich entspanntes Sonnenbaden möglich gewesen, denn an Stelle von Sand, war der Boden von faustgroßen, weißen Kieselsteinen bedeckt. Das hatte zwar den Vorteil, dass der ganze Plastik und Papier Müll auf den ersten Blick kaum auffiel, im Gegenzug dazu war es aber auch nahezu unmöglich, bequem auf einem ausgebreiteten Handtuch zu liegen. »Was ist das jetzt für ein schlechter Scherz, das kann man ja wohl nicht als traumhaften und idyllischen Strand bezeichnen.«, regte sich Hanno auf. »Vielleicht ist ja unter dem ganzen Müll und den Steinen irgendwo ein schöner Strand versteckt.«, versuchte ich, die Situation ein wenig ins Lustige zu retten.

»Also ganz ehrlich, bis jetzt war der Reiseführer ja gut aber diesen Strand als Geheimtipp anzupreisen ist 'ne Frechheit! Sollen wir wieder fahren?«, fragte Toni. »Nix da, jetzt sind wir hier, jetzt will ich wenigstens ein wenig Sonne tanken.«, bestimmte Nils und zog sich Shirt und Shorts aus, so dass er nur mit Badehose, Turnschuhen und Socken über die Kiesel eierte, um sich nach ein paar Metern auf sein zuvor ausgebreitetes Handtuch zu legen. »Ist Nils jetzt unter die Fakire gegangen oder meint der das wirklich ernst? Dann schau ich mal, ob ich nicht irgendwo ein paar Bier auftreiben kann.«, schlug ich vor. Doch gerade als sich die anderen meinem Vorhaben anschließen wollten hörten wir Nils meckern. »Das ist doch alles Mist hier, so kann man doch nicht liegen, ich krieg ja überall Druckstellen und mein Rücken sieht gleich aus, wie ein Golfball.« Er zog sich wieder an, packte sein Handtuch ein und kam missmutig zu uns. »Okay, dann lasst uns wieder fahren.«, resignierte er. »Ja aber nicht, ohne vorher mal nach zu sehen, ob's in dem riesigen Gasthaus da vorne Bier in Flaschen gibt.« »Gut mitgedacht.«, lobte ich Hanno für seinen Geistesblitz. Als wir dann die "Casa Lucretia" betraten, wussten wir auch, wo die ganzen Leute waren. Da sich ja nur eisenharte, Müll tolerante länger an den Strand wagten, waren alle anderen zwangsläufig in der Casa Lucretia, weil es nichts anderes in näherer Umgebung gab. Bei der Casa Lucretia handelte es sich um eine Mélange aus Shoppingkanal und Bistro, mit einer Prise Adams Family. Es fanden Verkaufsveranstaltungen für Heizdecken statt, wohlgemerkt bei Außentemperaturen von 30°C und mehr, die von einem sehr eigenwilligen aber hochinteressierten Publikum im Alter zwischen 50 und 70 Jahren beobachtet wurden. Andere aßen Calamari oder Burger, die auf Grund der angeschlagenen Preise, aus Gold oder Platin gewesen sein mussten. Auf unsere Frage, ob es auch Flaschenbier gäbe, schüttelte der Kellner den Kopf und sagte uns, dass wir nur Bier in Gläsern bekämen, einen halben Liter für 500 Peseten. Autsch das tat weh. »Lasst uns fahren, erstens gibt's keine Flaschen und zweitens haben die hier Preise vom Mond. Für eine Runde Bier hier kann man sich an der „Malibubar" 'ne Narkose verpassen.«, analysierte Conny messerscharf. Wir verließen den überteuerten Heizdeckenalptraum und bestiegen wieder unseren Jeep. Nils nahm sich den Reiseführer, um nachzusehen, wem er einen Beschwerdebrief schicken müsste. »Ich glaub mein Schwein pfeift Leute, jetzt hört euch das mal an. Ich wollte sehen, wer der Herausgeber ist und neben dem Verlag und einem Autor, steht hier noch, dass das Ganze entstanden ist, mit freundlicher Unterstützung von, und dann stehen hier ein paar Namen von denen einer Casa Lucretia lautet, was ein Zufall.« »Na jetzt wird ein Schuh draus, was 'ne Bauernfängerei und wir Deppen sind voll drauf reingefallen.«, stellte Toni angesäuert fest. Nachdem wir uns noch ein klein wenig über unsere eigene Dummheit und die Dreistigkeit der Bauerfängerei aufgeregt hatten, fuhren wir unsere geplante Strecke weiter. In Alcudia hielten wir an, gingen ein wenig über die Strandpromenade und kauften ein paar kalte Flaschen Bier in einem Supermercado, wobei wir diesmal für 500 Peseten drei Literflaschen San Miguel und eine Fanta Naranja bekamen. Wir setzten uns auf eine Mauer, tranken zwei von den drei Flaschen, ärgerten Toni ein wenig, dass er nur Fanta trinken konnte und bewunderten den Strand, der diesmal wirklich ansehnlich war. Auf unserer anschließenden Fahrt in Richtung Cala Ratjada, viel uns auf, dass es erst sechs Uhr war und wir somit noch eine Stunde Zeit hatten, bis zur Rückgabe des Wagens. Wir steuerte also die Cala Agulla an, den großen Strand von Cala Ratjada, der allerdings auf der ganz anderen Seite des Ortes lag, weswegen wir immer zum deutlich näher gelegenen Son Moll Strand gingen. »Wow, der ist aber 'ne Ecke größer, als unser Strand.«, stellte Conny beeindruckt fest. »Ja aber der kleinere hat den Vorteil, dass man besser die Leute kennenlernt, weil immer dieselben am Strand sind und man sich auf Grund der geringen Größe zwangsläufig über den Weg läuft.« »Du hast Recht, ich find' unseren auch irgendwie besser.«, pflichtete ich Nils bei. »Dann lasst mal wieder in Richtung Son Moll düsen, wir haben noch 'ne halbe Stunde, um zu tanken und den Wagen abzuliefern.«, erinnerte uns Toni an unseren Zeitplan. Zurück beim Autoverleih regelte Toni die Schlüsselübergabe, während eine Dame vom Autoverleih sich von dem tadellosen Zustand des Autos und dem vollen Tank überzeugte. Dann war unsere Tour offiziell beendet. Wir wussten jetzt, dass man am Ballermann nicht unbedingt Schnitzel in einem Lokal essen sollte, in dem es sonst keiner tut und das Mallorca auch sehr schöne Ecken hat. Die wichtigste Erkenntnis des Ausflugs war aber, dass ein Geheimtipp, der in einem Reiseführer steht, kein solcher mehr ist.

Ehrlich oder höflich?

Nach einer kurzen Erfrischung an der „Malibubar", gingen wir auf die Hotelzimmer, um uns fürs Abendessen fertig zu machen. »Wisst ihr eigentlich, dass wir noch nie so nüchtern beim Abendessen waren?«, stellte Hanno eine interessante Frage. »Das stimmt, vor allem ich nicht aber ich trink jetzt trotzdem zum Essen `ne Fanta, das ist ja bei uns Tradition.«, lachte Toni. Da wir auf Grund der Tour ein wenig später beim Essen waren, als üblich, waren schon weite Teile des Buffets ziemlich ausgeräubert. Da die Schilder mit den Bezeichnungen noch da waren, konnten wir zumindest erahnen, dass die Gemüselasagne, die Calamari und die frittierten Champignons gut gewesen sein mussten, denn die waren leider schon weg. Wir beschränkten uns daher wieder auf die Basics in spanischen Drei Sterne Hotels. Es gab Nudeln mit Bolognesesauce und viel Käse, dazu Hähnchenschnitzel mit Pommes, frei nach dem Motto *"einfach, schwierig es völlig ungenießbar zuzubereiten und gehaltvoll genug für eine gute Grundlage"*. »Na, alle Mann das Standard Menü, aber nicht vergessen, die Fritten gut salzen, dass macht mehr Durst!«, feixte Hanno. »Zum Thema Durst hab ich `nen Plan, Winnie und ich haben schon aufgegessen, wir gehen zum Supermarkt, `nen Sack Eis und Wodka Lemon besorgen. Ihr schaut, dass ihr die Teller leer macht und geht aufs mittlere Zimmer. Josi und Stefan kommen auch gleich zum Vorfluten, ist ja der letzte Abend für die zwei!« »Verdammt, dass hätte ich jetzt fast vergessen, gut dass du es sagst Nils, Plan einstimmig angenommen!« »Seit wann bist du denn einstimmig, Conny?«, wollte Hanno wissen. »Ganz einfach, seit dem du mir den bunten Minirock weggequatscht hast, wir wegen Tina und seiner Rohrzange fast unseren Urlaubsanfangs Wodka verpasst hätten und Toni offiziell auf Ü-30 geschätzt wurde!« Da Nils und ich vergleichsweise gut aus der Nummer raus gekommen waren, standen wir lachen auf und ließen drei ziemlich verdutze und eine relativ selbstbewusst grinsende Person vor halbvollen Tellern zurück.

Eine knappe halbe Stunde später standen wir mit einem Sack Eiswürfel, zwei Flaschen Wodka und genug Lemon vor der Zimmertür, die ein immer noch grinsender Conny öffnete. »Na, haben sich die drei wieder beruhigt oder brauchen sie ein wenig Wasser des Vergessens?«, wollte ich wissen. Noch ehe Conny antworten konnte, bekam ich die geforderte Info von Hanno. »Gib mir den Schnaps, schnell, ich muss einige Teile meiner Festplatte formatieren.« »Na komm, so schlimm war Connys Ansprache nu` auch nicht.«, versuchte ich Hanno zu beruhigen. »Nicht die Ansprache, als ich nix ahnend aus dem Bad kam, stand der Depp splitternackt auf dem Balkon, umarmte Tina und ließ das Ganze von Toni fotografieren. Wenn ich nicht sofort den Schnaps krieg, werde ich die Bilder nie mehr los!« Auch wenn Nils und mir klar war, dass es nur ein gestelltes Witzfoto werden sollte, auf dem sicherlich nichts großartiges zu sehen sein würde, gaben wir Hanno sofort alle Utensilien, die er verlangte. Er fing augenblicklich an zu mischen und das in einem Verhältnis, was ungeübte innerhalb kurzer Zeit blind gemacht hätte. »Alter mach mal halblang, sonst formatierst du nicht nur dein Kurzzeitgedächtnis, sondern auch wichtige Sachen, wie Sprachzentrum oder Bootsektoren!«, versuchte ich ihn ein wenig zu zügeln aber er ließ sich nicht vom eingeschlagenen Weg abbringen. »Nix da, Opfer sind da, um gebracht zu werden, trinkt ihr nicht mit?« »Doch schon aber nicht so im Schleuderverfahren!«, sprach Toni mir aus der Seele. Eine gute halbe Stunde später, trafen Josi und Stefan ein und fanden einen Hanno vor, der bereits merklich vom Alkohol gezeichnet war. Nachdem wir den beiden ausführlich von unserer Tour berichtet hatten, entschlossen wir uns gegen halb zwölf in Richtung „Physical" aufzubrechen. Mittlerweile brannten bei Hanno nicht nur ein paar Lampen, sondern die ganze Festbeleuchtung. »Ich glaube für unseren Hanno ist es gar nicht so schlecht, wenn wir jetzt mal ein wenig laufen und er `ne Weile nix trinkt!«, flüsterte Nils mir mit einem Augenzwinkern zu und bekam von mir ein bestätigendes Nicken. Doch ganz entgegen unserer Befürchtungen, präsentierte sich Hanno auf dem Weg zum „Physical" äußerst fit und voller Tatendrang. Ob er die Mördermischungen vom Balkon geschüttet hatte oder ihm die spanische Luft, gekoppelt mit dem Wodka Training der letzten Tage, eine gewisse Immunität verlieh, wird wohl immer sein Geheimnis bleiben. Da er unter normalen Umständen niemals Alkohol wegschütten würde, denke ich, dass er einfach an diesem Abend in Topform war. »Super, wir sind pünktlich um fünf vor Zwölf da und das bedeutet?«, fragte Hanno, als er die Leuchtreklame der Disco sehen konnte. »Na, ein

Freigetränk natürlich!«, antwortete ich wahrheitsgemäß und bekam ein freudiges »Hurra!« von Nils. Als wir das Nebel durchflutete Innere der Disco betraten, passierte das, was eigentlich jeder erwartet hatte. Josi huschte auf die Tanzfläche und kletterte kurz darauf auf die Box, wo ihr Minirock zu unser aller Freude auch deutlich besser zur Geltung kam, und Stefan ging zur Theke, um sein Freigetränk zu holen. Wir taten ebenfalls nichts Unerwartetes und ließen unser fachmännisches Auge durch die Hallen schweifen um herauszufinden, was das „Physical" an brauchbaren Damen zu bieten hatte. Beflügelt von seinem enormen Vorflutesprint, tat sich Hanno dabei durch besondere Motivation hervor. »Heute will er es aber wissen, der findet ja fast jede gut, die nur ansatzweise zwei X-Chromosomen hat!«, feixte Tina. »Stimmt, Ich glaube heute ist ihm alles egal, dem kannst du auch zwei Erbsen auf ein Brett nageln, solange du unten ein Loch rein bohrst.«, bestätigte ich lachend Tinas Gefühl. Ohne irgendeine Absprache, machten wir uns alle gleichzeitig auf den Weg in Richtung Theke. Ganz uneigennützig versuchte Conny auch im „Physical" einen extra gehaltvollen Wodka Lemon für uns alle zu organisieren. Keine zwei Minuten später hatten wir Gläser in der Hand, die so klar waren, dass man problemlos einen Brief dadurch hätte lesen können. »Gut gemacht Conny! Mit viel Phantasie, kann man gerade noch erahnen, dass der Barkeeper den Wodka mal kurz neben die offene Lemonflasche gestellt hat, so wie es sein muss!«, kommentierte Toni seinen ersten Schluck. »Da lohnt sich wenigstens das Freigetränk.«, bestätigte Nils. Dieser Wodka Lemon war jedoch der Fangschuss für unseren Hanno. Zumindest schien es so, dass sein Sehnerv, gleichermaßen wie sein Moralempfinden den Dienst verweigerte. Während sich Nils, Tina und Conny mit den Worten, »Lass mal ein paar nette Hintern antanzen!«, in Richtung Tanzfläche bewegten, weil sie ihre Getränke bereits geleert hatten, blieben Hanno, Toni und ich an der Bar zurück. Völlig unvermittelt, trank Hanno sein Glas auf ex aus, stellte es auf die Theke und klärte uns auf, dass er jetzt die süße Kleine klar machen würde, mit der er schon seit ein paar Minuten Blickkontakt hätte. Er setzte sich langsam in Bewegung, während Toni und ich uns etwas ratlos ansahen. Es war nicht so, dass es nicht eine Menge hübscher Mädels in dem Laden gab, aber ausgerechnet in der Richtung, in die Hanno sich bewegte, konnten wir keine ausmachen. »Sag mal Toni, hast du eine Ahnung, welches Mädel er meint?« »Ich habe keinen blassen Schimmer, entweder er geht 'nen Umweg und pirscht sich von hinten ran, oder es muss eine von den drei Mädels sein, die links neben dem DJ Pult stehen.« »Äh, du meinst Hanno könnte echt eine von den Dreien meinen? Die eine sieht aus, als wäre der Fallschirm nicht aufgegangen, die andere könnte beim Film groß raus kommen, als Godzillas Schwester, und bei der dritten würde ich nicht drauf schwören, dass es überhaupt ein Mädel ist.« »Jetzt bist du aber gemein Winnie, du vergisst, dass auch von uns keiner ein mega Adonis ist!« »Ja, da hast du ja Recht aber auf 'ner Skala von 1-10 sind wir schon 'ne solide Fünf und nett dazu, naja zumindest meistens. Die Mädels da sind aber irgendwo bei minus Zwei würde ich sagen.« entgegnete ich lachend. »Naja vielleicht ist es ja auch wer anders.«, versuchte Toni Hannos Ehre zu verteidigen. Bevor er jedoch das letzte Wort ausgesprochen hatte, weiteten sich unsere Augen und wir sagten gleichzeitig, »Godzillas Schwester!«. Hanno hatte tatsächlich gerade eines der Mädels angesprochen, die ihn locker um einen halben Kopf überragte und sicherlich auch gewichtsmäßig mit ihm mithalten konnte. »Toni, wir sollten was unternehmen, wenn Hanno morgen wieder nüchtern ist und wir ihn nicht von so einer Dummheit abgehalten haben, bringt er uns um!« »Dann darf er eben nicht nüchtern werden!«, lachte Toni, schob aber ernst hinterher, dass wir als gute Freunde doch auf einander achten müssten. Kurz darauf kam Hanno mit breitem Grinsen zu uns. »Na, wie findet ihr Nina, ist doch nicht schlecht, oder?«, wollte er mit leicht schwerer Zunge von uns eine Bestätigung über seine potentielle neue Errungenschaft haben. Unser Urteil fiel jedoch etwas anders aus, als er es sich erhofft hatte. »Hanno meinst du das ernst? Hast du dir echt schon so den Sehnerv zerschossen oder stehst du so unter Druck?«, legte Toni los mit der Einfühlsamkeit einer Meteoriteneinschlags. Noch ehe Hanno etwas erwidern konnte unterstützte ich Toni. »Alter, soll ich ehrlich oder höflich sein?« »Ich dachte die säh` ganz gut aus, die hat doch Modellmaße.«, stammelte Hanno kleinlaut. »Bitte was ist los?«, entfuhr es mir ungläubig. »Die sah vielleicht gut aus, bis zum ersten Ultraschallbild aber ab dann ging's schätzungsweise zwanzig Jahre stark bergab! Und was die Modellmaße betrifft, bei der Größe hast du ja recht, aber die trägt deine Konfektionsgrößen, da kannst du zweimal Claudia Schiffer draus machen!« Ob meine bzw. unsere Worte wirkten oder Hanno spontan seine Sehkraft und seinen Geschmack wiedererlangte weiß ich nicht, tatsächlich wurde er aber immer zögerlicher und sagte etwas kleinlaut, »Aber es war doch ein Mädel, oder?« »Ja, es ist mit sehr hoher Wahrscheinlichkeit ein Mädel Hanno, aber du weißt doch, nicht jeden Pilz, den man findet, kann man auch essen!« »Hey Jungs, ist völlig egal, die drei sind gerade gegangen.«, teilte uns Toni mit. Etwas missmutig machte sich Hanno auf den Weg zur Theke, um sich noch etwas zu trinken zu holen. »Aber nicht wieder den Sehnerv zerstören!«, rief ihm Toni hinterher, während die drei anderen gerade von der Tanzfläche zurück kamen. »Na, was treibt ihr so? Auf der Tanzfläche waren echt ein paar nette Hüpfer, haben mit `ner Truppe gequatscht, die meinten, morgen Abend wäre Schaumparty im „Xiroi".«, berichtete Nils uns. »Na bestens, dann steht ja die Abendplanung für morgen auch schon wieder.«, freute Toni sich. »Ja und was habt ihr die ganze Zeit gemacht?«, wollte Tina wissen. »Wir haben Hanno vor `nem riesigen Fehler bewahrt. Der war im Begriff, den Schrecken vom Amazonas klar zu machen.«, erklärte Toni den dreien. »Wie jetzt, ich brauche mehr Details.«, bohrte Conny, und wir erzählten kurz, was sich in der letzten Stunde zugetragen hatte. Sichtlich belustigt aber auch beeindruckt von unserer heldenhaften Rettungsaktion, stimmten die drei zu, dass wir auf jeden Fall richtig gehandelt hatten und uns Hanno am nächsten Tag sicher dankbar sein würde. »Wo ist Hanno überhaupt?«, fragte Nils. »Der ist hinten an der Theke einen trinken.« »Sollen wir nicht auch noch einen nehmen?«, schlug Conny vor. Da wir alle wieder leichten Durst verspürten, gingen wir zu Hanno an den hinteren Teil der Theke und bestellten uns alle einen Wodka Lemon. Plötzlich fragte Tina, ob Hanno da Wasser trinken würde oder Wodka ohne alles, aber zu unser aller Erstaunen trank Hanno tatsächlich ein Wasser. Offensichtlich wollte er nicht nochmal in ein Gruselkabinett gelangen. »Leute, was haltet ihr davon, wenn wir gleich noch was essen, ich hab voll Schmacht, und ich glaube, etwas zu Essen kann mir gerade nicht schaden.« »Mensch Hanno, gar nicht so dumm, du machst ja mal `nen konstruktiven Vorschlag mit Hand und Fuß!«, lobte Toni. »Ja sorry, keine Sorge mein Geistesblitz ist gleich vorbei.«, grinste Hanno. »Konstruktive Vorschläge sind ja gut, aber wo bekommen wir noch was zum Essen, wir haben schon halb drei?« »Winnie, wir sind in Calla Rattata, da kriegt man immer was zu Essen und zu trinken, der Burger King hat in jedem Falle noch auf.«, erklärte mir Tina, der ja bereits Mallorca erfahren war. So kam es dann, dass wir kurze Zeit später vor dem Burger King standen und uns ziemlich schnell klar wurde, warum der Laden so lange geöffnet hatte. Es war ein mehr als lohnendes Geschäft, weil außer uns etwa fünfzig weitere Leute im "*Home of the Whopper*" ihr Nachtmahl einnehmen wollten. Nach einer gefühlten Ewigkeit, saßen wir dann zusammengequetscht an einem Tisch, der eigentlich nur für zwei Personen gedacht war. Auf dem Tisch standen unsere drei großen Tabletts voll mit allerlei kulinarischen Köstlichkeiten sowie einigen alkoholfreien Getränken. „Das große Fressen" konnte beginnen. »Schon nicht schlecht, so ein

fetter Burger nach der ganzen Sauferei. Findet ihr nicht?«
»Doch, schon wieder eine Aussage mit Hand und Fuß, Hanno.«, pflichtete ich ihm bei. »Aber ist ja schon ein ganz schön verdreckter Laden, so was gäb` es in Deutschland nicht!«, ließ Toni verlauten und er hatte Recht. Am Anfang hatte keiner so richtig darauf geachtet, weil jeder in der Schlacht an der Theke, als erstes sein Futter haben wollte. Jeder schaute nur auf die drei rotierenden Mitarbeiter hinter dem Tresen, die im Grunde vier Arme gebraucht hätten, um alle in halbwegs annehmbarer Zeit zufrieden zu stellen. Auf Grund des enormen Andrangs zu später Stunde und des begrenzten Personals, hatte natürlich keiner Zeit, sich darum zu kümmern, die Tische zu säubern, Tabletts einzusammeln oder Müll weg zu bringen. Es gab kaum einen Tisch, auf dem sich nicht die Tabletts stapelten, ebenso, wie auf den Mülleimern, auf denen wir zuvor auch die Tabletts, die unsere Vorgänger am Tisch zurückgelassen hatten, wie selbstverständlich entsorgten. Auf dem Boden lagen überall Burgerpapier, Frittentüten und Essensreste. Das Ganze war im Grunde der Traum eines jeden Gesundheitsamtes, aber irgendwie störte es keinen. Die Hauptsache für alle war es, etwas zwischen die Zähne zu bekommen und da spielte das Ambiente keine Rolle. Satt und zufrieden verließen wir etwas später den Chaos Tempel aber nicht, ohne zuvor ordnungsgemäß unsere Tabletts auf einem der bereits gefährlich schwankenden Mülleimertürme zu balancieren.

Auf dem Weg ins Hotel viel uns ein, dass wir weder Josi noch Stefan nochmal gesehen hatten, geschweige konnten wir uns verabschieden. »Ich hoffe wir sehen die zwei morgen noch, ist ja ihr letzter Tag.« »Keine Sorge Toni, die werden erst um fünf Uhr abgeholt und wollten nochmal zum Strand kommen.«, beruhigte ich ihn. So gegen vier Uhr waren wir dann endlich auf den Zimmern und ich fiel nach einem extrem anstrengenden Tag sofort in einen tiefen Schlaf. Dank Hanno hatte ich in der Nacht einen merkwürdigen Traum, in dem ich gegen Godzilla, Quasimodo und Frankensteins Monster kämpfen musste.

Unerwarteter Besuch

Gegen halb zwölf am nächsten Tag wurden wir von den Putzfrauen durch lautes Klopfen und ein freundliches aber bestimmtes, »Ola, Zimmer Service!«, geweckt. Noch mitten in der Tiefschlafphase, versicherten wir den Putzfrauen, dass wir in 20 Minuten aus dem Zimmer wären und drückten ihnen 500 Peseten in die Hand. Nachdem wir im Tiefflug einmal durchs Bad gedüst waren und die Strandsachen gepackt hatten, ging es raus auf den Flur, wo uns vier ähnlich schläfrige Jungs erwarteten. Auf dem Weg zum Strand, erfuhren wir, dass ihnen das gleiche Putzfrauenschicksal widerfahren war und auch sie sich mit je 500 Peseten Zeit erkauft hatten. »Da haben die Putzen heute aber 'nen guten Schnitt gemacht!«, stellte Conny fest. »Na, so lange die jetzt nicht jeden Morgen so viel Kohle erwarten oder auf die blöde Idee kommen, noch früher zu klopfen.«, tat Toni seine Befürchtung kund. »Wenn die noch früher kommen, frag ich, ob noch alles geschmeidig läuft unterm Sombrero.«, knurrte Hanno, der alles andere als fit wirkte. »So Männer, wie schaut's aus, Bier und Pizzabrötchen aus dem Supermercado oder Frühstück in der „Malibubar"?«, erkundigte ich mich nach den Gelüsten der anderen. »Völlig egal, nur erstens muss Bier dabei sein, zweitens ist jedes Essen gut, was nicht von Paco ist und drittens muss Bier dabei sein!« »Schon gut Toni, ich glaube, was Paco und Bier betrifft sind wir uns einig, aber ich hätte Bock auf Pizzabrötchen!« Da außer Tina keiner eine klare Meinung äußerte, standen wir fünf Minuten spä-

ter in dem kleinen Supermercado. Trotz unserer wenigen Besuche bislang, schienen wir bereits zu einer Art Stammkundschaft für die Inhaberin geworden zu sein. Sie begrüßte uns freudig, zeigte zuerst auf die Brottheke mit den Worten, »Ganz frisch gebacken.« und deutete dann auf den großen Kühlschrank mit dem Bier und sagte, »Kaltes San Miguel!«. »Prima, man kennt uns und unsere Bedürfnisse schon.«, lachte Conny. »Klar, wir haben mal wieder einen bleibenden Eindruck hinterlassen, egal wo wir hinkommen, man muss uns einfach mögen und liest uns unsere Wünsche von den Lippen ab.«, lachte ich. Die Verkäuferin hatte nicht zu viel versprochen, die Pizzabrötchen waren sogar noch warm. Ohne kurz darüber Rücksprache zu halten, bestellte Hanno einfach alle und da es nur 15 waren, machte keiner von seinem Vetorecht Gebrauch. Die Biermenge wurde mit einer Literflasche pro Person für den Anfang als sinnvoll kalkuliert, nicht zuletzt, da durch die kurze Entfernung zum Strand und die zusätzliche „Malibubar", der Nachschub stets gesichert war.
Wir saßen gerade auf unseren Handtüchern und ließen es uns schmecken, da standen auch schon Josi und Stefan bei uns. »Na, seid ihr auch endlich wach? Ihr ward doch gestern schon früh weg, oder?«, fragte Josi. Wir berichteten kurz von unserem Burger Fest und entschuldigten uns für die fehlende Verabschiedung. Die zwei hockten sich noch eine Weile zu uns und halfen uns das Bier vor dem Warmwerden zu bewahren, bevor Josi aufstand und meinte, dass es an der Zeit wäre. »Ich dachte ihr werdet erst um fünf abgeholt, dann habt ihr doch noch fast vier Stunden.«, ent-

gegnete Hanno. »Ja aber wir müssen noch duschen und Koffer packen. Wir kommen aber danach nochmal kurz zum Strand auf ein letztes Bier, unser Hotel ist ja gleich da vorne.«, sagte Josi lächelnd.
Nachdem die zwei ihre Strandsachen geholt und sich in Richtung Kofferpacken gemacht hatten, bemerkten wir unser immer wiederkehrendes Problem. »Scheiße, Bier ist alle, wer geht neues holen?« »Na immer der der fragt, Tina!« »Wieso denn ich?« »Ich nenne dir drei Gründe, Rohrzange, Nagelschere und Stundentelefonate!« Damit hatte Nils einen vernichtenden Volltreffer gelandet. »Menno, den scheiß werd' ich den ganzen Urlaub nicht mehr los.«, stöhnte Tina. »Naja, wenn man es genau nimmt, bist du sowohl Zange, als auch Schere bereits in Düsseldorf losgeworden.«, drehte ich das Messer ein weiteres Mal in der Wunde. »Ich weiß echt nicht, wieso ich mit euch in den Urlaub gefahren bin!«, grummelte Tina und machte sich auf den Weg zur „Malibubar". »Weil zwei Wochen mit uns ein Zuckerlecken ist, im Vergleich zu zwei Wochen mit deiner bekloppten Perle.«, flüsterte Conny in einer Lautstärke, die nur wir hören konnten. Einige Minuten später hörten wir das beruhigende Kling Klong aneinander schlagender Bierflaschen. Ich setzte mich auf, während die anderen ihre Sonnenanbeterstellungen beibehielten, schaute in Richtung „Malibubar" und sah Tina, der jedoch nicht alleine war. »Leute ich glaub mein Schwein pfeift, Tina bringt nicht nur Bier mit.«, machte ich die anderen Neugierig. Nils blinzelte gegen die Sonne und fragte, »Was ist denn das für ein Riese

neben Tina?« »Ich glaub's nicht, dass ist Struppi!«, kam die Woge der Erkenntnis von Toni.
Struppi war ein Freund aus Dülken, der mit uns zusammen in einer Volleyballmannschaft spielte. Seinen richtigen Namen Tim, hatte er recht schnell verloren, nachdem bekannt wurde, dass er als Kind alle Tim und Struppi Comics verschlungen hatte und darüber hinaus gerne mal unrasiert durch die Weltgeschichte lief. Struppi hatte uns vor Wochen erzählt, dass er mit seiner damaligen Freundin eine drei wöchentliche Interrail Tour durch Südeuropa planen würde. Kurz vor der geplanten Reise hatte sich jedoch leider die Beziehung zerschlagen und er wollte das ganze alleine durchziehen. Beim Training hatten wir dann aus Spaß vorgeschlagen, dass wir zwei Wochen auf Mallorca wären und er uns ja besuchen könnte, wenn er Lust dazu hätte. Er meinte darauf hin zwar, dass er es sich überlegen würde, aber wir hatten nicht ernsthaft damit gerechnet, zumal er nur wusste, in welchem Ort wir waren aber weder das Hotel noch eine genaue Adresse kannte.
Es war ein freudiges »Hallo« und Tina erzählte, dass Struppi gerade an der „Malibubar" saß und sich ein Bier bestellt hatte. Tina war zuerst nur der riesige Treckingrucksack aufgefallen aber dann hatte er Struppi erkannt. Bei einem Bierchen erzählte uns unser Kumpel dann von seiner bisherigen Tour. Wir waren ziemlich beeindruckt, was er schon alles gesehen hatte und dass er die ganze Geschichte knallhart alleine durchzog. Während des Gesprächs merkte man aber deutlich, dass er sichtlich froh war, mal wieder bekannte Gesichter zu sehen, vor allem mal wieder in seiner

Muttersprache zu reden. Während wir so da saßen und uns gegenseitig allerlei Erlebnisse aus der letzten Woche berichteten, verging die Zeit wie im Fluge. Plötzlich hörten wir wieder das vertraute Kling Klong. Diesmal waren es Josi und Stefan, die sich endgültig von uns verabschiedeten. Wir stellten ihnen Struppi vor, was sie ein wenig in Verlegenheit brachte, weil sie natürlich nur acht Biere dabei hatten. »Och, dass macht nix, ich hol mir schnell eins.«, sagte Struppi, nahm sein Portemonnaie aus dem riesigen Rucksack und ging zur „Malibubar". »Also ich hätte keinen Bock in meinem Urlaub immer so 'nen Rucksack schleppen zu müssen, ewig Zelt auf- und abbauen und nicht wissen, wo ich den nächsten Abend penne. So unentspannt wär' das keine Erholung für mich.«, erklärte ich. »Nicht dass unser Urlaub erholsam für den Körper wäre aber ich stimme dir zu, auf Trecking hätte ich auch keine Lust.«, pflichtete Nils mir bei. Als Struppi zurück war, stießen wir zu neunt an und verabschiedeten uns voneinander. Josi und ich wollten uns auf jeden Fall mal in der Uni treffen und vielleicht die Kölner Partyszene etwas aufmischen. Wir begleiteten die beiden noch bis zum Hotel und sahen sie kurz darauf, durch ein Busfenster winkend, davonfahren.

»Das war aber schon 'ne ganz nette. Schade, dass sie genau heute fahren musste.«, sagte Struppi ein wenig traurig. »Du hättest sie mal im Minirock auf der Box sehen sollen, da wäre dir das Messer in der Tasche aufgegangen!«, informierte ihn Toni. »Sie war aber leider mit ihrem Freund auf Malle.«, erinnerte ich an den leidigen Umstand, der uns bereits am ersten Abend etwas unangenehm aufgefallen war.

»Jetzt aber was völlig Anderes, wie lange willst du bleiben, willst du irgendwo im Zelt pennen oder bei uns im Hotel?«, erkundigte ich mich nach Struppis weiteren Plänen. Er erklärte uns, dass er nur zwei Nächte bleiben wollte, da er bereits fast zwei Wochen unterwegs war und unbedingt noch vor hatte, etwas von Portugal zu sehen. Was die Übernachtungen anginge, würde er natürlich gerne in unserem Hotel bleiben, vor allem, wegen der Dusche und dem vernünftigen Klo, aber da stellte sich die Frage, wie wir das bewerkstelligen sollten. »Das wird schwierig, ich erinnere kurz an den Balkonstuhl, das hat nicht geklappt, wie soll das denn dann mit so 'nem riesen Rucksack funktionieren?«, stellte Tina eine berechtigte Frage. »Bei unserer Stuhlaktion war es mitten in der Nacht, da war nix los in der Lobby und zwei Angestellte hatten nix anderes zu tun, als auf uns zu achten. Jetzt gleich sieht das etwas anders aus. Wenn ich nicht irre, müssten in etwa einer halben Stunde neue Gäste ankommen, dann sind viele Leute mit noch mehr Koffern und Rucksäcken in der Lobby. Hinzu kommt, dass die Angestellten genug mit der Zimmervergabe zu tun haben. Wenn wir etwas Glück haben und schnell sind, könnte das klappen.« »Dein Wort in Gottes Gehörgang Winnie, eine andere Chance haben wir eh nicht.«, pflichtete Conny mir bei. »Dann haben wir ja noch Zeit für ein Bierchen, ich hol mal sieben!« Mit anerkennendem Nicken zeigten wir Hanno unsere Zustimmung zu diesem einfachen aber durchaus ansprechenden Bierplan. Bei unserem letzten Strandbierchen erklärten wir Struppi, dass abends Schaumparty in „Xiroi" geplant wäre, worauf er nur meinte, »Prima, wollte eh Klamotten waschen, dann zieh ich das dreckigste an, was ich hab, lass mich schön einschäumen und stell mich anschließend mit Klamotten unter die Dusche!«. Wir amüsierten uns über diese etwas eigenwillige Interpretation eines Waschtages und entschlossen uns ebenfalls nicht unsere besten Sachen am Abend zu tragen, allerdings würden wir die Dusche samt Klamotten anschließend ausfallen lassen. Ein paar Minuten später wurde es ernst und es galt, meinen Plan, Struppi ins Hotel zu schleusen, in die Tat umzusetzen. Als wir um die Ecke unseres Hotels bogen und den Eingang sehen konnten, zeigte sich, dass ich mich nicht getäuscht hatte. Vor dem Eingang stand ein Reisebus und der Fahrer war gerade damit beschäftigt Koffer auszuladen. Das sah vielversprechend aus, die Grundvoraussetzungen waren schon mal gut. Unterwegs hatten wir einen genauen Schlachtplan ausgearbeitet, der auch perfekt umgesetzt wurde. Toni und Nils holten unsere Zimmerschlüssel, während Tina und Hanno den Aufzug riefen. Zusammen mit der Gruppe Neuankömmlinge durchquerte Struppi, flankiert von Conny und mir die Lobby, betrat schnell den wartenden Aufzug und wir fuhren nach oben. Der Plan hatte funktioniert, es war niemandem aufgefallen, zumindest hatte uns keiner aufgehalten. Restlos erleichtert waren wir, als Struppi seine Sachen in einem unserer Zimmer und zwar in dem von Toni und mir deponiert hatte.

»Das hat doch bestens geklappt, dann können wir uns ja jetzt in Ruhe fürs Essen fertig machen. Apropos Essen, was hast du denn geplant Struppi, ich glaube in den Speisesaal kriegen wir dich nicht rein?«, wollte ich wissen. Struppi erklärte, dass das ganze gar kein Problem sei, er würde sich mit seinem Gaskocher eine Dose Ravioli machen und auf dem Balkon essen. Um kurz nach sieben saßen wir frisch geduscht, an unserem üblichen Tisch vor unseren üblichen Nudel Vorspeisetellern. »Gegen das Essen kann man hier echt nix sagen, ist zwar nicht die riesen Auswahl, die Abwechslung ist auch mäßig, aber wenigstens ist immer was dabei was schmeckt.« »Klar Conny, weil es immer Nudeln, paniertes Hähnchen in irgendeiner Form und Fritten gibt und viel mehr probieren wir ja gar nicht.«, lachte Tina. »Warum auch, da weiß man, was man hat und am Anfang haben wir ab und an Salat gegessen.« »Wo du gerade von haben und nicht haben redest, Toni. Was wir gleich sicherlich wieder haben werden ist Durst. Was wir aber nicht mehr haben, ist Wodka.«, holte ich die anderen wieder zu den elementaren Dingen zurück. »Da hast du völlig Recht, Durst zieht sich wie ein roter Faden durch den Urlaub. Was haltet ihr davon, wenn wir heute mal was Neues ausprobieren? Wenn wir schon beim Essen kaum Abwechslung haben, könnten wir heute ja mal Rum Cola trinken, was meint ihr?« »Nils du verrückter Kerl, wo nimmst du nur immer diese waghalsigen Ideen her?«, kommentierte Hanno. So kam es, dass wir, wie an jedem Abend, im Supermercado unseres Vertrauens standen und von der Verkäuferin mit den Worten, »Wodka i Fanta Lemon?«, begrüßt wurden.

Völlig überrascht sah sie dann, wie Nils zwei Flaschen weißen Rum aus dem Regal nahm und Conny zwei große Flaschen Cola aus dem Kühlschrank, während Hanno den üblichen Sack Eis aus der Kühltruhe fischte. »Ah heute Cuba Libre.«, stellte die Dame fest, als wir die Sachen bezahlten und bekam von uns ein bestätigendes Nicken. Die Grundlage für einen weiteren lustigen Urlaubsabend war gelegt.

Die Schaumparty oder Waschtag mal anders

Auf dem Weg zurück ins Hotel, beschlossen wir, bei Hanno und Conny im Zimmer, bei einer gepflegten Runde Mäxchen, vorzufluten. Als wir vor besagtem Zimmer standen kam von Toni kurz, »Hey, geht schon mal vor und macht 'ne gute Mischung, ich geh und hol Struppi, ich muss eh nochmal auf den Stein.« »Na super, dann qualmen gleich wieder die Kanaldeckel und morgen werden tote Fische angespült.«, beschrieb Conny äußerst amüsant das bevorstehende Armageddon Szenario, was sich gleich in unserem Bad abspielen würde. Zumindest waren wir zu diesem Zeitpunkt davon ausgegangen, bis es plötzlich an der Türe klopfte und ein völlig verdutzter Nils einem ziemlich genervten Toni die Tür öffnete. »Das ging aber schnell oder wollte der Bob nicht in die Bahn?« »Sehr witzig, Struppi hatte uns leider nicht erzählt, dass er sich unterwegs in der spanischen Pampa Montezumas Rache eingefangen hat. Bei uns im ganzen Zimmer ist Biohazard. Struppi sitzt auf dem Thron und es hört sich an, als ob er gerade sein Inneres nach außen stülpt, und zwar unter der Verwendung von Hochdruck!« »Oh ha, die Putzfrauen haben echt keinen leichten Job bei uns, naja wir haben ja genug Trinkgeld gegeben.«, lachte Nils. »Das ist mir egal, ich muss dringend Kacken!«, sagte Toni und steuerte die Toilettentür an. Kurz bevor er sie erreicht hatte, öffnete sie sich, wie auf Kommando, Hanno trat in den Flur und schaute Toni fragend an. »Ich habe keine Ahnung, was du vor hast aber an deiner Stelle würde ich da jetzt nicht reingehen, da hab ich gerade die Keramik zu zementiert!«, überbrachte er Toni die schlechte Nachricht. »Das darf doch wohl alles nicht wahr sein, beim nächsten Urlaub brauch ich ein eigenes Klo! Nils, gib mir sofort euren Schlüssel, das ist ein Notfall, ich bin 'ne tickende Bombe und du willst nicht dabei sein, wenn sie explodiert!«, drohte Toni mit einer Mischung aus Aggressivität und flehender Verzweiflung. Nils kramte in seiner Tasche den Schlüssel heraus und kaum hatte Toni ihn in Händen, verließ er fluchtartig das Zimmer. »Na super, jetzt sind alle drei Bäder eingenebelt, da braucht man auch fürs Pinkeln 'ne Gasmaske.«, beschwerte ich mich. »Bleib locker, wenigstens haben wir jetzt unter Garantie kein Ungeziefer. Die Luft ist heute Abend auch wieder schadstofffrei.«, versuchte Nils mich zu beruhigen. »Das gilt aber nur, wenn Struppi irgendwann aufhört, neue Schadstoffe zu produzieren, und falls ich dich erinnern darf, der sitzt in unserem Zimmer in der Keramikabteilung.« »Ja und das ist auch gut so, lass erst mal 'nen Cuba Libre trinken, dann sieht die Welt schon anders aus.«, lachte Nils und ging auf den Balkon. »Für 'nen Cuba Libre fehlen aber noch Limetten und Saft.«, moserte ich ein wenig rum. »Dann ist es eben ein Malle Libre, nu hör auf zu motzen und sauf endlich, du bist unerträglich, wenn du nüchtern bist!«, drückte Tina mir ein Glas in die Hand. Ich ergab mich ohne großen Widerstand in mein Schicksal und hoffte, dass es noch eine Weile dauern würde, bis sich meine Blase meldete. Kurz nachdem sich Toni sichtlich erleichtert wieder eingefunden hatte und sich ebenfalls einen Malle Libre mischte, klopfte es an der Tür. »Schau mal einer guck, der Durchfall him selfe.«, lachte Conny, der die Tür öffnete. Als sich Struppi sichtlich abgekämpft auf seinen mitgebrachten, dreibeinigen Campingstuhl niederließ, reichte Tina ihm erst mal alles nötige für ein Getränk. »Hier misch dir erst mal was Gutes, dann geht's gleich besser.«, riet er Struppi. »Ja und denk an das alte und Weise Dülkener Sprichwort, das besagt: Juppheidi und juppheida, Schnaps is joot für de Cholera!« »Und was willst du mir damit sagen, Winnie?« »Na das du nicht zu sparsam mit dem Rum umgehst, Klotzen und nicht Kleckern, viel hilft viel!«, erklärte ich ihm die richtige Vorgehensweise. »Prima, dann bin ich gleich rotze voll und die Magen-Darm Probleme sind immer noch da.«, zögerte Struppi. »Mag sein aber selbst wenn die Probleme nicht weg gehen, sind sie dir irgendwann völlig egal.«, ermutigte ich ihn einen beherzten Schluck Rum in sein Glas zu schütten. Nachdem er noch zwei Eiswürfel hinein packte, war kaum noch Platz für Cola übrig, wofür er von uns allen ein anerkennendes und ehrfurchtsvolles Nicken bekam. Dann ging es los, wir spielten zwei Stunden Mäxchen, wie die Weltmeister. Da sich ausnahmsweise das Würfelglück gleichmäßig verteilte, waren wir gegen Elf Uhr auch alle gleichmäßig angetrunken. »Alles klar Männer, haben alle Klamotten an, die diesen Urlaub nicht mehr gebraucht werden? Ach ja, außer dir Struppi.«, läutete Nils die finale Runde ein, bevor wir uns auf den Weg machten. »Hey, wir werden immer besser, wir haben diesmal nur zwei Liter Cola für die beiden Flaschen Rum gebraucht, irgendwann können wir die Mischgetränke weglassen, ist dann auch billiger.« »Prima Hanno, schon wieder so ein Geistesblitz, passiert dir in letzter Zeit aber auffallend oft!«, lobte Toni. »Ja ist doch logisch nach der Sauferei!«, behauptete ich. »Hä, wie jetzt, hast du den Schuss nicht gehört oder weißt du was, was ich nicht weiß?« Da kam offensichtlich ein Bildungsauftrag in Gestalt von Toni auf mich zu und es wurde mal wieder Zeit, den Biologenklugscheißer raus zu kehren. »Also Toni, pass gut auf, ist ganz einfach und tut auch nicht weh. Du weißt, dein Gehirn ist eine riesen Ansammlung von Nervenzellen, die alle miteinander vernetzt sind. Naja bei dem einen sind es mehr und bei dem anderen weniger aber wichtig ist, sie leiten Nervenimpulse weiter. Stell es dir vor, dass am einen Ende ein Reiz entsteht und von Nervenzelle zu Nervenzelle über Neurotransmitter und Elektopotentiale weitergeleitet wird.« »Komm zum Punkt, Winnie.« »ja ja, immer langsam mit den jungen Pferden. Die Reizweiterleitung kann natürlich nur so schnell funktionieren, wie die langsamste Nervenzelle ist und was passiert bei zu viel Alkohol? Richtig, es sterben Gehirnzellen ab und nach Darwin, sterben die Schwächsten immer zu erst. Ergo kann man sich intelligenter bzw sein Hirn leistungsfähiger saufen, und das ist Hanno passiert. Man darf es nur nicht übertreiben.« »Winnie, das ist ja 'ne geniale Theorie, mal drüber nachgedacht, dass für den Nobelpreis vorzuschlagen? Ne mal im Ernst, habt ihr Biologen eigentlich sonst nix zu tun, als euch so eine gequirlte Kacke auszudenken?« »Jetzt wo du fragst. Nö eigentlich nicht, wobei, mittags Bier trinken im Magnus, abends Bier trinken im Ding, also ein paar Dinge mehr haben wir schon auf unserer Agenda. Ab und an natürlich auch mal Vorlesungen, Klausuren oder Praktika.«, sagte ich völlig ernst bevor Toni und ich beide anfingen, laut zu lachen. Nachdem alle ihr Glas geleert hatten, ging es endlich in Richtung „Xiroi". Bereits vor der Türe der Disco staunten wir nicht schlecht. Wir waren zwar schon auf Events wie Schneeball Party, Popkorn Party oder der ein oder anderen Schaumparty gewesen aber dass einem der Schaum bereits am Eingang weit übers Knie reichte, so etwas hatten wir noch nicht erlebt. Wir bezahlten den Eintritt, bekamen unseren obligatorischen Freigetränkebon und betraten die Disco. Obwohl es erst kurz vor zwölf war und sich normalerweise um diese Zeit nur eine Hand voll Leute in den Tanztempeln befanden, war an diesem Abend alles anders. Der Laden brummte, die Tanzfläche war voller Leute, von denen man jedoch gar nicht alle sehen konnte, denn der Schaum war überall bis zu 1,5 Meter hoch. Auf den gläsernen Podesten, rund um die Tanzfläche tanzten ebenfalls Leute, was durchaus nicht ungefährlich war, weil der Schaum teilweise die Podeste überragte und man deren Ende nicht immer sehen konnte. Die Masse schien auf jeden Fall mächtig Spaß zu haben. Man bewarf sich mit dem Schaum und alle sprangen auf der Tanzfläche herum. Den Höhepunkt stellte jedoch eine Schaumkanone dar, die auf einem der Glaspodeste installiert war und von den Gästen bedient werden konnte. Keine Frage, dass sich auf diesem Podest die meisten Menschen tummelten, weil jeder mal an besagte Kanone wollte. »Haben wir ein Glück, dass wir alle über 1,80 sind, manche kleinen Mädels haben hier echt verloren, die brauchen 'nen Schnorchel!«, stellte Nils treffend fest. »Och, wenn da 'ne kleine, süße droht zu ersticken, kann die gerne meinen Schnorchel benutzen, den hab ich immer dabei.«, bot Hanno großzügig an. »Schon klar, ob sie dadurch Luft bekommt, wage ich mal zu bezweifeln.«, sagte ich lachend. »Los Jungs, dann lasst uns mal auf die Tanzfläche schwimmen und uns richtig einseifen lassen.«, gab Struppi die Marschroute vor, der wir auch brav folgten. Keine fünf Minuten später waren wir klatschnass, aber hatten Spaß, wie kleine Kinder. Nils hatte mittlerweile auch die Mädels vom Vorabend wiedergetroffen, von denen der Tipp mit der Schaumparty kam. Was ich von ihnen sehen konnte war auch ganz niedlich, leider war es auf Grund des Schaumes nicht besonders viel. Es waren vier Mädels und alle waren maximal 1,70, weswegen sie sichtlich mit dem Schaum zu kämpfen hatten, was ihre Partylaune aber in keinster Weise zu beeinträchtigen schien. »Sollen wir gleich mal unser Freigetränk trinken, bevor sich unsere Bons in dem Schaum aufgelöst haben?«, warnte Tina. Nils, Hanno und ich nahmen diese Warnung ernst und wir wühlten uns durch den Schaum in Richtung Theke, während die anderen bei den Mädels auf der Tanzfläche blieben. Nils hielt dem Barkeeper die vier Bons hin, die er vorher eingesammelt hatte und bestellte vier Bacardi Cola. Was wir von dem Cocktailclown, der ebenfalls knietief im Schaum stand, dann allerdings gemischt bekamen, wird auf immer sein Geheimnis bleiben. Höchstwahrscheinlich wusste er es selber nicht genau, denn die Etiketten nahezu sämtlicher Flaschen, hatten sich bereits vollständig abgelöst. Er nahm also vier Gläser, packte je zwei Eiswürfel rein und einen guten Schluck aus einer Flasche mit klarem Inhalt. Aufgefüllt wurde dann mit Cola, was auf Grund der Farbe ziemlich eindeutig war. Wir nahmen die Gläser entgegen, bedankten uns, stießen an und nahmen einen kräftigen Schluck. Anschließend sahen wir uns mit zerknirschtem Gesichtsausdruck an. »Verdammte Axt, was ist denn das für ein Gebräu?«, fragte Hanno angewidert. »Chateau de la domestos würde ich sagen, was hat der denn da rein gepackt, das war doch nie im Leben weißer Rum.«, tat auch ich meine Meinung zu unserem Getränk kund. »Das kann alles gewesen sein, Wodka, Gin und jeder andere klare Fusel.«, stellte Tina fest. »Gin ist Wacholder, das würden wir merken, Wodka hatten wir die letzten Tage immer, der war okay. Naja was auch immer, wir bestellen einfach keinen Bacardi Cola mehr!«, schlug Nils vor. Wir würgten unseren Gaumenkitzler runter und hofften, dass er wenigstens eine gute Wirkung hätte, wenn schon der Geschmack zu wünschen übrig ließ.

Plötzlich deutet Hanno in Richtung Tanzfläche und lachte. Wir schauten alle in diese Richtung und sahen den Grund für seine Belustigung. Conny hatte sich mittlerweile den Platz an der Schaumkanone erkämpft und verwandelte jedes Mädel, das den Fehler beging, sich in seine unmittelbare Reichweite zu begeben, in einen Schaumberg. Wir stellten unsere Gläser auf die Theke und ruderten zurück durch die Schaummassen auf die Tanzfläche und geradewegs auf Connys Podest zu. Dann sahen wir Toni, Struppi und die Mädels, die sich so auf der Tanzfläche postiert hatten, dass sie für Connys Kanone im toten Winkel standen und er sie nicht erreichen konnte. Ohne groß darüber nach zu denken, schlugen wir den direkten Weg zu ihnen ein, was sich jedoch als Fehler herausstellen sollte. Wie schwerwiegend dieser Fehler sehr wahrscheinlich für einen von uns war, würden wir jedoch erst am nächsten Tag erfahren. Toni und Struppi hatten uns noch nicht gesehen aber dafür Conny, was auf Grund seiner erhöhten Position auch kein großes Wunder war. So kam es, das wir völlig unerwartet von einer solchen Menge Schaum beschossen wurden, dass selbst ich mit über 1,90m Körpergröße nahezu vollständig darin versunken war. Bis zu diesem Zeitpunkt, hatten wir es ganz gut geschafft, den größten Teil des Oberkörpers schaumfrei zu halten aber nun waren wir komplett eingeseift. »Na ihr Schneemänner oder macht ihr gerade 'ne Ganzkörperrasur und habt euch schon mal eingeschäumt?«, lachte Toni. »Sehr lustig, wenn hier eine 'ne Ganzkörperrasur vertragen könnte, dann du!«, kriegte er sofort von Nils verpasst. »Bevor wir es vergessen. Egal, was ihr tut, bestellt euch keinen Bacardi Cola, der schmeckt wie Fiffi ganz hinten!«, warnte ich die Unwissenden. Zumindest alle die, die nicht gerade an der Schaumkanone wüteten, aber besagter Seifenschaumrambo hatte sich durchaus eine Strafe verdient. Irgendwann war es uns auch egal, wenn wir in Connys Schaumkanonade gerieten, Struppi wollte eh Waschtag machen, Nils, Tina, Hanno und ich waren bereits in Schaumberge verwandelt worden und mit etwas zarter Überredung, gelang es uns auch Toni und die Mädels auf die Mitte der Tanzfläche zu geleiten. Die zarte Überredung sah in etwa so aus, dass wir sie einfach nacheinander vor Connys Flinte zogen, was sich als nicht besonders einfach erwies, sobald sich der Delinquent wehrte, da der Schaum nicht nur aussah, wie fester Seifenschaum, sondern auch ebenso flutschig war. Irgendwann war es dann geschafft, alle waren eingeseift und von da an war auch alles egal. Wir tanzten im Schaum auf den Klängen der Spice Girls, Spaceman und Macarena, als gäb' es kein Morgen und ich glaube, die anderen hatten glatt ihr Freigetränk vergessen, zumindest hatte ich nicht bemerkt, dass einer von ihnen mal zur Theke gewandert war. Gegen Vier Uhr, wurde die Schaumkanone stillgelegt und somit von Seiten der Diskothekenbetreibern ganz langsam das Ende eingeläutet. Seines Spielzeugs beraubt, stand auch Conny auf einmal wieder inmitten unter uns. Das war jetzt ein Fehler seinerseits, denn wir hatten zwar keine Schaumkanone, aber wir hatten auch nicht vergessen, was er die letzten zwei Stunden mit uns veranstaltet hatte. Der Schaum war immer noch mehr als hüfthoch und wir beförderten ihn kurzerhand, mit vereinten Kräften zu Boden und schon war er von uns anderen Schaummännern, kaum mehr zu unterscheiden. Plötzlich viel uns auf, dass Hanno nicht mehr unter uns weilte und niemand wusste, wo er hin und wie lange er schon weg war. »Der ist bestimmt auf Klo!«, mutmaßte Toni. Auf einmal sah ich Hanno jedoch aus einer völlig anderen Ecke der Disco auf uns zukommen und sein Gesichtsausdruck schien ein wenig verstört, auch wenn er ein Lächeln auf den Lippen hatte. »Was ist denn dir passiert, hat dich ein Schaummonster geknutscht?«, fragte ich ihn amüsiert. »Du weißt gar nicht, wie knapp du dran vorbei bist, mir ist was passiert, das hab ich noch nicht erlebt.« »Na hau raus!«, forderte ich neugierig und auch die anderen, die mitbekommen hatten, dass Hanno anscheinend eine Begegnung der dritten Art gehabt hatte, schauten mit großen Augen und erwarteten den Erlebnisbericht. »Die Mädels sind schon weg, oder?«, fragte Hanno etwas zögernd. »Jepp, die Mädels sind schon etwas früher weg und haben uns beim Abschied eröffnet, dass sie leider morgen abreisen. Sie fanden es sehr schade, dass sie uns erst so spät kennengelernt haben.«, klärte ihn Nils auf. »Okay, das wollte ich hören!«, begann Hanno seine Story. »Wir waren ja alle zusammen hier auf der Tanzfläche in dem Schaummeer und irgendwann nahm eines der Mädels, die kleine Brünette, meine Hand und zog mich hinten neben die Schaumkanonen. Ich dachte zuerst die würde ein wenig Knutschen wollen aber mit solchen Dingen hat sie sich gar nicht erst aufgehalten, sondern sie ist mir direkt an die Wäsche.« »Wie an die Wäsche, willst du uns verarschen?«, fragte Conny ungläubig. »Nein, wenn ich's doch sage, sie tanzte sich von hinten an mich ran, umarmte mich und dann war ihre eine Hand unter meinem Shirt und ihre andere in meiner Hose. Durch den ganzen Schaum hat keiner was mitbekommen. Ich fing dann auch an, an ihr rumzufummeln und hab sie dann gefragt, ob wir nicht lieber auf ein Hotelzimmer gehen wollen, oder wenigstens irgendwo hin, wo nicht so viel los ist. Sie hatte da aber gar kein Interesse dran, im Gegenteil, es schien sie anzuspornen, dass so viele Menschen um uns herum waren und sie fing an mir die Hose auf zu machen.« »Die hat dich auf der Tanzfläche ausgezogen?«, wollte Toni mit großen Augen wissen. »Sie hätte, aber das wurde mir dann doch ein wenig zu heiß und ich habe interveniert. Nachdem sie dann gemerkt hat, dass ich das nicht so prickelnd fand, mitten zwischen den ganzen Leuten, hat sie ziemlich verständnislos von mir abgelassen und ist gegangen.« »Das ist ja echt 'ne krasse Nummer, so was hab ich auch noch nie gehört, darauf müssen wir jetzt noch einen trinken, quasi ein Betthupferl.«, kommentierte Nils. »Gute Idee aber keinen Bacardi Cola.«, lachte Hanno. »Warum nicht?«, wollte Conny wissen, der unsere Warnung ja nicht mitbekommen hatte. »Och nix, wir hatten schon einen und trinken lieber nochmal Wodka aber du kannst ja gerne einen nehmen, hast ja auch dein Freigetränk noch, wenn sich der Bon nicht aufgelöst hat.«, scherzelte Nils und tatsächlich bestellte sich Conny leicht irritiert durch unser Lachen einen Bacardi Cola. Als wir anstießen und den ersten Schluck nahmen, dämmerte es ihm. »Wusstet ihr Schweine, dass der so scheiße schmeckt? Hättet ihr mich nicht warnen können?«, beschwerte sich Conny angewidert. »Wir haben gewarnt aber das hast du wahrscheinlich nicht mitbekommen. Könnte daran gelegen haben, dass du in dem Moment geschätzte 1000 Kubikmeter Schaum auf uns geschossen hast.«, mahnte ich ihn. Inzwischen war der Schaum langsam aber sicher niedergetrampelt und es wurde Zeit für uns, allmählich Richtung „Alondra" zu bewegen. Während wir das „Xiroi" verließen, klebten noch ein paar Schaumreste an uns, jedoch schon zum Zeitpunkt, als wir auf Höhe der „Malibubar" ankamen, waren wir einfach nur patsche nass und freuten uns aufs Hotelzimmer und eine heiße Dusche. Da Struppi am früheren Abend ja bereits unser Bad aufs äußerste malträtiert hatte, überließ er uns diesmal großzügiger Weise den Vortritt. Im Bad erkannte ich dann jedoch einen weiteren Fehler meinerseits. Während ich mich meiner Klamotten entledigte, musste ich leider feststellen, dass meine schwarzen Sneaker oder die dunklen Sneakersocken unter der Dauerschaumbelastung leider ihre Farbe an die nächste Umgebung abgegeben hatten und die nächste Umgebung waren meine Füße. So stand ich da unter der Dusche, leicht sonnengeröteter Oberkörper, kreideweiß an der Stelle, wo die Badeshorts saß und schwarze Füße. Dumm nur, dass diese Farbe ziemlich hartnäckig war. Ob die damals die Socken oder die Schuhe mit Edding gefärbt hatten, weiß ich nicht, aber ich habe über eine halbe Stunde an meinen Füßen geschrubbt, bis sie wieder halbwegs annehmbar aussahen. Als ich anschließend aus dem Bad kam, wurde ich auch ein wenig missmutig von Toni gefragt, was denn da so lange gedauert hatte. Als ich ihm aber mein Leid geklagt hatte, war sein Unmut verflogen und er ging lachend ins Bad, denn er war so clever und hatte Flip Flops an. Ich freute mich nur noch auf mein Bett und haute mich sofort hin. Davon, dass Struppi seinen Plan tatsächlich umsetzte und sich inklusive Kleidung unter die Dusche stellte, bekam ich nichts mehr mit.

Mein Ring, mein Schatz

Der nächste Tag begann mit einer Unmenge von Aufregung. Toni und ich wurden von Struppi geweckt, der hektisch im Hotelzimmer hin und her wuselte, alle seine Sachen zusammen suchte, und nach seinem perfekt ausgeklügelten System in seinen riesen Rucksack packte. »Hey, was ist los, dachte du wolltest erst morgen wieder weiter reisen?«, hörte ich im Halbschlaf bei Struppi nach, was die Aufregung zu bedeuten hatte. »Ja, ich will auch erst morgen weiter aber wir haben etwas wichtiges vergessen, was machen wir, wenn die Putzfrauen kommen?« Verdammt, das hatten wir in der Tat völlig vergessen. Es war unnötig anzunehmen, dass es den Putzfrauen nicht auffallen könnte, wenn eine zusätzliche Luftmatratze, sowie Unmengen an Klamotten, wie aus dem Nichts in unserem Zimmer lagen. Ich merkte, dass auch Toni sich der Problematik bewusst wurde, weil auch er sich im Bett aufsetzte und einen nachdenklichen Gesichtsausdruck machte. »Was sollen wir denn jetzt machen, hat einer einen Plan? Winnie du weißt doch sonst immer alles.«, fragte Struppi ein wenig hilflos. »Mach mal halblang, die Mururoa Atolle sind fast weggebombt, Bombay heißt jetzt Mumbai und Take That sind Geschichte, aber das ist ein echtes Problem, was wir haben. Am besten erst mal die anderen über Hoteltelefon informieren und fragen, ob da einer 'ne Idee hat.«, schlug ich vor. Leider war dieses Vorhaben nicht von sonderlich viel Erfolg gekrönt. Bei Nils und Tina war erwartungsgemäß besetzt, weil Tina wie üblich seiner täglichen

Telefonzeremonie frönte. Bei Conny und Hanno war das einzige, was wir zu hören kriegten, bösartige Beschimpfungen, was uns einfallen würde, um kurz vor Elf, also mitten in der Nacht, anzurufen. Plötzlich klopfte es an der Tür und wir dachten schon, die Putzfrauen wären da und wir hätten den Megaärger am Hals, aber dem war nicht so. Toni öffnete zögerlich, während Struppi sich mit seinen Klamotten erst mal auf dem Balkon verschanzte aber vor der Türe stand Nils. »Hey Jungs, wir haben ein Problem!«, fing er an zu reden, wurde aber sofort von Toni unterbrochen. »Ja, wissen wir, was sollen wir denn machen, wenn die Putzfrauen kommen, wo sollen wir hin mit Struppi und seinen Klamotten?« »Wieso, das ist doch kein Problem, Struppi wartet hier mit seinen Klamotten. Die Putzen fangen in dem Zimmer von Conny und Hanno zuerst an, war jeden Tag bisher so, und wenn die da fertig sind, und in das Zimmer von Tina und mir wechseln, klettert Struppi außen über die Balkone. Wenn die dann in euer Zimmer kommen, ist er sicher mit seinen Klamotten in dem von Conny und Hanno, wir müssen nur drauf achten, dass wir die Vorhänge zuziehen, damit die das nicht merken, wenn du über den Balkon huschst. Die machen eh erst das Bad und das Bett und fegen dann den Balkon.« »Geniale Idee Nils aber dann haben wir doch gar kein Problem! Jedenfalls nicht, wenn es niemandem am Pool auffällt.«, stellte ich zufrieden fest, während sich Toni wieder aufs Bett gelegt hatte. »Doch haben wir, unser Problem heißt Tina!« »Ja, der führt wieder Dauertelefonate, ich weiß, das kennen wir doch schon. Oder hast du etwa eure Zimmertelefonrechnung geprüft und wir müssen ihn freikaufen?« »Quatsch, ich hab keine Ahnung, wie hoch unsere Rechnung ist aber ich weiß, dass er gerade zum ersten Mal in diesem Urlaub telefoniert und sich dabei mega unwohl fühlt und Sandy nicht die ganze Wahrheit sagt.« »Hä, wovon redest du da, er ist doch gestern nach der Disco zusammen mit uns ins Hotel oder hattet ihr noch Besuch?« »Red' kein Scheiß, wer sollte uns denn gestern noch besucht haben? Nein Tina hat seinen Ring verloren in dem Schaumspektakel gestern.« »Was denn für 'nen Ring?« »Nein, nicht etwa den Ring, den er von Sandy vor dem Urlaub geschenkt bekommen hat?«, schaltete sich Toni wieder ins Gespräch ein. »Doch, genau den, er ist völlig fertig und hat mega Schiss, dass sie ihn in die Wüste schickt, wenn er ohne Ring nach Hause kommt.« »Moment, habe ich das jetzt alles richtig mitbekommen? Sandy hat Tina vor dem Urlaub 'nen Ring geschenkt, obwohl die noch nicht besonders lange zusammen sind, er verliert den Ring im Seifenschaum und nun hat er Angst ihr das zu beichten, weil er denkt, sie schießt ihn ab?« »Das hast du völlig richtig zusammengefasst, Winnie.« »Oh Kacke, das heißt, von jetzt an heult er uns den lieben langen Tag die Ohren voll!« »Auch da hast du völlig Recht, Winnie, das hab ich schon fast 'ne Stunde erleben dürfen.«, sagte Nils mit einem gequälten Lachen. »Hey Leute, hab ich was verpasst, worüber diskutiert ihr denn?«, kam Struppi vom Balkon herein. Wir erklärten ihm kurz, worum es ging und das er nicht besonders viel zu befürchten hätte, zumal er am nächsten Tag abreisen wollte. »Wir füllen den heute Abend einfach mal richtig ab, dann nervt er nicht und morgen ist es mir egal, wenn er jammert.« »Vielen Dank Struppi, bist ein echter Kumpel.«, kam es voller Ironie von Nils. In diesem Moment klopfte es an der Tür und wir dachten erneut, dass uns gleich der Fluch der Putzfrauen treffen würde und abermals lagen wir falsch. Conny und Hanno standen mit gepackten Sachen vor der Türe. »Was ist los, geh'n wir zum Strand, die Putzen haben uns gerade rausgeschmissen.«, fragte Conny. »Bestens, es wird Zeit für Plan B, kommt erst mal rein, haltet den Mund und hört zu!«, befahl Nils den beiden, die völlig verdutzt schauten und ins Zimmer kamen. Wir erklärten ihnen zunächst den Plan, den wir uns wegen Struppi überlegt hatten, wobei uns auffiel, dass wir noch besser aufpassen müssen, da Tina immer noch telefonierte und die Putzen daher sicherlich sofort, nachdem sie das Zimmer von Hanno und Conny gesäubert hätten, in unseres kommen würden. Wir packten unsere Strandsachen, während Struppi den beiden Neuankömmlingen die Ring Geschichte erzählte. Wir hatten gerade unsere Badehosen an und die Handtücher vom Balkon geholt, als es zum dritten Mal an diesem Tag klopfte. Diesmal hörten wir das bekannte »Ola, Zimmerservice« und Struppi machte sich auf seine abenteuerliche Klettertour. Wir räumten artig das Zimmer und überließen es der geballten Putzwut zweier spanischer Damen. »Dann schauen wir doch mal, ob Struppi seine Kletterpartie gut überlebt hat.«, sagte Hanno, während er die Zimmertüre aufschloss. Wir gingen ins Zimmer und zogen die Vorhänge auf, die von den Putzfrauen zum Schutz gegen die Sonne geschlossen wurden und siehe da, Struppi saß mit breitem Grinsen auf einem der Balkonstühle. Wir ließen ihn samt seines Riesen Rucksacks herein und er kramte ein paar nötige Strandsachen heraus, die er in einen unserer kleinen Rucksäcke verstaute. Während wir noch überlegten, was wir jetzt mit Tina machen sollten, hörten wir ein mittlerweile schon sehr vertrautes Klopfen. Wie erwartet, stand Tina mit gepackten Sachen aber sehr leidendem Gesichtsausdruck im Flur. Waren wir anfangs noch unsicher, ob wir ihn bemitleiden und wie ein rohes Ei behandeln sollten entschied sich Toni spontan für das Gegenteil und begrüßte ihn mit einem freundlichen »Na, Herr der Ringe, alles fit?«. Damit war entschieden, dass Tina erneut ein gewaltiger Spießrutenlauf bevorstand. »Dann kann sich ja die Gemeinschaft des Ringes auf den Weg nach Mordor machen.«, setzte ich noch einen drauf. »Leute, das ist nicht witzig. Mir geht's echt scheiße mit der Sache. Ich habe keine Ahnung, wie ich das Sandy erklären soll.« »Wenn du willst, können wir das übernehmen, wir sagen ihr einfach, du hast ihn im Bikinihöschen einer hübschen Badenixe verloren.«, grinste Conny. »Oder ein hässlicher Zwerg hat ihn dir gestohlen, ist damit weggelaufen und hat die ganze Zeit geschrien mein Schatz, mein Schatz.«, schlug ich vor. »Super Ideen habt ihr, echt tolle Freunde und auch noch alle Tolkienfans.«, beschwerte sich Tina und sah aus, als wäre er kurz vor dem Losheulen. Wir stellten darauf hin fürs erste das Feuer ein und gingen ohne weitere Sticheleien in Richtung Strand. Unterwegs entschieden wir uns für ein gemütliches Frühstück in der „Malibubar", um Struppi die örtlichen, kulinarischen Genüsse nahe zu bringen. Freudig vom Kellner erkannt, wurde wir mit einem wissenden, »Alle Bier?«, begrüßt und nachdem wir die großen Gläser vor uns stehen hatten, bestellten wir etwas zu Essen. »Hey Tina, was nimmst du denn, wie wär's mit den Calamari, da hast du 'nen ganzen Teller voller Ringe.«, stichelte Conny wieder ein wenig, jedoch ohne große Resonanz von Tina zu erhalten. Wie jedes Mal zuvor auch, wurden etwa zwanzig Minuten später die üblichen Spezialitäten aufgetischt. Zweimal Calamari, zweimal Spaghetti Bolognese und dreimal Hamburger, fanden sich auf unserem Tisch wieder. Nach dem Essen überraschten wir den Kellner jedoch, indem wir noch sieben Hierbas bestellten. »Ne lass mal ich glaub ich nehm' keinen Schnaps.«, versuchte Tina abzuwehren. »Jetzt hör aber mal auf, du hast schon so lustlos in deinen Spaghetti gestochert und jetzt keinen Schnaps? Du trinkst schön deinen Hierbas, da sind Kräuter drin, das ist Medizin und dann hörst du auf, Trübsal zu blasen und dich verrückt zu machen!«, maßregelte Toni unser Nervenbündel und bedeutete dem Kellner, dass er doch sieben Schnäpse bringen sollte. »Ja ihr habt gut reden, ich weiß nicht, was ich machen soll!«, beschwerte sich Tina. »Oh man, du tust gerade so, als wärst du deiner langjährigen Ehefrau, die mit euren zwei Kindern zuhause auf dich wartet, mit einer Achtzehnjährigen fremdgegangen und hättest dir dabei noch 'nen Tripper eingefangen.«, konstruierte ich ein wirklich übles Szenario, um Tina mal ein wenig auf den Boden der Tatsachen zu holen. Das Ganze war jedoch nicht sonderlich von Erfolg gekrönt, denn er fing sofort wieder an herum zu heulen. »Ja aber Sandy ist bestimmt mega sauer auf mich und macht Schluss.« »Krieg dich endlich wieder ein, es nervt langsam! Du hast nix gemacht, außer gefeiert und deswegen sind wir ja hier hin gefahren. Du hast jeden verdammten Tag mit ihr telefoniert, die Rechnung will ich mir gar nicht vorstellen. Du hast nicht mal ansatzweise mit 'nem Mädel geflirtet, geschweige denn mehr gemacht und du hast einfach durch einen blöden Unfall deinen Ring verloren. Das man über so was traurig sein kann oder sich im ersten Moment aufregt, ist ja okay, aber wenn Sandy da wirklich ein Drama draus machen sollte, dann schieß die Alte in den Wind und such dir 'nen neuen Acker, wo du deine Möhre pflanzen kannst. Tu uns bitte nur einen Gefallen, geh uns nicht mehr auf den Sack und hör auf zu jammern!« Das saß, Tina schaute mich mit riesen Augen an und wusste nichts mehr zu sagen, also sagte ich noch etwas, »Jetzt guck mich nicht an, wie ein Auto, das mal hupen will und trink deine Medizin, es wird alles gut werden du Pantoffelheld!« Der letzte Satz schien Tina ein wenig aus seiner Depression zu holen, zumindest lächelte er ein wenig und trank zusammen mit uns seinen Hierbas. »Trinken wir noch einen, ich könnte mir vorstellen, dass etwas mehr Medizin noch besser wirken würde?«, fragte er leise, als wir die leeren Gläser auf den Tisch stellten. »Klaro, alles für deine Gesundheit, das kriegen wir schon hin.«, kam es voll selbstloser Fürsorge von Hanno, der auch gleich mit einem »Hey Pedro, nochmal sieben Bier und sieben kleine, grüne Kräuterlinge, bitte!«, Nachschub bei unserem Stammmittagskellner bestellte. »Wenn wir gleich unser Strandlager errichtet haben, machen wir mal was ganz verrücktes, was haltet ihr von Sport?«, fragte

Nils. »Willst du uns umbringen oder meinst du vielleicht einarmiges Reißen?«, kam es von Conny ungläubig. »Leute, hier sind momentan sechs Leute aus einer Volleyballmannschaft, Toni hat 'nen Beachvolleyball mit und was macht Mädels mehr an, als gut gestählte Körper, die sich bei spektakulären, sportlichen Manövern, schweißtreibend betätigen?« »Ähm Nils, also zu Punkt eins, unsere Körper sind in etwa so gestählt, dass wir zu Karneval problemlos als Gammelfleisch gehen können. Zu Punkt zwei, das spektakulärste, was du von meinen 100kg Körpergulasch zu erwarten hast, ist dass ich gleichzeitig in der Sonne liegen, Bier trinken, Reden und Mädels hinterhergucken kann. Tja, und was Punkt drei betrifft, ich schwitze spontan, sobald ich den Schatten verlasse und das ganz ohne Sport, verrückt, oder?« »Winnie, jetzt stell dich nicht so an, wir können alle spielen, außer Tina vielleicht aber der ist ja auch nicht im Verein. Es sollte also schon für 'ne Runde Beachvolleyball reichen.«, versuchte Nils mich und die anderen zu überreden. »Dann lasst uns halt 'ne Runde Affentennis spielen, dann hat der Kleine seinen Willen und gibt Ruhe.«, kam es dann von Toni. »Na prima, jetzt haben wir schon zwei Sportskanonen, ich fürchte wir kommen nicht mehr drum herum.«, stellte Conny fest. Wir bezahlten, nahmen unsere Sachen und gingen zum hinteren Teil des Strandes, wo ein provisorisches Netz zwischen zwei Stangen gespannt war. Wir ließen uns daneben nieder und errichteten unser übliches Handtuchlager. »Da ich nicht wirklich Volleyball fähig bin und ihr ja prima drei gegen drei Spielen könnt, mache ich mich mal nützlich und hol ein paar Bier im Supermarkt.«, degradierte sich Tina selber zum Wasser bzw. Bierträger, wobei er jedoch unsere volle Unterstützung genoss. Wir bildeten zwei Teams, wobei das eine aus Conny, Hanno und Struppi bestand und das andere aus Toni, Nils und mir. So hatte jede Mannschaft einen Mittelblocker, einen Außenangreifer und einen Steller, was zumindest auf ein halbwegs ansehnliches Spiel hoffen ließ. Allen Unkenrufen zum Trotz, machten wir tatsächlich gar keine so schlechte Figur und wider erwartend, hatten wir sogar die ein oder andere Zuschauerin, die uns von ihrem Handtuch oder ihrer Luftmatratze aus beobachtete. Pünktlich, als hätten wir es abgesprochen, kam Tina mit einer Tragetasche voll Bier, als Nils den zweiten Satzball zum 15 zu 13 verwandelte. »So, jetzt erst mal ein Bier und dann kriegen wir 'ne Revanche.«, bestimmte Struppi, der in einigen Hechtbagger Aktionen bereits gezeigt hatte, dass sein Ehrgeiz geweckt war. Wir willigten ein und schnappten uns jeder eine Literflasche Bier. Keine fünf Minuten später stellte Conny triumphierend seine leere Flasche in den Sand. »So im Saufen haben wir schon mal gewonnen!« »Ihr seid ein Team mein Freund und Struppis Flasche ist die mit Abstand vollste. Es gewinnt das Team, das als erstes alle Flaschen ausgetrunken hat.«, klärte Toni kurz die Regeln, während ich meine leere Flasche in den Sand stellte. Kurz darauf folgten die Flaschen von Hanno und Nils nahezu zeitgleich und es wurde zu einem Zweikampf zwischen Struppi und Toni. Auch hier stellte Struppi seinen unglaublichen Ehrgeiz unter Beweis. Als könne er seinen Schluckreflex ausstellen, kippte er die Flasche runter und ließ sie etwa eine Sekunde vor Toni in den Sand fallen. »Du hast zu viel Zeit mit Quatschen vertan, Toni.« »Ja, sorry, aber so ist es gleich spannender, jetzt steht es unentschieden und der nächste Satz entscheidet.« »Tina, du spielst doch eh nicht, oder?« »Schon klar, Nils, ich geh wieder Bier holen.« Da die Flüssigkeitsversorgung damit zufriedenstellend gesichert war, konnten wir uns wieder dem Volleyball widmen. Jetzt zeigte sich jedoch, das Struppi bei weitem nicht so gut im Training war, wie wir anderen, zumindest nicht, was den Alkohol betraf. Nach den Schnäpsen und dem Bier beim Essen, zeigte die Literflasche in Rekordzeit, bei voller Mittagssonne ihre Wirkung. Der Ehrgeiz und Kampfeswille waren zwar nach wie vor deutlich erkennbar, aber Präzision und Technik hatten um einiges nachgelassen. So kam es dann, dass wir den entscheidenden Satz ziemlich deutlich mit 15 zu 8 für uns entscheiden konnten. Nach dem Spiel stürzte sich Struppi sofort ins Meer, um, wie er sagte, wieder einen klaren Kopf zu bekommen. Dumm nur, dass Tina schon wieder mit neuem Bier um die Ecke kam. Wir entschieden uns jedoch auch erst mal ins Wasser zu gehen, um den Sand los zu werden. Als wir in Richtung kühles Nass wanderten, kamen wir auch an einer Dreiergruppe Mädels vorbei, bei denen uns schon aufgefallen war, dass sie unser Spiel sehr interessiert von ihren Luftmatratzen aus verfolgt hatten. »Danke für das unterhaltsame Sportprogramm, ihr habt gar nicht schlecht gespielt.«, sagte die eine von ihnen. »Danke, man tut, was man kann und manchmal sogar das, was man nicht kann.«, entgegnete Hanno. »Sagt mal, seid ihr noch länger hier auf Malle?«, wollte eine andere wissen.

»Ja, noch eine Woche.«, antwortete Nils wahrheitsgemäß. »Okay, wir fahren morgen und wenn ihr wollt, könnt ihr unsere Luftmatratzen haben, wir wollen sie nicht mitnehmen.« »Cool, gerne, das ist ja nett!«, bedankte sich Conny. »Dann bringen wir euch die gleich vorbei, wenn wir ins Hotel gehen und jetzt geht euch erst mal den Sand abwaschen, ihr seht aus wie panierte Schnitzel.«, lachte die letzte der drei. Also gingen wir weiter, bis wir bis zum Hals im Salzwasser standen. Wir erzählten Struppi von dem Luftmatratzengeschenk und da viel mir ein, dass ich ebenfalls eine mitgenommen hatte. Sie lag ganz unten im Koffer und ich hatte sie total vergessen. Am nächsten Tag, so nahm ich mir vor, würde ich sie mit zum Strand nehmen, dann hätten wir vier Matratzen für sechs Leute. »Genug geplanscht, das Bier wird warm.« Toni hatte Recht und es ging zurück zu unseren Handtüchern, wo Tina mit dem Bier auf uns wartete. »Dieses Mal können wir aber langsam trinken, oder?«, fragte Struppi etwas ängstlich.

»Ich hab mir überlegt, ich sag Sandy erst mal nix von dem Ring, sonst hab ich nachher noch die letzten Tage immer Stress am Telefon. Dann sehen wir, was passiert, wenn wir zurück kommen oder was meint ihr?« »Klingt nach 'nem guten Plan, ändern kannst du jetzt eh nix mehr dran.«, pflichtete ich ihm bei. »Naja, auf der anderen Seite, könntest du dich hier sofort nach was neuem umsehen, wenn sie dich abschießen sollte.«, sagte Hanno etwas unüberlegt und stürzte Tina beinahe in eine erneute Depression. Nils schaffte es aber, dass Ganze als schlechten Scherz zu verkaufen und Tina noch mal sehr glaubwürdig zu versichern, dass er zwar davon ausging, dass sie sauer sein würde aber nicht, dass sie sich sofort trennen würde. Tina beruhigte sich wieder und wir spielten weiter. Kurz darauf, brachten uns die Mädels tatsächlich ihre Luftmatratzen und wünschten uns noch einen schönen Urlaub. Wir bedankten uns und wünschten den Dreien eine gute Heimreise, bevor sie sich auf den Weg in ihr Hotel machten. Da es inzwischen bereits nach fünf war, packten auch wir unseren Kram zusammen und machten uns auf den Weg zum Hotel. Wir hatten uns überlegt, zeitig zu essen, danach mit Struppi in die Cocktailbar zur Happy Hour zu gehen und später ins "Bolero", damit er auch mal in den Genuss der falsch singenden Kultband kam.

Wieder im Hotel, machten wir uns also in Ruhe fertig fürs Abendessen, während sich Struppi das opulente Festmahl einer Tütensuppe auf dem Balkon gönnte. Zeitig um kurz nach sechs betraten wir den Speisesaal und stellten fest, dass neben dem üblichen Buffet eine zusätzliche, riesige Pfanne aufgebaut war. »Cool, heute gibt's Paella.«, freute sich Nils. »Nix für mich, ich ess' doch keinen Fisch oder sonst was, das im Wasser lebt.«, erklärte Toni uns. »Naja du hast ja den üblichen Standard zur Auswahl.«, lachte Nils, während er sich einen Teller mit Paella voll schaufelte. Ich hielt mich zurück und nahm nur eine Probierportion und das war auch gut so. Hanno und Conny, taten es Toni gleich und starten, wie so oft mit einem Nudelteller, während Tina ebenfalls das Wagnis suchte und die Paella testete. Leider mussten wir feststellen, dass das bisher schlechteste Gericht, was wir im Hotel bekamen, ausgerechnet das typisch spanische Nationalgericht war, von dem man eigentlich ausgehen sollte, dass man es in Spanien gut zubereiten könne. Der Reis war viel zu lange gekocht und alles war sehr matschig. Geschmacklich war es eindeutig viel zu fischig und man hatte das Gefühl, dass die Meeresfrüchte vielleicht nicht mehr die aller frischesten waren. Unweigerlich musste ich daran denken, dass sich meine Mutter auf diese Weise mal in einem spanischen Hotel eine Fischvergiftung zugezogen hatte, was ihr damals drei Tage bösen Würfelhusten verschafft hatte. Auf Grund dieser Erinnerung, entschied ich mich, lieber nichts mehr von der Paella zu essen, was nicht weiter auffiel, da ich, wie gesagt, nur eine sehr kleine Portion hatte. Bei Nils sah das etwas anders aus. Man konnte ihm ansehen, dass er nicht genau wusste, was er machen sollte, entweder einen riesen Berg stehen lassen oder sich das Zeug so gut es ging rein zu zwängen. Auch er entschied sich aus gesundheitlichen Aspekten dazu, es stehenzulassen. Tina, Nils und ich, gingen also wieder zum Buffet, um uns etwas Genießbares zu holen, wobei Nils auffällig lange um das Buffet herum schlich. Nachdem Tina und ich wieder am Tisch saßen, fanden wir auch heraus, warum er das tat. Der Kellner, der die Teller abräumte, bedachte uns mit einem ziemlich verächtlichen Blick, als er den vollen Teller, über den Nils eine Serviette gelegt hatte, mitnahm. Kaum war er weg, saß Nils wieder am Tisch, mit einem Teller voller Hühnchen und Pommes. Wir aßen also wie jeden Abend die Dinge, die wir kannten und hatten erneut etwas gelernt. An einem Buffet sollte man immer erst Probierportionen nehmen, wenn man keine Ewigkeit ums Buffet laufen will, um dem zornigen Kellner auszuweichen. Nach dem Essen holten wir Struppi vom Zimmer und gingen in Richtung Cocktailbar.

Gesunder Reiseproviant

Schon von weitem waren die Wunderkerzen an den Getränken und die Blumenketten an den Hälsen der Gäste zu sehen. Da die meisten Touristen sich noch im Abendess- und nicht im Cocktailmodus befanden, bekamen wir problemlos einen Tisch. »Okay Conny, halte dich diesmal bitte zurück, bei der Bestellung, ich würde gerne mal einen Blick in die Karte werfen und nicht wieder 'nen Putzeimer voll Hirnschrapnell vorgesetzt bekommen!«, warnte Toni. »Ja ist ja gut, jeder bestellt für sich.«, tat Conny ein wenig pikiert. »Ich hab 'ne bessere Idee, lasst doch einfach sieben unterschiedliche Cocktails bestellen. Wir kriegen jeden dann doppelt wegen der Happy Hour und dann können wir so ziemlich alles probieren.« »Klingt nach nem Plan. Wo nimmst du nur immer diese unfassbaren Ideen her Winnie?« »Tja Hanno, ich bin Student, da lernt man sowas.« »Was lernt man da, saufen oder wie?«, schaltete Tina sich mit ins Gespräch ein. »Nein, nicht Saufen alleine, das kann ich schon, seid dem ich Fünfzehn bin. Saufen mit System und in jeder Situation das richtige System parat haben, macht den wahren Meister!« »Willst du damit sagen, du bist quasi der Yoda unter den Saufjedis?«, lachte Toni. »Stark die Macht in dir ist, junger Toni, doch wenn die imperiale Streitmacht mit ihren Cocktailzerstörern kommt, musst du bereit sein sie zu nutzen.« »Was redest du für 'nen Schwachsinn, Winnie, hast du eben zu heiß geduscht oder hast du dir heute 'nen Sonnenstich geholt?« »Ich spüre die dunkle Seite der Macht, Darth Nils erhebt

seine Stimme und sendet negative Schwingungen aus. Möge die Macht mit uns sein und uns gegen das Böse helfen.«
»Ich helf' dir gleich, dann ist Schluss mit lustig, dann sende ich dir keine Schwingung sondern 'nen Schwinger du Spinner.« Doch bevor mich die dunkle Macht angreifen konnte, kam der Kellner mit sieben Karten und somit blieb es lediglich bei der Warnung und einer leichten Erschütterung der Macht. Wir schauten uns die reichhaltige Auswahl an und entschieden uns für sieben unterschiedliche Cocktails, wobei wir darauf achteten, dass kein Testamento dabei war. Nach etwa einer halben Stunde schlängelten sich drei Kellner mit vollgepackten Tabletts in unsere Richtung, stellten 14 Cocktails in exotischen Trinkgefäßen auf den Tisch und gingen wieder. Auf Grund der ausgefallenen Namen und der unterschiedlichen, undurchsichtigen Gefäßen hatten wir keinen blassen Schimmer welcher Cocktail welcher war. In einem Anfall völliger Kreativität entwickelten wir ein neues Partyspiel mit Namen Cocktailmemorie. Nachdem das Spiel, welches sicherlich Marktpotential gehabt hätte, erfolgreich beendet war, standen sieben Cocktail Zwillingspaare auf dem Tisch. Anschließend sortierten wir nach Geschmack und versuchten heraus zu finden, um welchen Cocktail es sich handelte. Alle sieben waren durchaus ansprechend im Geschmack. Drei beinhalteten Sahne, wobei einer Pina Colada und ein zweiter einem Swimming Pool ähnelte. Der dritte schmeckte nach Karamell und man hatte das Gefühl einen halben Liter flüssiges Karamellbonbon mit Alkohol vor sich zu haben. Die Cocktails ohne Sahne waren sehr fruchtig, einer mit viel Banane, ein anderer mit

Mango und Maracuja, ein recht starker mit Orangen und Grapefruit und einer mit Ananas. Wie immer, hatten wir auch für diese Saufsituation die perfekte Strategie. Jeder von uns nahm sich einen anderen Cocktail, probierte einen Schluck und gab ihn im Uhrzeigersinn weiter. Dies wiederholten wir so lange, bis die Becher leer waren und jeder alle Cocktails mindestens einmal probiert hatte. Anschließend suchte sich jeder einen aus den sieben verbliebenen Extracocktails der Happy Hour aus. »Gut, ich nehm' den Pina Colada Verschnitt.«, entschied sich Toni. »Dann nehm' ich die Karamellbombe in dem Affenbecher, ich hab noch Hunger und ich glaube der hat mehr Nährwert, als 'ne Familienpizza.«, kam es von Struppi. »Du hast immer Hunger Struppi, ich würde mich dann um den Ananascocktail kümmern.«, bot sich Hanno an. Tinas Wahl fiel auf den Swimmingpool, während Conny sich zunächst beschwerte, dass er eigentlich einen Testamento wollte, entschied sich dann aber für den Bananen Cocktail. Nils nahm den mit Mango und Maracuja und für mich blieb natürlich wieder der stärkste übrig, der auch noch im hässlichsten aber dafür größten Becher serviert wurde. Ich fügte mich jedoch ohne Klagen in mein Schicksal, immerhin hatte ich das beste Preis Leistungs-Verhältnis, was den Alkohol anging.

Nachdem wir unsere Becher geleert und bezahlt hatten, ging es in Richtung "Bolero". Die Blumenketten ließen wir an, weil wir der Meinung waren, dass sie perfekt in das trashige Ambiente der Disco passen würden. Dass wir recht früh unterwegs waren, merkten wir daran, dass weder eine Schlange vor der Türe stand, noch jemand sich im Inneren

der Disco befand, mit Ausnahme der Barkeeper. Wir entschieden uns, kurz den Eintritt zu zahlen, uns unseren Freigetränke Bon sowie den obligatorischen Stempel zu holen und anschließend ein Getränk in einer der vielen umliegenden Bars zu nehmen. Unsere Wahl fiel auf eine kleine Bar auf der anderen Straßenseite. Die Bar war gut gefüllt und wir konnten von dort aus genau beobachten, wann sich das "Bolero" füllte. Der flinke Kellner brachte uns in Windeseile sieben große Biere und stellte eine große Schale mit Erdnüssen auf unseren Tisch. »Das ist ja mal ein Service, dass lass ich mir gefallen.«, sagte Struppi und nahm sich eine Hand voll Nüsse. Die anderen griffen ebenfalls zu und Toni fragte mich, ob ich nicht auch welche haben wollen würde, es wären bald keine mehr da. »Nein Danke, hau mir ab damit, wenn ich einmal damit anfange, dann kann ich nicht mehr aufhören, das ist wie eine innere Stimme, die mir sagt: Das ist ein Puzzle oder ein Bausatz und du brauchst unbedingt alle Teile!«
»Oh man Winnie, wann hast du endlich genug Kohle für die Therapie, die du so dringend brauchst?« »Das musst gerade du sagen Tina, darf ich dich kurz daran erinnern, dass du versucht hast eine Rohrzange und eine Nagelschere mit in ein Flugzeug zu nehmen, jeden Tag ewig mit deiner Perle telefonierst und 'ne Depression kriegst, wenn du ihren Ring verlierst.« Schon nahm Tinas Gesicht unter den Lachern aller eine rötliche Farbe an.
Mittlerweile hatte sich eine Schlange vor dem Eingang des "Boleros" gebildet und es schien eine gute Zeit, auszutrinken und zu bezahlen. Unter Blicken voller Neid, gingen wir

an der inzwischen recht ordentlichen Schlange vorbei, zeigten unsere Stempel und konnten ungehindert passieren. Auch drinnen war es in der Zwischenzeit voll geworden und da die meisten zunächst nicht auf die Tanzfläche, sondern in den Thekenbereich drängten, hatten die Barkeeper alle Hände voll zu tun, die durstigen Gäste zufrieden zu stellen.

Dann wurden wir Zeugen eines unfassbaren Schauspiels. Die Band betrat die Bühne und obwohl sie noch keine Note gespielt hatten und immer noch Discomusik aus der Konserve lief, strömten die Leute aus allen Richtungen auf die Tanzfläche, um sich einen guten Platz zu sichern. Struppi, der den Laden, die Kult Band und die etwas eigenwilligen Gepflogenheiten des Publikums noch nicht kannte, hatte sichtlich Fragezeichen in den Augen stehen. »Was geht denn hier ab, das ist ja wie die Wanderung der Lemminge, alles will auf die Tanzfläche?« »Warte ab Struppi, das wird noch besser, wenn die Band anfängt zu spielen.«, warnte ihn Nils vor. »Sind die denn echt so gut? Warum spielen die dann auf Malle?«, kam es ungläubig von Struppi. »Was soll ich sagen, so richtig gut ist die Band nicht aber sie erzeugen eine unglaubliche Partystimmung im Publikum. Mach dir einfach selbst ein Bild.«, schlug Toni vor. Im selben Moment spielten Geminis, wie die Band hieß, die ersten Töne von Sunday bloody Sunday und mit geschlossenen Augen hätte man an Hand der Publikumsreaktion auch denken können, U2 hätte begonnen zu spielen. Recht schnell wurde jedoch klar, dass die Publikumsreaktion auch das einzige war, was die beiden gemeinsam hatten, wobei

U2 diese Reaktionen sicherlich bei geringfügig größeren Konzerten erzeugten.

»Bin ich schon so voll oder singen die nicht den richtigen Text?« »Was soll ich sagen, Struppi, also im Grunde ja und ja, du bist voll und die singen falsch.«, lachte Nils. Kurz darauf machten wir uns alle auf, die Mitte der Tanzfläche zu erobern, was uns auch gelang. Nachdem wir etwa zwei Stunden gezappelt hatten, holten wir uns an der Theke unser Freigetränk. »Das ist ja echt krass, im Grunde ist jede Dorfband besser als die aber die Leute rasten völlig aus.«, staunte Struppi. »Stimmt, und wir gehörten auch dazu, klingt komisch, ist aber so!«, witzelte Hanno. »Das ist wohl richtig aber wisst ihr, was noch komisch ist? Ich hab Hunger und nicht zu knapp.« »Struppi, so komisch ist das gar nicht, erstens hast du immer Hunger und zweitens isst du nur Tütensuppen und Dosenfutter, während wir Buffet haben.«, stellte ich folgerichtig fest. »Okay, was haltet ihr von Burger King die zweite für diesen Urlaub, so 'nen kleinen Whopper könnte ich mir auch noch reinrollen.«, kam es von Conny. »Cool, es gibt hier 'nen Burger King, der noch auf hat, nix wie hin, dann hol ich mir gleich schon was für morgen mit.«, sagte Struppi und blickte uns ganz aufgeregt mit großen Augen an. In diesem Moment hatte er mehr Ähnlichkeit mit der Comicfigur, deren Namen zu seinem „nom de guerre" geworden war, als jemals zuvor. Da keiner von uns irgendwelche Einwände hatte, machten wir uns also um kurz vor Zwei auf den Weg zum Fastfood Laden, der sich nur wenige Meter die Straße entlang befand. Wie bei unserem ersten Besuch, glich der Laden auch diesmal wieder einer Kölner U-Bahn zur Rushhour, völlig überfüllt, furchtbar laut und jede Menge Müll auf dem Boden. Die bemitleidenswerten Angestellten rotierten hinter dem Tresen, während eine Meute mehr oder weniger angetrunkener, jugendlicher Partytouristen lautstark versuchte, so schnell wie möglich etwas zu essen zu bekommen. Da alle Tische belegt waren, entschieden wir uns dazu, draußen zu essen. Wir bestellten, ließen uns die Sachen jeweils in eine Papiertüte packen und setzten uns vor dem Futtertempel auf eine Mauer. Während Nils und ich unseren Burger aus der Tüte holten, fiel uns auf, dass Struppi mit zwei prall gefüllten Papiertüten aus dem Laden kam und sich zu uns setzte. »Da hat aber jemand mächtig Hunger, dass reicht ja für 'ne ganze Fußballmannschaft!«, meinte Toni. »Das Ganze muss ja auch für drei Tage reichen!«, entgegnete Struppi. »Wie jetzt, du willst morgen und übermorgen kalte Burger essen, die aus dem unhygienischsten Burger King der Welt kommen und nicht gekühlt werden?«, fragte Nils ungläubig. »Klar, das wird schon nicht so wild werden, die sind doch eh nie richtig heiß.«, entgegnete Struppi. »Oh man, das ist echt kein Wunder, dass du dir Magen Darm Probleme einhandelst!«, tadelte ich Struppi, der sich inzwischen über seinen ersten Burger hermachte. Dem ersten Whopper sollten noch zwei weitere folgen, bevor er die restlichen vier, zusammen mit einem Berg Servietten in einer Papiertüte verstaute und sie allen Ernstes für die nächsten Tage mitnahm. Wieder im Hotel, begann Struppi seine Sachen für den nächsten Morgen zusammen zu packen, weil er zeitig los musste, um eine

Fähre zu bekommen, die ihn ans Festland bringen sollte. Um vier Uhr hatte die Kramerei endlich ein Ende und wir bekamen unseren wohlverdienten Schönheitsschlaf, jedoch nicht ohne den permanenten Geruch von Struppis Burger Vorrat für die kommenden zwei Tage in der Nase.

Kormorane und Krebse auf Mallorca

Um kurz nach acht wurden wir von Struppis Wecker wachgeklingelt. Während wir noch mit der Lokalisation beschäftigt waren, auf welchem Planeten wir uns befanden, war Struppi bereits im Bad und wenige Minuten später stand er abmarschbereit mit seinem riesen Rucksack vor uns. Er bat uns noch, den anderen viele Grüße zu bestellen, weil er sie nicht wecken wolle, bedankte sich für die Gastfreundschaft und genauso plötzlich, wie er vor zwei Tagen am Strand aufgetaucht war, war er wieder verschwunden. Toni und ich entschieden, dass vier Stunden Schlaf auf keinen Fall ausreichten und legten uns wieder hin. Gegen elf Uhr wurden wir endgültig geweckt und zwar durch einem Anruf von Nils, der wissen wollte, ob wir zum Strand gehen. Da wir jede Minute mit dem energischen Klopfen der Zimmermädchen rechneten, packten wir unsere Strandsachen zusammen. Diesmal dachte ich auch an meine Luftmatratze, und los ging es in die Lobby, wo die anderen bereits auf uns warteten. Wir entschieden uns für das altbewährte Frühstück aus Pizzabrötchen mit Bier und steuerten folgerichtig den Supermarkt an. Schon von weitem sahen wir rechts neben dem Supermarkt einen älteren Mann mit einem kleinen Kind stehen. Beide starrten wie gebannt auf eine der typischen spanischen Mauern, die lediglich aus aufeinandergestapelten Steinen bestanden. Ich konnte mir schon denken, was die beiden da beobachteten, denn diese Mauern wurden gerne von Eidechsen bevölkert, die sich auf den aufgeheizten Steinen sonnten aber auch blitzschnell in den Fugen und Spalten verschwinden konnten. So weit so gut, als wir gerade den Supermarkt betreten wollten, traute ich jedoch meinen Ohren nicht. Der ältere Herr erklärte gerade seinem vermeintlichen Enkel, was sie da für ein Tier beobachten. »Wir müssen ganz leise sein, Peter, sonst sind die zwei sofort weg, Kormorane sind sehr scheue Tiere!« Hatte ich da wirklich richtig gehört, hat der alte Herr gerade Kormorane gesagt? Ich habe generell kein Problem damit, wenn Leute Sachen nicht wissen, aber wenn sie dann noch meinen, ihr Unwissen verbreiten zu müssen, am besten an Kinder, dann hab ich da sehr wohl ein Problem mit. Dies war wieder so ein typischer Fall, wo in meinem Kopf die rote Warnleuchte blinkte, auf der in großen Buchstaben "*Bildungsauftrag*" stand. Ich drückte Hanno meine Sachen in die Hand, bat ihn darum, mir zwei Brötchen und ein Bier mitzubringen und erklärte ihm kurz meine Mission. Während die anderen den Supermarkt betraten, ging ich zu den beiden Naturforschern. War ich mir bis zu dem Zeitpunkt noch etwas unsicher, ob ich mich nicht doch verhört hatte, drangen folgende Worte an mein Ohr: »Guck mal Opa, da kommt noch einer, das sind drei Kormorane.« Ich schritt langsam an die beiden heran und achtete darauf, die Echsen nicht zu verscheuchen. »Entschuldigen sie, ich habe zufälligerweise ihr Gespräch mitbekommen. Ich glaube sie verwechseln da etwas, bei den Tieren handelt es sich nicht um Kormorane. Kormorane sind schwarze Wasservögel aber vielleicht haben sie das mit Waranen verwechselt, das klingt ja so ähnlich. Diese Tiere sind jedoch auch keine Warane sondern Eidechsen, und wenn ich mir die bunte

Färbung ansehe, könnte es sich um die auf Mallorca recht seltene Pityusen Eidechse handeln.«, flüsterte ich den beiden zu. Der Alte schaute mich an, als hätte ich ihm einen Eimer kaltes Wasser ins Gesicht geschüttet. »Sind sie sich sicher, woher wollen sie das denn so genau wissen?«, fuhr er mich ein wenig pikiert an. »Naja, zum einen interessiere ich mich sehr für die Natur und kenne mich diesbezüglich auch recht gut aus, zum anderen studiere ich Biologie.«, entgegnete ich. »Wenn sie meinen, danke für die Information.«, kam es ziemlich unwirsch von dem Alten. Bis zu diesem Zeitpunkt hatte ich die Hoffnung meinen Bildungsauftrag erfolgreich erfüllt zu haben. Als ich mich jedoch wieder von den beiden in Richtung Supermarkt entfernte, musste ich hören, wie der Alte seinem Enkel folgendes sagte: »Peter, hör nicht auf den Mann, der hat keine Ahnung, wenn der Opa sagt, dass die Tiere Kormorane heißen, dann heißen die auch so!« Na herzlichen Glückwunsch, dachte ich da bei mir. Dieser alte Sturkopf wollte vor seinem Enkel nicht zugeben, dass er etwas Falsches gesagt hatte. Ich überlegte kurz, den Kampf gegen die geballte Sturheit anzunehmen und meine Mission fortzuführen, entschied mich dann aber doch dagegen. Gegen die Sturheit des Alten war einfach kein Kraut gewachsen. Ich hoffte nur, dass er dem Kleinen nicht noch mehr Unwahrheiten erzählte, weil der seinem Opa sicherlich alles glauben würde. Als ich kurz vor dem Supermarkt war, durchschritten die anderen gerade den Ausgang. Hanno gab mir meine Sachen. Bier und Brötchen waren von ihm in meinem Rucksack verstaut und er fragte mich, »Na, hast du den beiden was beibringen können?« »Hör bloß auf, der alte Sack ist auf dem besten Wege, 'nen Sozialhilfeempfänger heranzuzüchten. Ich kann nur hoffen, dass der Kleine nicht zu viel von seinem Opa lernen soll, sonst kann der später 'ne Blume von 'nem Baum nicht unterscheiden und Multiplikation ist für den 'ne Kinderkrankheit.« »Oh war es so schlimm?«, wollte Hanno daraufhin wissen. Ich erklärte ihm, was ich erleben durfte. »Es gibt schon dumme Leute!«, entgegnete er. »Oh ja, dass kannst du laut sagen, lass uns schnell zum Strand, ich brauche dringend ein Bier.« Nachdem wir die Brötchen und das erste Bier zwischen hatten, waren die Kormorane fast vergessen. Ich konnte es mir jedoch nicht verkneifen noch eine letzte Anmerkung zu bringen. »Vielleicht kann ich ja meine Diplomarbeit später über die auf Mallorca endemisch lebenden Mauer Kormorane schreiben, dann verlege ich das als Buch und werde berühmt, weil ich 'ne neue Art entdeckt habe.« »Super Idee Winnie und wenn du dann die dicke Kohle verdienst, lädst du uns alle nach Malle ein, um uns nochmal genau deine Forschungsobjekte zu zeigen.«, schlug Tina vor. »Meine neuesten Forschungen haben übrigens etwas äußerst beunruhigendes zu Tage gefördert.« »Wieso, was ist los, Winnie?«, wollte Hanno wissen. »Wir haben kein Bier mehr!« »Das ist in der Tat extrem besorgniserregend, dem muss umgehend entgegengewirkt werden!«, stimmte mir Toni zu. Ich kramte also mein Portemonnaie heraus und machte mich auf den Weg zum Supermarkt. Bevor ich den Laden betrat, schaute ich nochmal kurz um die Ecke, aber die beiden Kormoranbeobachter waren nicht mehr da. Ich ging in Richtung Kühlregal, da viel mir ein riesen Korb auf, mit enorm großen Wassermelonen. Ich wäre damals besser einfach daran vorbei gegangen, hätte das Bier gekauft und wäre zum Strand zurückgekehrt. Leider habe ich das nicht gemacht sondern entwickelte einen Plan für unser Abendprogramm. Ich fragte die nette Verkäuferin, ob es möglich wäre, dass sie uns eine große Melone zurücklegen könnte und uns vielleicht zwei Flaschen Wodka bis später in die Gefriertruhe legen würde. Sie bejate beides freundlich und ging sofort, den Wodka aus dem Regal zu holen und legte eine große Melone hinter die Theke in einen kleinen Kühlschrank. Ich holte derweil sechs große Flaschen Bier, bezahlte und verabschiedete mich mit einem freundlichen, »Bis später dann.« Wieder zurück am Strand, wurde ich von fünf durstigen Jungs empfangen, die mir das kalte Bier förmlich aus der Hand rissen. »Wir trinken einfach zu schnell, gleich muss wieder einer laufen.«, stellte ich fest. »Mein Arzt hat gesagt, ich soll mindestens drei Liter trinken am Tag.« »Er hat bestimmt kein Bier gemeint, Hanno.« »Er hat aber auch nicht explizit gesagt, dass es kein Bier sein darf.«, konterte er Nils Aussage.

»Okay Leute, wir haben doch für heute Abend noch Nix geplant gehabt, oder?«, stellte ich eine rhetorische Frage und erntete das erwartete Kopfschütteln. »Gut, ich hab da was für uns im Supermarkt arrangiert, da wartet eine große Melone hinter der Theke und zwei Flaschen Wodka im Gefrierfach auf uns.« »Willst du Wodka trinken und Melone essen oder wie, Melone kriegst du auch beim Abendessen.«, fragte Nils etwas verwundert. »Natürlich nicht du

Pappnase, wir machen eine Wodka Melone zum Vorfluten!« »Was ist denn eine Wodka Melone?« »Mensch Nils du Hinterwäldler, was kennst du eigentlich? Man schneidet die Melone vorsichtig oben auf, höhlt sie aus, kippt den Wodka und ein wenig Saft rein, isst einen Teil des Fruchtfleisches und packt den Rest wieder in die Melone. Schmeckt super und knallt gut!« Sah ich anfangs noch Zweifel in den Augen der anderen, überzeugte mein letzter Satz alle, und mein Arrangement mit der Supermarktverkäuferin wurde für gut befunden. Im Anschluss bliesen wir unsere Luftmatratzen auf, was sich nach unserem doch schon recht ordentlichen Bierkonsum als nicht so einfach herausstellte. »Ey Winnie, was ist das denn für ein Vorkriegsmodell, das du da mit hast?«, lästerte Conny über meine doch schon etwas in die Jahre gekommene Luftmatratze. »Läster nur, die hat 'ne Stoffoberfläche und nicht so ein Quietschegummi auf dem man nur ölt, außerdem hat sie ein separates Kopfteil.«, verteidigte ich das gute Stück. »Okay, wer kommt mit ein wenig Lumadümpeln?«, fragte Toni und kurz darauf trieben er, Nils, Tina und ich auf unseren vier Matratzen auf dem Mittelmeer, während Conny und Hanno neues Bier organisierten. »Sag mal, hat sich eigentlich irgendjemand von euch nochmal eingecremt, bevor wir uns hier auf dem Wasser in die pralle Sonne begeben haben?«, fragte Nils ein wenig besorgt. Wir anderen verneinten diese Frage, nahmen das ganze aber nicht so richtig ernst, was wir besser getan hätten. Nach etwa einer halben Stunde umher Dümpeln, machten wir uns wieder auf den Weg zum Strand, der doch etwas weiter war, als wir gedacht hatten, weil wir, auf Grund der Strömung, hinausgetrieben waren. Wir meisterten die Distanz aber ohne große Probleme und freuten uns auf ein kühles Bier. »Was ist denn hier los, gibt's in Australien nicht so 'ne Krebswanderung? Jetzt gibt's die auch auf Malle?«, lachte Conny, als wir an unseren Liegeplätzen ankamen. »Ach, so rot sind wir doch gar nicht.«, spielte ich die Sache etwas runter, legte mich jedoch vorsichtshalber unter einen der drei Sonnenschirme, die wir am ersten Tag für je fünf Mark an einer kleinen Bude erstanden hatten. »Hier, kühlt mal von innen!«, reichte uns Hanno die Tüte mit den Bierflaschen. »Leute wir müssen heute etwas früher ins Hotel, wir müssen die Melone aushöhlen.«, erinnerte ich die Jungs an unser Abendprogramm. Nach einer weiteren Runde Bier und einem Schläfchen am Strand, waren wir um fünf Uhr wieder auf unseren Zimmern und duschten. Während ich meinen doch recht stark geröteten und tatsächlich an einen Krebs erinnernden Rücken betrachtete, dachte ich nochmals an die mallorquinischen Kormorane und dass ich mir die Erinnerung daran mit Hilfe der Wodka Melone auslöschen würde. Das das jedoch keine meiner besseren Ideen war, sollte mir zu einem späteren Zeitpunkt klar werden.

Wodka Melone macht Kopfschmerzen

Während Toni, Hanno und ich die Melone, den Wodka, ein Paket Saft und einen Beutel Eis holten, organisierten die anderen eine Schüssel, ein Messer und einen großen Löffel. Wir nahmen den leeren Minimülleimer, setzten die riesen Melone hinein oder besser gesagt oben drauf und schnitten vorsichtig einen Deckel hinein. Anschließend fingen wir an das Fruchtfleisch auszuhöhlen. »Wir müssen die Kerne noch raus machen!« »Nils du alte Heulsuse, so ein paar Kerne werden dich nicht umbringen und notfalls spuckst du sie eben aus!« »Ne, ich will die raus haben, ich ess die ja beim Abendessen auch nicht mit!« »Oh man, kauf dir ein Bügeleisen und zieh dir 'nen Rock an du Sitzpinkler!« Doch völlig unbeeindruckt von Connys Stichelei, begann Nils damit, die Kerne mit akribischer Genauigkeit aus den Melone Stücken zu pulen und in den Aschenbecher zu legen. »Da müssen wir aber 'ne Menge Wodka rein schütten, der matscht mit seinen Fingern die ganze Melone durch.« »Na Conny, wer klingt denn jetzt wie ein Mädchen?« »Lasst gut sein, Jungs, wenn Nils unbedingt pulen will, soll er das machen. Ich persönlich werde dafür sorgen, dass genug Wodka zum Desinfizieren drin ist.«, sagte ich und war damit im Begriff den nächsten Fehler zu begehen oder besser gesagt, den ersten noch zu verschlimmern und nahm eine Flasche Wodka. Die Melone war mittlerweile ausgehöhlt und Nils durchforstete eine große Schüssel Fruchtfleisch nach Kernen. Ich kippte die ganze Flasche Wodka und das Paket

Saft in die Frucht und füllte nach und nach das von Nils sortierte, kernfreie Fruchtfleisch im Wechsel mit Eiswürfeln hinein. »Leute wir müssen etwas von dem Fruchtfleisch essen, das passt nicht alles rein!«, forderte ich die anderen auf. »Wie wäre es, wenn du mal was nützliches machst und uns schon mal 'nen Wodka Lemon mischst, während wir warten?«, forderte Nils Hanno auf, der so gleich die zweite Flasche Wodka öffnete und tat wie ihm geheißen war. »Wenn ich noch einen trinke, dann hab ich gleich Schlagseite, lasst mal einen Gang runter schalten, bis wir was gegessen haben.«, warnte Toni. »Guter Plan, ich hab auch schon leicht einen im Tee.«, pflichtete Tina ihm bei. Wir tranken also keinen zweiten Longdrink, sondern füllten die Melone bis zum Rand, setzten den Deckel drauf und gingen zum Essen. Etwa eine Stunde später, hatten wir eine gute Grundlage geschaffen. »So, jetzt müsste die Melone gut durchgezogen und gekühlt sein.«, sagte ich, als wir wieder aufs Zimmer kamen. »Dann mach mal sechs Gläser voll!«, forderte Toni mich auf und in diesem Augenblick merkte ich, dass wir bei aller Planung etwas grundlegendes vergessen hatten und zwar eine Schöpfkelle. »Verdammt, wie kriegen wir denn jetzt das Zeug aus der Melone in die Gläser, ohne hier 'ne riesen Sauerei zu veranstalten?«, fragte ich in die Runde. »Wir können doch einfach einen unserer Plastikbecher zum Rausschöpfen benutzen.«, schlug Tina vor. Gesagt getan, ich nahm mir einen unserer Becher, die noch von der Hinreise übrig waren und begann unsere Gläser zu füllen. Leider war das, was sich in der Theorie so leicht anhörte, eine ziemliche Schweinerei.

»Leute, das Zeug klebt wie Hulle und wie soll das ganze erst werden, wenn wir einen im Tee haben und leichte Koordinationsprobleme?« »Stell dich nicht so an Winnie, wir müssen hier nicht sauber machen.«, stellte Conny unbekümmert fest. Nach den ersten beiden Bechern bemerkte Hanno, dass man kaum etwas von dem Wodka schmeckte. Bevor ich ihm erklären konnte, dass das normal und überaus gefährlich bei Wodka Melone ist und man daher etwas aufpassen muss, hatte er bereits den Rest der anderen Flasche Wodka hineingeschüttet und mit dem Löffel umgerührt. »So jetzt schmeckt man wenigstens, dass da was drinne ist.«, stellte Hanno völlig überzeugt fest und war sichtlich stolz auf das Ergebnis seiner Arbeit. Er hatte nicht zu viel versprochen, als wir das nächste Glas tranken, merkten wir sehr deutlich, dass sich inzwischen mehr Wodka als Saft und Melone in unserer Wodka Melone befand. »Wie wär es mit 'ner Runde Mäxchen oder Tuppen?« »Tuppen kannst du vergessen Toni, die Karten sind sofort verklebt aber Mäxchen fänd' ich gut.«, sagte Nils und holte die Würfel. Nach etwa einer Stunde Mäxchen, war die Melone leer und wir alle sehr gut dabei. »Sollen wir langsam mal los und wo geht's überhaupt hin?«, wollte Tina wissen. »Heute können wir nochmal ins „Xiroi", ich find's da irgendwie am besten oder was meint ihr?« Da keiner etwas Gegenteiliges sagte, war der Vorschlag von Nils beschlossene Sache und wir machten uns auf den Weg ins „Xiroi", aber nicht ohne noch einmal das riesen Sauereichaos zu bewundern, was wir auf dem Balkon angerichtet hatten und die Putzfrauen im weiser Voraussicht zu bedauern. Da es noch relativ früh war, beschlossen wir auf dem Weg zum „Xiroi" noch einen kurzen Zwischenstopp in der „Malibubar" einzulegen. Wodka Melone scheint als Nebeneffekt zu bewirken, dass man die eigene Fähigkeit, Alkohol zu vertragen, gnadenlos überschätzt und daher bestellten wir jeder einen der gehaltvollen Red Bull Wodka. Nachdem ich also ein weiteres 0.2l Glas Wodka und eine Dose Red Bull in meinen Verdauungstrakt geschüttet hatte, standen endgültig alle meine Kabel auf Starkstrom. »Okay Männer, dann mal los ins „Xiroi", wir haben noch etwa 15 min, um unser Freigetränk zu bekommen.«, trieb uns Nils an. »Nicht das wir jetzt unbedingt sofort noch ein Getränk bräuchten.«, stellte Tina völlig richtig fest. Trotzdem gingen wir die 100m zum Eingang des „Xiroi"s, zahlten den Eintritt, holten uns einen Stempel und natürlich einen Freigetränkebon. Wir betraten die bereits erstaunlich gut gefüllte Disco und schauten uns an, was sich bereits alles auf der Tanzfläche tummelte. »Ui, schaut mal da vorne der Mädelstrupp, da sind aber ein paar Sahneschnittchen dabei!« »Nicht nur Sahneschnittchen Hanno, ich seh' auch das ein oder andere Filetstückchen.«, fügte ich hinzu. »Aber leider auch zwei Grillteller oder besser Königsberger Klopse.«, stellte Conny fest. »Och, das find ich aber auch beides lecker!« »Hanno, in diesem Falle sicherlich nicht, so viel kannst du gar nicht trinken!« »Da hat Conny ausnahmsweise mal Recht.«, pflichtete Toni ihm bei. »Leute, was redet ihr da für ein Quatsch vom Essen?« Ich fiel fast vom Glauben ab, das jemand in dieser Situation unsere Metaphern nicht verstand, auch wenn wir gut alkoholisiert waren. »Oh man Tina, das ist doch wohl nicht dein

Ernst, das schreit ja mal wieder nach 'nem Bildungsauftrag. Dann pass mal auf, du kannst die Mädels in folgende Kategorien unterteilen. Ganz oben sind die Sahneschnittchen, das sind die Mädels, die sofort auffallen, wenn sie den Raum betreten. Sie sehen phänomenal aus und jeder Typ wird dich beneiden, wenn du so eine an deiner Seite hast. Leider wissen diese Mädels meistens auch, dass sie extrem gut aussehen und sind ziemlich arrogant, völlig von sich überzeugt, gestört und daher nahezu immer beziehungsunfähig. Dann hast du die Filetstückchen, die sehen nicht ganz so umwerfend aus und fallen entsprechend nicht sofort auf. Meistens bemerkt man erst nach dem ersten oder zweiten Gespräch oder auf den zweiten Blick, wie interessant sie sind, aber im Grunde sind sie das Beste, was du kriegen kannst, weil sie meistens kopfmäßig okay und selten eingebildet sind. Keiner ist großartig neidisch aber sie sind gute Partnerinnen. Naja und ganz unten in der Nahrungskette sind halt die Grillteller, da muss man dann schon richtig Lust drauf haben und Klopse, wo man sehr ausgehungert sein muss. Diese Klassifizierung gilt natürlich umgekehrt auch für Jungs. Jetzt weißt du Bescheid Tina.« »Okay, vielen Dank für die Unterrichtsstunde Winnie, aber was ist mit den Mädels, die du niemals anpacken würdest und mit denen, die gut aussehen und toll sind?« »Die Mädels, die du unter keinen Umständen anfassen würdest sind dann eben die Leber und Nieren Pizza oder der Häggis unter den Frauen, aus Appetitlichkeitsgründen hatte ich die weggelassen. Bei den Frauen, die super aussehen und auch noch mega toll sind, handelt es sich um einen Mythos fürchte ich. Solltest du doch mal eine finden, hast du den Jackpot geknackt und dir ein so genanntes Sahnefiletstückchen geangelt.« »Dann ist Sandy also ein Sahnefiletstückchen!«, sagte Tina völlig überzeugt und bewegte sich in Richtung der Toiletten. »Hab ich das gerade richtig gehört, meint der das ernst? Dann muss ich auch mal auf Klo kotzen gehen!« »Ach Conny, lass ihn, ich glaube der ist so verknallt, der ist gerade wie in seiner eigenen Märchenwelt, in der er wie ein lispelndes Einhorn auf rosa Wolken durch die Gegend springt!« »Winnie was redest du für ein Scheiß, der hat einfach den Schuss nicht gehört. Wie blind und taub muss man sein, um zu sehen, dass die alte nur mittelmäßig aussieht und 'nen Vollschuss hat?«, warf Hanno in seiner gewohnt charmanten Art ein. Lachend machten wir uns auf den Weg in Richtung Tanzfläche und versuchten mit der Mädelstruppe in Kontakt zu kommen, was ja für uns Sahnefiletstückchen kein Problem darstellen sollte. Recht schnell merkten wir, dass es sich bei ihnen um Engländerinnen handelte und irgendwie schaffte Hanno es mit einer von ihnen ins Gespräch zu kommen. Offensichtlich wirkte der Wodka bei ihm stimulierend auf sein Sprachzentrum, ganz im Gegensatz zu mir. Eine Weile später standen wir mit vier der Mädels an der Bar und tranken alle zusammen unser Freigetränk. Es stellte sich heraus, dass unsere neuen Bekanntschaften mindestens genauso voll waren, wie wir. Leider beging Conny diesmal einen schwerwiegenden Fehler. Er bestellte noch eine Runde Wodka Lemon für alle. Die Folgen zeigten sich keine 20 Minuten später. Eine der Engländerinnen bekam plötzlich einen fahlen Gesichtsausdruck und rannte in Richtung Toilette. Zwei ihrer Freundinnen folgten ihr kichernd und ich verstand nur ein paar Worte die wie „hangover", „terrible" und „disgusting" klangen. Zurück blieb lediglich die Blondine, die bereits zu Beginn mit Hanno geredet hatte. Kurze Zeit später kamen die drei zurück, wobei Connys Wodka Lemon Opfer von den anderen beiden flankiert und leicht gestützt wurde. Sie verabschiedeten sich kurzerhand und erklärten, dass sie ihre Freundin ins Hotel bringen würden. Ihre Freundinnen, die auf der Tanzfläche geblieben waren, kamen ebenfalls dazu und entschlossen sich, ihre Kolleginnen ins Hotel zu begleiten. Als sich der Tross in Bewegung setzte fragte Hannos Bekanntschaft ihn plötzlich, ob er sie nicht auch noch ein Stück begleiten wollen würde. Das ließ er sich natürlich nicht zweimal sagen und schon standen wir nur noch zu fünft im „Xiroi". »Okay Jungs, wir machen jetzt was völlig verrücktes und springen in den Pool, der da vorne in der Disco ist.« Und wieder schlug die Gehirn manipulierende Wodka Melone gnadenlos zu, denn alle fanden den Vorschlag von Conny gut. Wir gingen in den hinteren Bereich der Disco, in dem sich zu Dekozwecken ein kleiner Pool befand und zogen uns bis auf die Shorts aus. Anschließend sprangen wir nacheinander hinein, wobei ich Dank den geschätzten zwei Promille in meinem Blut den Kardinalfehler beging, niemals in ein unbekanntes Gewässer mit einem Kopfsprung hinein zu springen. Dies sollte dann aber auch der letzte Fehler an diesem Tag sein, den ich beging. Zwar waren die anderen bereits vor mir hinein gesprungen doch war der Pool genau an der Stelle, an der ich hinein springen wollte etwas flacher. Ich sprang hinein und sah im selben Augenblick nur noch Sterne. Ich hatte Glück im Unglück, weil meine Arme den gröbsten Schwung abfederten. Dennoch merkte ich, als ich wieder auftauchte, dass ich aus irgendeiner Wunde massiv blutete. Ich kletterte aus dem Pool und presste mir mein Shirt aufs Gesicht. Die anderen bemerkten schnell, dass etwas passiert war und kamen zu mir. Ich erklärte kurz den Unfall und nahm das Shirt vom Gesicht. »Du hast eine kleine Platzwunde an der Nasenwurzel, scheint nicht schlimm zu sein aber die blutet ziemlich stark.«, beruhigte Toni mich ein wenig. Ich zog mir meine Hose sowie die Schuhe an und machte mich auf den Weg ins Hotel, wobei ich weiterhin das Shirt aufs Gesicht presste. Ich bekam davon zwar nichts mit, aber laut Aussagen der anderen, müssen mich alle noch verbliebenen Gäste ziemlich erschrocken angesehen haben. Gott sei Dank waren jedoch zu der schon recht fortgeschrittenen Stunde kaum noch Leute unterwegs. Die anderen begleiteten mich ins Hotel und wir gingen zunächst alle zusammen ins Zimmer von Conny und Hanno, der anscheinend noch mit seiner Engländerin unterwegs war. Während Conny uns noch einen Absacker mischte, wusch ich mir im Bad mein Gesicht und betrachtete mir den Schaden im Spiegel. Es war eine etwas mehr als einen Zentimeter lange Wunde, die quer über die Nasenwurzel lief und immer noch leicht blutete. Ich tupfte mir die Wunde mit einem Handtuch ab und klebte ein Pflaster darauf, was mir Toni zuvor gegeben hatte. Nach dem Absacker gingen Toni und ich rüber auf unser Zimmer und ich legte mich ins Bett mit der absoluten

Gewissheit am nächsten Morgen mit einem tierischen Brummschädel aufzuwachen, was normalerweise so gar nicht meine Art war. Memo an mich selbst „wenn ich das nächste Mal Wodka Melone trinke, zieh ich einen Helm an".

Knall und Fall

Das Orakel in mir hatte sich nicht geirrt, ich wurde mit einem irrsinnigen Brummen im Schädel wach und zwar geweckt durch lautes Klopfen an der Zimmertüre. Es waren jedoch nicht, wie zunächst vermutet, die Putzfrauen, sondern Hanno, der von Toni hereingelassen wurde. »Mensch Winnie, was hast du denn gemacht?«, dröhnte Hannos Stimme in meinem Kopf. »Was denkst du denn, hab den Pool mal 'nem kleinen Belastungstest unterzogen und ich könnte schwören, die eine Kachel hat 'nen Riss.« »Ist nur die Frage, wer von euch beiden den größeren Riss hat? Das der Pool heute auch mit Kopfschmerzen aufgewacht ist, bezweifle ich auch.« »Hanno, dumme Sprüche sind heute 'ne ganze schlechte Idee, ich fühl' mich wie vom Elch geknutscht.« »Dann weißt du jetzt endlich mal, wie es uns immer geht, wenn wir 'nen Kater haben, du kriegst ja sowas nicht. Das ist dann mal 'ne ganz neue Erfahrung für dich.« »Toni, das mit den dummen Sprüchen gilt auch für dich!« Ich hievte mich vorsichtig aus dem Bett und schlich ins Bad, um mir den Schaden in nüchternem Zustand zu betrachten. Ich löste vorsichtig das Pflaster und wusch die verkrusteten Blutreste mit lauwarmem Wasser ab. Es blieb eine kleine Risswunde zurück, die sich erstaunlich gut geschlossen hatte sowie ein leicht bläulicher Fleck auf der rechten Stirnseite, der aber, dank der bereits vorhandenen Bräune, nur bei genauer Betrachtung wirklich auffiel. Als ich wieder aus dem Bad kam, waren auch Nils, Conny und Tina, mit gepackten Strandklamotten, in unserem Zimmer. »Hey Winnie, wie geht's dir? Sieht ja gar nicht mehr so wild aus. Gestern mit dem ganzen Blut war das echt übel.«, stellte Tina fest. »Jepp, als ich nach Hause kam und die blutigen Handtücher im Bad gesehen habe, hab ich erst mal gedacht jemand hätte 'ne üble Schlägerei gehabt, bis Conny mir erzählt hatte, was passiert war.«, berichtete Hanno. »Apropos, wie war's denn gestern bei dir mit der Engländerin und wann warst du zurück?«, lenkte ich das Thema ein wenig von mir ab. »Och das war ganz nett, ich hab ein wenig was für die Völkerverständigung getan.«, grinste Hanno. »Wie, warst du mit auf ihrem Zimmer?«, bohrte Conny nach Details. »Nein, die haben ein Appartement zu viert und die anderen waren ja auch da, wegen dem göbelnden Spritfass, deswegen sind wir noch ein wenig über den Strand spaziert. Mehr Details gibt's jetzt aber nicht, ein Gentleman schweigt und genießt.« »Hahaha, das sag ich auch immer, wenn nix gelaufen ist.«, lachte Conny. »Du musst es ja wissen, ich kann nur sagen, wir hatten auf jeden Fall Spaß.« »Seht ihr euch denn dann noch mal wieder?«, fragte Toni. »Keine Ahnung, heute wollen die 'ne Partytour zum Ballermann machen und Übermorgen fahren die wieder zurück auf die Insel, also die BSE Insel. Mal sehen ob man sich da noch sieht.« Inzwischen hatte auch ich meine Sachen gepackt und stellte genervt fest, dass die Platzwunde exakt an der Stelle war, an der meine Sonnenbrille saß. Wir machten uns auf den Weg zum Strand, aber nicht, ohne auf dem Weg an unserem Supermarkt halt zu machen. Toni kaufte sich für umgerechnet fünf Mark eine Luftmatratze, jeder holte sich zwei Pizza

Brötchen und Conny ging in Richtung Kühlregal. »Hey Conny, ich nehm' ausnahmsweise erst mal eine Fanta Naranja und erst später ein Bier!« »Was ist denn mit dir los Winnie, so kennt man dich ja gar nicht.« »Man Conny ich hab tierische Kopfschmerzen und jetzt komm mir nicht mit 'nem Konterbier, das ist nicht vom Saufen okay? Ich nehm' also eine Fanta!« »Jaja schon gut, der Mann der nie 'nen Kater kriegt auch wenn er 'nen Putzeimer säuft, hat seinen Meister in einem harmlosen Swimmingpool gefunden.« »Hatte ich nicht heute schon mehr als einmal erwähnt, dass dumme Sprüche eine ganz schlechte Idee sind, außer man ist Gefahrensucher?« »Oh ich glaube wir nerven den Kleinen nicht weiter, zumindest nicht in den nächsten 20 Minuten.«, stichelte Toni, während ich nur meine Augen verdrehte und in mein Pizza Brötchen biss. Kurze Zeit später waren wir am Strand angekommen, da ich meine beiden Brötchen bereits aufgegessen hatte, warf ich einfach meine Luftmatratze in den Sand, breitete mein Handtuch darauf aus, legte mich hin und schloss die Augen. Kurz darauf hörte ich, wie etwas neben mir in den Sand geworfen wurde und ich dachte mir, dass Toni den Sonnenschirm neben mich geschmissen hatte. Ich lag mit meiner Vermutung völlig richtig, was sich im selben Moment dadurch bestätigte, dass Toni eine erneute Nervattacke gegen meinen geschundenen Kopf startete. »Hey Winnie, stell mal den Schirm auf, dann hast du auch etwas Schatten.« »Toni ich will gerade einfach nur meine Ruhe haben, kannst du den Schirm nicht selber aufstellen?« »Nein ich muss jetzt erst mal meine Matratze aufpusten also stell du doch den

Schirm auf, das wirst du wohl hinkriegen, oder?« »Oh man jetzt nerv mich nicht mit deinem scheiß Schirm, dann stell ihn halt auf, wenn du mit deiner Matratze fertig bist.« Aber Toni hörte nicht auf, meine Nerven zu strapazieren. »Jetzt komm schon Winnie, du musst einfach nur den Stab in den Sand rammen und dann ist es schon geschafft, ich setz' mein vollstes Vertrauen in deine Fähigkeiten, schacka du schaffst das!«, sagte Toni lachend. Allerdings lachte er nicht besonders lange. Da mein ohnehin in dieser Situation extrem dünner Geduldsfaden bereits den ganzen Morgen immer wieder belastet wurde, war es nur eine Frage der Zeit, wann er riss und dieser Zeitpunkt war genau in diesem Moment gekommen. Ohne meine Augen zu öffnen griff ich nach rechts, packte den Stab des Sonnenschirms und langte nach dem einen Ende, um zu sehen, welches das spitze ist. Ich schlug kurz nach rechts, um sicher zu gehen, dass dort niemand lag und rammte dann den Stab mit voller Wucht in den Sand, dass mein Kopf nur so dröhnte. »Da hast du deinen drecks Schirm, das obere Teil reinstecken wirst du wohl selber schaffen und jetzt lass mich pennen!« Ich dachte, ich hätte jetzt endlich Ruhe aber leider hatte ich da mal wieder falsch gedacht. »Ähh, du Winnie, kannst du vielleicht kurz mal schauen, wo genau du gerade den Schirm aufgestellt hast?« »Oh man Toni, langsam reicht 's! Es ist doch wohl völlig egal, wo der Schirm steht und jetzt pack dein Handtuch auf die Matratze, leg dich drauf, spann den Schirm auf und halt die Fresse!« »Der Plan ist nicht schlecht aber hat einen Haken, du hast den Schirm genau in meinem Handtuch aufgestellt du Arsch!« Ich drehte meinen

Kopf nach rechts und öffnete die Augen. Da stand der Stiel des Schirmes kerzengerade in Mitten von Tonis Strandlaken. Ich hatte es mit geschlossenen Augen sauber durchgepierct. »Da siehst du mal, was du davon hast, wenn du mir die ganze Zeit auf die Nerven gehst, sei froh, dass deine Matratze nicht da gelegen hat oder sogar du selber sonst hättest du jetzt ein überdimensionales Bauchnabelpiercing.« Die anderen konnten sich mittlerweile kaum noch halten vor Lachen. Toni zog den Stiel heraus, nahm sein Handtuch und steckte den Finger durch das Loch in der Mitte. »Es war ein Geburtstagsgeschenk, wie soll ich meiner Freundin denn bitte dieses Loch erklären?« »Alter, das wird wohl leichter sein, als Tinas Erklärung wegen dem verlorenen Ring!« »Vielen Dank Hanno, dass du mich wieder dran erinnerst du Arsch, ich hatte gerade mal nicht dran gedacht!«, beschwerte sich Tina. »Ist doch ganz einfach, du sagst, du hast ganz harmlos am Strand auf dem Bauch gelegen, dann kam 'ne Gruppe Models oben ohne vorbei und zack, war das Loch da.« Nach diesem durchaus schlüssigen aber für Toni wohl eher nutzlosen Vorschlag, musste selbst ich heftig lachen, was mir mein Kopf allerdings umgehend übel nahm. Nachdem Toni noch etwas über sein durchlöchertes Handtuch lamentierte und den Schirm aufgespannt hatte, kehrte endlich Ruhe ein. Ich rückte meine Matratze so, dass der Kopfteil im Schatten lag, legte mich darauf und schloss die Augen. Es dauerte nicht besonders lange, da führte das Hintergrundstrandgemurmel dazu, dass ich einschlief. Wie lang genau ich im Land der Träume war, kann ich nicht sagen. Als ich gerade in einem schönen Traum wandelte, musste ich auf höchst unangenehme Weise ein physikalisches Phänomen kennenlernen. Ich spreche von der Tatsache, dass sich Luft ausdehnt, wenn sie warm wird. Ich wurde durch einen lauten Knall geweckt und in einer Millisekunde sackte mein Kopf abwärts. Ich schreckte hoch, mein Schädel hämmerte wie wahnsinnig und alle starrten mich an. Mit alle meine ich tatsächlich alle, nicht nur die fünf Jungs sondern alle in der näheren Umgebung. Ich brauchte ein paar Sekunden, bis ich begriffen hatte, was da gerade passiert war. Die Sonne war gewandert und das Kopfteil meiner Matratze war nicht länger im Schatten. Die Luft darin hatte sich aufgeheizt und die alte, bereits etwas poröse Matratze hatte dem Druck nachgegeben, wodurch das Kopfteil geplatzt war. »So eine verdammte Scheiße, schlimm genug, dass sowas passiert, aber muss das ausgerechnet dann sein, wenn mir eh bereits der Kopf explodiert?« »Das ist die Strafe für mein Handtuch.«, spottete Toni. »Schon klar, das mit dem Handtuch warst du selber schuld, weil du mir pausenlos auf den Sack gegangen bist, außerdem war das ein Unfall.« »Wie sieht 's aus Winnie, bist du jetzt bereit für ein Bier?«, wollte Nils wissen. »Ach was soll 's, schlimmer können die Kopfschmerzen auch nicht mehr werden, also bring mir ein Bier mit und am besten auch 'ne Luftmatratze, ich geb' dir später die fünf Mark, okay?« »Na also, Winnie is back!«, lachte Nils und machte sich schnell auf den Weg zum Supermarkt, bevor ich meine Aussage noch hätte revidieren können. Kurze Zeit später saß ich auf dem Rest meiner alten Luftmatratze, hatte ein kaltes Bier in der Hand und blies eine neue Matratze auf. Danach wummerte es zwar wieder heftig in meinem Kopf, aber erstaunlicher Weise ging es nach dem kalten Bier besser, so dass ich mich dazu entschloss, noch ein weiteres zu trinken. Nach dem zweiten Bier legte ich mich ein weiteres Mal hin und diesmal achtete ich darauf, dass die Matratze eine Weile im Schatten bleiben würde. Ein gepflegtes Nickerchen später waren die Kopfschmerzen fast vollständig abgeklungen und in mir regten sich wieder die Lebensgeister. »Was liegt eigentlich heute Abend an? Ich bin für alles zu haben, nur keine Wodka Melone, die macht Kopfschmerzen.« »Die Engländerin hat mir gestern etwas erzählt von einer Bar, die „Cocos" heißt, da soll es den ganzen Abend immer Zwei für Eins geben, vielleicht probieren wir die mal aus.« »Ich hoffe, du hast sie gestern noch richtig verstanden Casanova, wo soll die Bar denn sein?«, wollte Toni wissen, doch bevor Hanno antworten konnte gab Tina die gewünschte Information. »Die Bar ist etwas weiter die Hauptstraße runter, wir wollten da letztes Jahr schon mal hin, haben es aber nicht geschafft.« »Dann steht also die Abendplanung, erst Vorfluten auf dem Balkon und dann in dieses „Cocos", wobei wir gar nicht so heftig fluten müssen, wenn da die ganze Zeit Happy Hour ist.«, fasste Nils treffend zusammen. Da es inzwischen schon recht spät war, packten wir unsere Sachen, ich entsorgte die kaputte Matratze und wir gingen ins Hotel. Dort angekommen machten wir uns fürs Abendessen fertig, wobei ich die Gunst der Stunde nutzte und noch eine halbe Stunde an der Matratze horchte, während Toni im Bad war. Gegen sieben ging es dann zum Essen. Mein Körper bekam zum zweiten

Mal an diesem Tag antialkoholische Getränke, was er mir dadurch dankte, dass meine Kopfschmerzen völlig verschwunden waren und auch nicht wiederkehren sollten. »Hey Winnie, echt krass, man sieht deinen Cut über der Nase kaum noch, ist nur noch ein roter Strich, da wird auch keine Narbe bleiben!«, stellte Tina fest. »Na sowas, dabei machen Narben doch Sexy und Männlich, das könntest du doch gut brauchen, oder?« »Also ehrlich Conny, noch männlicher und noch mehr Sexappeal geht nicht, schau mich an ich bin geballte Erotik!« »Ich lach mir 'nen Ast, du bist vielleicht geballt aber weit weg von erotisch!«, lachte Toni. »Vorsicht du Naturpulli, nicht frech werden.« »Streitet ihr euch nur, der einzige, der hier männlich und sexy ist, bin ich!« Toni und ich schauten beide erst Nils an, dann uns, und wir fingen beide laut an zu lachen. Tina und Hanno fielen mit ins Gelächter ein, bevor Conny dem Ganzen die Krone aufsetzte mit dem Spruch: »Was ist denn an 'ner Nase die sprechen kann sexy?« Nils, der tatsächlich eine recht große Nase sein eigen nannte, war kurz ein wenig pikiert, bevor er natürlich den Spruch bringen musste: »Ihr wisst doch, an der Nase eines Mannes erkennt man seinen Johannes!« »Okay du Anakonda Dompteur, kommst du mit zum Buffet, bevor die Sache hier noch eskaliert?«, wollte Hanno wissen. Wir gingen daraufhin alle in Richtung Nahrungsquelle und kehrten mit üppig beladenen Tellern zurück. Nach einer gründlichen Nahrungsaufnahme ging es zurück aufs Zimmer zum Vorfluten. Meine Physiklehrstunde an diesem Tag hatte ich ja bereits, nun war Chemie an der Reihe und zwar das Mischen von Lösungen.

Zwei für eins macht dein's und mein's

Da wir den ganzen Abend Happy Hour vor uns hatten, fiel das Vorfluten an diesem Abend etwas gesitteter aus. Vielleicht waren wir auch auf Grund der Erlebnisse vom Vorabend etwas vorsichtiger als sonst. Wir spielten Mäxchen, tranken eine Flasche Wodka und hatten anschließend nur ein ganz leichtes Gefühl von Angetrunken, was jedoch in keinem Vergleich zu unserem sonstigen abendlichen Pegel stand.
»Krass Leute, wir haben nicht mal zehn Uhr, so früh waren wir sonst nur unterwegs, um die Happy Hour in der Cocktailbar mitzukriegen.«, teilte Toni uns auf unserem Weg mit. »Stimmt aber heute wollen wir ja auch zu 'ner Happy Hour, auch wenn die halt den ganzen Abend dauert.«, kam es von Hanno. Kurze Zeit später standen wir unter Tinas Führung vor der Bar und mir wurde ganz flau im Magen. Auf der Leuchtreklame stand in großen Buchstaben **"*Cocos Pool Bar*"** und noch bevor wir eintraten sah ich den großen, zentral gelegenen Swimmingpool. »Leute, egal was auch immer passiert, egal was auch immer ich sage, falls ich irgendwie auf die Idee kommen sollte, in diesen Gott verdammten Pool zu springen, dann haltet mich auf!« »Ach quatsch, dieser Pool ist bestimmt tiefer und die Kacheln sehen auch viel weicher aus.«, grinste Conny. »Ich warne euch, wenn ich morgen nasse Klamotten habe, dann werd' ich echt mächtig sauer sein.« »Mach dir keine Sorgen Winnie, schau mal die Schilder da vorne, man darf nicht in den Pool und ich denke die Aufpasser, die hier rum laufen wer-

den das schon zu verhindern wissen, wenn du Anstalten machst da rein zu hüpfen.«, beruhigte mich Nils. Diesmal bekamen wir keinen Gutschein für ein Freigetränk, aber wir bezahlten ja auch keinen Eintritt. Wir schauten uns erst mal in dem Laden um, wobei ich stets ausreichenden Sicherheitsabstand zum Pool einhielt. Die Bar war sehr schön angelegt. Der größte Teil war unter freiem Himmel, wo sich auch der Pool befand. Die Theke war im Innern sowie ein weiterer kleinerer Bereich mit Tischen. Die aktuelle Musik erklang überall aber es war keine wirkliche Disco sondern eher eine Mischung aus Bar, Lounge und Disco. »Jungs ich hab 'ne lustige Idee.«, sprudelte es aus Conny heraus. »Wir kriegen hier ja immer zwei Getränke für den Preis von einem, dann gehen immer drei Leute was zu trinken holen und teilen mit den andern, so hat jeder ein Glas und damit es lustiger wird, müssen es immer drei unterschiedliche Sachen sein.« Offensichtlich war unsere Vorsicht verflogen und wich einem jugendlichen Leichtsinn, denn wir alle fanden den Vorschlag äußerst amüsant. Nils, Conny und Tina machten sich als erste auf den Weg zur Theke und überraschten uns mit drei unterschiedlichen Drinks. Nils hatte einen Bacardi Cola, Conny einen Wodka Lemon und Tina einen Whisky Cola. »Na die einfallsreichsten Drinks sind das ja nicht gerade.«, lachte ich und griff nach dem Wodka Lemon. Toni griff sich den Whiskey Cola und Hanno war mit dem Bacardi Cola glücklich. »Echt 'ne coole Idee, das mit den Getränken, gleich sind wir dran.«, sagte Hanno und leerte sein Glas in kräftigen Zügen. »Da hat entweder jemand mächtig Durst oder etwas vor.«, witzelte

Conny. Wir schauten uns ein wenig um und sahen zwei nette Mädels, die alleine an einem Stehtisch standen. »Mhhmmmmm, die sehen aber lecker aus.« »Aufpassen Hanno, tritt dir nicht auf die Zunge, wenn du gleich Getränke holen gehst.« »Haha, schon klar Tina, nur weil du momentan keinen Blick mehr für Mädels hast. Apropos Getränke, seid ihr bereit für die nächste Runde?« Da alle ihre Gläser leer oder zumindest nahezu ausgetrunken hatten, gingen diesmal Hanno, Toni und ich in Richtung Getränkequelle. »Hey Leute, wir nehmen jetzt aber keine null acht fuffzehn Getränke, klaro?«, gab Toni das Kommando. »Einverstanden, jetzt werden die Drei mal richtig überrascht.«, feixte Hanno. Kurz darauf standen wir wieder bei den anderen und Toni trug zwei Wodka Ananas, Hanno zwei Likör 43 mit Milch und ich zwei Malibu Orangensaft. Auch die zweite Runde fand schnell passende Abnehmer. Nils nahm den Wodka, Conny den Malibu und Tina den Likör 43. »Die beiden Zuckerschnuten sitzen ja immer noch da.« »Hanno, du warst doch gestern noch mit der kleinen Engländerin unterwegs!« »Na und Tina, Männer wie uns kann man doch nicht an eine Frau ketten. Ach doch, dich ja schon, ich vergaß.« »Hallo, ich bin hier nicht der einzige, der 'ne Freundin hat und nicht jedem Rock hinterher starrt!« »Du schaust nicht nur nicht jedem Rock hinterher, du nimmst andere Frauen gar nicht wahr, du kennst nur noch Sandy! Die anderen gucken wenigstens mal und haben noch Antennen für Mädels.« »Komm Hanno, lass gut sein, sonst kriegst du nachher von Tina noch 'nen Magenbitter gebracht oder 'ne andere Schweinerei.«, hielt ich Hanno ein wenig zurück. Leicht angefressen ging Tina wieder zum Barkeeper, weil wir erneut ziemlich schnell und voller Wagemut unsere Getränke hinunter gekippt hatten. Nils und Conny folgten ihm und kurz darauf standen sie wieder bei uns und hatten die gleichen Getränke, wie bei der ersten Runde, nur dass diesmal Conny den Bacardi, Nils den Whisky und Tina den Wodka hatte. Getreu dem Motto, öfter mal was neues, mischten wir ebenfalls durch und damit war klar, dass wir jedes unserer Getränke dreimal bestellen würden, damit jeder auch alles einmal getrunken hatte. Ich denke zwar nicht, dass im „Cocos" originale Spirituosen verwendet wurden aber zumindest geizten sie nicht mit der Menge und auch die Wirkung stand den Originalen um nichts nach. Die Preise waren ebenfalls akzeptabel mit umgerechnet knapp vier Mark für zwei 0.2l Longdrinks. Nachdem wir bei den ersten Drinks ein Kamikaze mäßiges Tempo vorgelegt hatten, schalteten wir ab Getränk Nummer vier einen Gang zurück. »Mir ist das jetzt zu blöd, die zwei Mädels sitzen immer noch alleine da, ich geh da jetzt mal hin und quatsch die an, ihr könnt ja schon mal die nächste Runde holen.« Während also Nils, Conny und Tina erneut den Weg zur Theke antraten, schlenderte Hanno zum Tisch der beiden Mädels. »Na jetzt bin ich mal gespannt, was unsere Aufreißer da zu Stande bringt.« »Und ich erst Toni, das kannst du mal glauben.« Offensichtlich hatte Hanno jedoch keinen besonders großen Erfolg, denn er kehrte mit ziemlich betretener Miene nach wenigen Augenblicken zu uns zurück. Die neue Getränkerunde traf zeitgleich ein und Hanno schnappte sich den Wodka, der ihm in seiner Sammlung noch fehlte. »Also Casanova, jetzt erzähl mal, wie es gelaufen ist, warst ja schnell wieder hier.« »Ach hör bloß auf Conny, ich hab sowas von 'nem Korb bekommen. Hätte der liebe Gott mich nicht als Schildkröte auf die Welt kommen lassen?« »Wie kommst du denn da drauf?«, fragte Tina mit großen Augen. »Na dann würde mein Leben daraus bestehen, dumm in der Gegend umher zu glotzen, meine Eier im Sand zu verbuddeln, Blätter zu kauen und das Ganze mit einer Geschwindigkeit, die langsamer nicht sein kann. Ich wäre ein ruhiges und ausgeglichenes Lebewesen, das sicher keinen Korb von einer Schildkrötendame bekommen würde.« »Du hast echt 'nen Schuss du Biogenie, erstens verbuddeln nur Schildkröten Weibchen Eier, zweitens hindert dich niemand daran mit deinen Eiern dasselbe zu tun und drittens hättest du auch als Schildkröte 'nen Korb bekommen. Schau mal da rüber!«, gab ich Hanno einen Tipp. Er befolgte ihn und sah, dass gerade zwei Jungs zu den Mädels an den Tisch kamen, die sofort sehr herzlich und fast schon überschwänglich begrüßt wurden. »Na super, die hätten mir auch sagen können, dass die bereits verabredet sind und nicht einfach so tun, als hätte ich Beulenpest.« »Jetzt hör auf zu schmollen und beweg' deinen Panzer in Richtung Tresen, wir sind dran Getränke zu holen.«, befahl ich in einem lachenden Ton, bevor ich mich selbst in Richtung Theke aufmachte. Inzwischen zeigten die Getränke erste Wirkung und wir hatten alle bereits leicht einen im Tee, als wir mit der sechsten Runde wieder bei den anderen standen. »So, jetzt sind wir einmal rund und was fandet ihr jetzt am leckersten?«, wollte Nils wissen. Erstaunlicher Weise waren sich nahezu alle einig, denn alle fanden aus der ersten Runde den Bacardi Cola am besten, dicht gefolgt vom Wodka Lemon und das Schlusslicht bildete der Whisky. Aus der zweiten Runde setzten alle den Likör 43 mit Milch auf Platz Nummer drei und nur bei den ersten beiden gab es leichte Unstimmigkeiten. Nils, Hanno und ich fanden den Malibu besser, während die anderen drei den Wodka Ananas favorisierten. »Na dann lasst doch nochmal 'ne Runde Bacardi Cola holen, den fanden doch alle gut.« Der Vorschlag von Toni wurde sogleich in die Tat umgesetzt und im Handumdrehen standen wir mit einem neuen Getränk gefährlich nah am Pool. An diesem Abend blieb mir jedoch ein Zusammentreffen mit dem nassen Element erspart, was jedoch nicht für alle Gäste zutraf.

Der verlorene Sohn

Eine Gruppe Jungs, die augenscheinlich eine ganze Menge Drinks zu viel hatten, kamen in die Bar und der Lautstärkepegel erhöhte sich merklich. Man hätte darauf Wetten abschließen können, wer von der Truppe als erstes im Pool landet und genau das taten wir auch. »Man sind die voll, ich bin sicher, dass einer von denen gleich im Pool liegt.«, gab Nils den Stein des Anstoßes. »Okay, ich glaube es wird den kleinen mit dem grünen Shirt treffen.« »Keine schlechte Wahl Conny, ich glaube eher, der dürre mit den roten Haaren, der ist so voll, der kann kaum noch steh'n.« »Verdammt Toni, das wäre auch mein Tipp gewesen. Dann nehm' ich den dicken mit dem blauen Hemd, vielleicht stolpert der über seine eigenen Füße.«, gab ich mein Voting ab. Damit blieben für Nils, Hanno und Tina noch fünf Jungs zur Auswahl. Nils entschied sich für einen ziemlich betrunkenen, noch sehr jung aussehenden in einem orangen Poloshirt. Hanno setzte seine Hoffnung in einen pickelgesichtigen Hemdträger mit Brille, der Flip Flops trug und last but not least tippte Tina auf einen Typ mit ungepflegten langen dunklen Haaren und Zottelbart. Wir vereinbarten, dass derjenige von uns, der Recht behielt, von jedem der fünf übrigen in diesem Urlaub noch zu einem Getränk eingeladen werden sollte. Falls niemand Recht hätte oder keiner im Pool landete, würde einfach nichts passieren. Von da an verlief der Abend für unsere Verhältnisse eher ungewöhnlich. Zwar tranken wir ein Glas nach dem anderen, was weniger ungewöhnlich war, aber dabei achteten wir mehr auf die Jungs, als auf irgendwelche Mädels. Wir waren inzwischen bei 12 Drinks pro Person, die natürlich wundervoll durcheinander getrunken worden waren und unsere Zungen bereits etwas schwerer werden ließen. Die Jungs schienen derweil vollends abgefüllt und es waren bereits zwei Gläser zu Bruch gegangen. Poolbekanntschaft hatte jedoch zu unserem Leidwesen noch keiner gemacht, als der Bärtige und das Pickelgesicht Arm in Arm singend und torkelnd von der Toilette kamen. Als sie auf Höhe des Pools waren, kamen sie ins Straucheln und der Langhaarige stolperte über seine eigenen Füße. Er fiel der Länge nach hin, doch sein Kumpel konnte ihn gerade so weit vom Pool weg ziehen, dass er nicht in, sondern neben dem Pool zu Boden ging und lediglich eine Hand von ihm das Wasser berührte. »Yeah, ich hab gewonnen!«, jubelte Tina so laut, dass uns die umstehenden etwas verwundert ansahen. »Von wegen, das war nur die Hand, die ein paar Tropfen abbekommen hat, das zählt nicht du Spinner!«, holte ihn Conny wieder auf den Boden zurück. »Wenn dieses Kraterface ihm nicht geholfen hätte, wäre er voll rein geflogen.« »Das ist egal Tina, er ist nicht im Pool gelandet und nur das zählt.« Tina schaute ein wenig fragend in die Runde aber wir anderen stimmten natürlich mit Conny überein. Inzwischen tat sich jedoch etwas, was unser kleines Tippspiel entscheiden sollte. Zwei der Aufpasser vom „Cocos", war ebenfalls aufgefallen, wie knapp das Ganze war und sie entschieden, dass die Jungs genug getrunken hätten. Sie gingen zu der Gruppe und soweit wir das aus der Entfernung beurteilen konnten, baten sie die

Truppe freundlich aber bestimmt, das „Cocos" zu verlassen. Wie es aber häufig der Fall ist, waren auch hier die mehr oder weniger stark angetrunkenen völlig anderer Meinung, wie viel sie noch vertragen könnten, und wozu sie in der Lage wären. Entsprechend kam es zu einem immer größer werdenden Wortgefecht zwischen den beiden Aufpassern und den acht Jungs, was so weit ging, dass sogar wir das ein oder andere Schimpfwort laut und deutlich verstehen konnten. Irgendwann kamen zwei weitere Mitarbeiter des „Cocos" hinzu und griffen sich den vermeintlichen Rädelsführer, um ihn aus dem „Cocos" zu entfernen, in der Hoffnung, dass die anderen ihm dann folgen würden. Leider war dieser Junge nicht nur der, der am wenigsten betrunken schien, sondern auch der, der mit Abstand am kräftigsten aussah, und er hatte ganz offensichtlich eine Menge dagegen, sich von vier Sicherheitsleuten, unsanft aus einer Bar befördern zu lassen. Er wehrte sich mit aller Kraft und es gelang ihm auch sich loszureißen. Bei dieser Aktion schlingerte er drei Schritte nach hinten, rutschte aus und fiel unter einem lauten Platschen rücklings in den Pool. Die Aufpasser standen genauso konsterniert da, wie seine sieben Freunde und die umstehenden Gäste. Nach und nach brachen in allen Bereichen der Disco-Bar größere und kleinere Gelächter sowie Diskussionen auf, während sich der unfreiwillige Badegast mit Hilfe einer seiner Kumpels aus dem Pool hievte. Ohne große, weitere Wortgefechte aber unter lautem Schimpfen begleiteten die sieben ihren triefenden Kumpel aus dem „Cocos" und vermutlich zum Trocknen ins Hotel. »Scheiße, dann hat jetzt wohl keiner gewonnen!«, stellte Hanno folgerichtig fest. »Völlig richtig, wir müssen also alle weiter gleichermaßen Runden geben und keiner hat ein Freilos!«, fasste ich zusammen. »Im Grunde können wir auch gleich die Biege machen, oder? Voll genug sind wir langsam!« »Wir haben erst kurz nach eins Toni, so früh sind wir noch nie ins Hotel.«, empörte sich Hanno ein wenig. »Stimmt, dann lasst uns einfach unterwegs im „Chocolate" oder in 'ner anderen Bar noch ein Getränk nehmen.«, schlug Nils vor. »Gute Idee und wenn wir unterwegs bei Burger King vorbei kommen, nehm' ich noch 'nen Whopper auf die Faust.« »Conny, du kannst doch nicht schon wieder Hunger haben?«, staunte Tina. »Klar kann ich, ich hab immer Hunger und wenn ich gesoffen habe eh.« Wir tranken also unser Getränk aus und gingen mit leichter Schlagseite aus dem Club auf die Hauptstraße. Kurze Zeit später passierten wir den erneut völlig überfüllten Burger King, in den Conny freudestrahlend hinein sprang. Erstaunlich schnell kehrte er mit einem Burger zurück und wir fragten, wie er das geschafft hätte, worauf er uns erklärte, dass die alle auf Whopper warten würden, die aber noch dauerten. Er hatte daraufhin einfach einen von den großen Burgern bestellt, die bereits fertig waren und war deswegen so schnell wieder draußen. Ob er überhaupt wusste, was er da bestellt und anschließend in Windeseile verdrückt hatte, darauf würde ich jedoch nicht wetten. Pünktlich, als Conny mit seinem Nachtmahl fertig war, kamen wir an einer kleinen, unscheinbaren Bar vorbei, die außerordentlich voll war und auf den ersten Blick einen erfreulich hohen weiblichen Anteil unter den Gästen zu haben schien. Wir erspähten einen freien Stehtisch und zögerten nicht lange. Kurz darauf verriet uns eine Tafel an der Wand, warum so viele Frauen in dem Lokal waren, sie bekamen nämlich an diesem Abend Getränke zum halben Preis. »Jetzt müsste man hier nur ein Mädel kennen, was uns die Getränke bestellt, dann zahlen wir auch nur die Hälfte. Vielleicht können wir ja mal eine ganz nett fragen?« »Nils du alter Sparfuchs, bis du ein Mädel so weit hast, sind wir alle dehydriert!« »Wenn du meinst Winnie, dann musst du wohl was zu trinken holen!«, animierte mich Nils. »Okay, was wollt ihr denn? Wie wäre es zur Abwechslung mal mit 'nem Bier, das hatten wir heute Abend noch nicht, dann haben wir endgültig alles durcheinander getrunken.«, grinste ich. Da alle mit meinem Vorschlag einverstanden waren, stand ich etwa zehn Minuten später mit sechs Halbliterkrügen kaltem Estrella an unserem Stehtisch. »Ui das zischt aber, das ist genau das richtige nach 'nem Burger und den süßen Drinks.« Während wir unser Bier tranken, sahen wir uns nach allen Richtungen in der Bar um, was sich denn noch Nettes zu so später Stunde dort herumtrieb. »Schaut mal da hinten, die vier an dem Tisch, ich glaube zwei davon sehen gar nicht so schlecht aus.« »Wenn du Recht hast Toni, dann wäre das 'ne 50% Quote, das ist verdammt gut.«, stellte Nils fest. »Leute ich glaub ich muss ins Bett, ich kann die Mädels gar nicht mehr richtig sehen, so hab ich einen im Kahn.« »Na ist doch super Hanno, wo man nix Sehen kann ist bekanntlich Fühlen erlaubt.« »Man Nils, wenn ich da jetzt blind fühlen geh', dann such ich mir erstens garantiert eine von denen aus, die nicht gut aussehen und zweitens hab ich meinen Korb für heute bereits bekommen.« »Kommt Leute ich glaube Hanno hat Recht. Wir haben jetzt bereits nach zwei Uhr, bis wir im Hotel sind wird es kurz vor drei sein und wir trinken seit acht Uhr alles durcheinander. Ich denke es schadet uns nicht, wenn wir in Richtung Hotel aufbrechen.« Auch wenn niemand es so richtig zugeben wollte, voll und/oder müde zu sein, waren doch alle einverstanden nach Tinas Worten. Zumindest fast alle, denn plötzlich kam von Nils ein Veto. »Wisst ihr was, ich bin noch nicht müde, ich werd mal mein Glück bei den Mädels versuchen, ein wenig Quatschen und vielleicht bestellen die mir ja ein Bier. Ich komm dann nach ins Hotel.« »Bist du sicher, du kannst auch schon nicht mehr richtig geradeaus gucken, ich glaube nicht, dass das 'ne gute Idee ist, willst du nicht lieber mitkommen?« »Och nööö Toni, lass mich mal hier ich bin schon groß und find den Weg nach Hause.« Wir tranken also aus und machten uns auf den Weg ins Hotel, während Nils mit schiefem Grinsen auf die Mädels zu torkelte. »Das kann ja heiter werden, der holt sich jetzt noch 'nen größeren Korb ab, als ich eben.« »Das denk ich auch Hanno, der hat uns sicher schon völlig gefrustet eingeholt, bevor wir am Hotel sind.«

Wie zuvor richtig angenommen, lagen wir alle um kurz vor drei Uhr in der Früh im Bett, wo wir jedoch völlig falsch lagen, war mit der Annahme, dass Nils uns schnell folgen würde. Er kam nicht ins Hotel und wie wir am nächsten Morgen erfuhren, sollte das die ganze Nacht so bleiben. Es war also wieder ein Abend mit einem Pool und wieder ein Abend mit einem sehr überraschenden Ende.

Die Rückkehr des verlorenen Sohnes

Unsere Nacht fand ein jähes Ende, als es orkanartig an unserer Zimmertüre klopfte. Völlig verschlafen öffnete ich und schaute in das von Panik gezeichnete Gesicht von Nils. »Hey, du bist ja früh wach, warum klingelst du nicht durch, und wieso zum Teufel hast du noch die Klamotten von gestern an?« »Ich glaub ich hab Mist gebaut aber ich weiß es nicht genau.«, sprach Nils mit leicht zittriger Stimme, während er mit den nervösen Augen eines Perlziesels umherblickte. »Was ist denn passiert, beruhig dich erstmal und komm rein.« »Was ist denn los, Winnie?«, meldete sich Toni, der inzwischen mitbekommen hatte, das etwas nicht stimmte. »Nils ist da und er sieht aus, als wäre er noch nicht im Bett gewesen, zumindest nicht in seinem.«, klärte ich Toni auf. Nils, der inzwischen eingetreten war, setzte sich auf mein Bett und vergrub das Gesicht in seinen Händen. »Jetzt erzähl mal, was ist denn passiert?«, fragte ich das Häuflein Elend auf meinem Bett. »Ich weiß es doch nicht genau. Ich bin zu den Mädels und hab sie angesprochen. Die fanden mich wohl nett, jedenfalls haben sie mir bei jeder Runde ein Getränk mitgebracht und irgendwann weiß ich nicht mehr was passiert ist. Dann bin ich wach geworden in einem Doppelbett, rechts und links von mir lag eins der Mädels und ich hatte nur eine Shorts an. Ich hab mir dann leise meine Sachen geschnappt, bin aus dem Zimmer, hab mich auf dem Flur angezogen und bin irgendwie ins Hotel. Tina scheint fest zu pennen, weil der lässt mich nicht rein, da bin ich zu euch.« »Moment mal, lass mich das Ganze noch mal kurz rekapitulieren. Du hast besoffen die Mädels angequatscht, hattest auch noch Erfolg dabei, bist mit in deren Hotel und jetzt kommt der Knaller, du hattest 'nen Dreier mit zwei von denen und kannst dich nicht dran erinnern?«, sagte ich halb ernst und halb lachend. »Zumindest sieht es so aus aber ich weiß halt nix mehr.«, kam es extrem leidend zurück. »Unglaublich, wenn Hanno und Conny das erfahren, werden die dich erstmal auslachen und dann ohrfeigen, weil du Depp dich an nix mehr erinnern kannst.«, lachte Toni. »Man Leute, das ist nicht witzig, ich bin glücklich leiert, was soll ich denn Emily sagen?« »Oh je, jetzt haben wir schon zwei mit einem dunklen Geheimnis, der Herr der Ringe und das Dreirad.« »Leute ich find das nicht witzig, was soll ich denn machen?« »Wir rufen jetzt erstmal Tina an, dann hängst du das „Bitte nicht stören" Schild an die Tür, legst du dich ins Bett und pennst 'ne Runde. Wir anderen gehen zum Strand und später, wenn du wieder nüchtern und etwas runtergekommen bist, reden wir alle zusammen mal drüber.« Nils schien nicht glücklich mit meinem Vorschlag zu sein aber da ihm keine bessere Alternative einfiel, willigte er ein. Ich rief Tina an, der nach dem gefühlten 20sten Klingeln abhob. Ich erzählte ihm die Kurzform der Geschichte, wobei ihm zu diesem Zeitpunkt erst auffiel, dass Nils nicht in seinem Zimmer war. Kurz darauf standen wir mit gepackten Strandsachen vor Nils und Tinas Zimmertür. Tina öffnete, kam mit gepackten Sachen heraus, Nils ging mit hängenden Schultern hinein, hängte das Schild an die Türe und schloss sie. Nun war es an der Zeit Conny und

Hanno zu wecken und ihnen die neuste Titelstory unserer MTC Zeitung zu berichten. Wir klopften bei den beiden, aber es dauerte eine gefühlte Ewigkeit, bis uns geöffnet wurde. Conny ging es trotz des Burgers, den er noch gegessen hatte, alles andere als blendend. »Oh man, mein Kopf fühlt sich an, als hätte ich ein Nudelholz drüber bekommen!« »Ich würde eher sagen, als wärst du in 'nen zu flachen Pool gesprungen, jetzt weißt du, wie ich mich gestern gefühlt habe.« »Hast du etwa wieder nix?« »Natürlich nicht, du weißt doch, dass ich normalerweise keine Nachwirkungen am nächsten Morgen habe, zumindest keine wirklich schlimmen.« »Du glücklicher, ich werf' erst mal 'ne Aspirin ein, dann nachher was essen, dann sollte auch wieder alles im Lot sein.« »Das Konterbier nicht vergessen, aber jetzt pack mal deine Sachen, es gibt interessante Neuigkeiten. Wie geht's denn Hanno?.« »Dem geht's wegen dem Durcheinandersaufen glaube ich ziemlich scheiße, aber wo ist denn Nils?« »Das erzählen wir euch gleich, jetzt sehen wir erstmal nach Hanno.«, gab Toni den Marschbefehl. Hanno schien einen ganz schlechten Tag erwischt zu haben, denn sein Zustand war desaströs. Während wir alle fertig waren und uns unterhielten, lag er noch im Bett und gab in regelmäßigen Abständen leidende Geräusche von sich. »Hey Hanno, was ist los, hast du dir 'nen schönen Kater eingehandelt?«, wollte ich wissen. »Ob ich einen Kater habe du Depp? Nein ich habe keinen Kater, ich habe einen ausgewachsenen Säbelzahntigerpapa mit verdammt beschissener Laune!« »Willst du 'ne Aspirin?«, bot Toni an. »Nein, ich will einfach noch was schlafen oder besser, 'ne

Aspirin und dann noch was schlafen.« Nach einer Aspirin, einer halben Flasche Wasser und etwas Überredungskunst, rollte sich Hanno doch aus dem Bett und kam mit uns zum Strand. Auf dem Weg entschieden wir uns zu einem „Malibubar" Frühstück. An der Bestellung erkannte man eindeutig, wie vielen Leuten es gut ging und wie viele noch mit Nachwirkungen der alkoholischen Art zu kämpfen hatten. Nach einer kurzen Zeit, standen drei Bier und zwei Fanta auf dem Tisch. Hinzu gesellten sich fünfmal Hamburger mit Pommes und nachdem diese ihren Weg in unsere Verdauungssysteme gefunden hatten, waren auch die zwei leicht Lädierten wieder soweit auf der Höhe, dass wir fünf Bier bestellen konnten. Während unseres ausgiebigen Frühstücks, brachten wir Conny und Hanno auf den neusten Stand der Dinge in Bezug auf Nils. Zwischenzeitlich hatte man das Gefühl, sie hätten ihr Essen völlig vergessen, so gebannt hörten sie zu. Als wir zu Ende erzählt hatten, brachen wir alle gemeinsam in Gelächter aus. »Männer das ist jetzt aber nicht nett, Nils war echt am Ende wegen der Geschichte und wir lachen uns kaputt darüber.« »Jetzt mach hier mal nicht den Moralischen, Toni, er ist selber schuld, er wollte ja nicht mit ins Hotel kommen.«, stellte Hanno korrekterweise fest. »Leute wir haben jetzt nicht mal zwölf Uhr und wir haben schon gegessen, das ist für uns fast 'ne Rekordzeit.« »Du hast völlig Recht Winnie, nur Nils liegt noch in Essig, mal sehen, wann der hier aufläuft.«, spottete Conny. Wir wollten gerade bezahlen, als plötzlich eine kleine Blondine an unseren Tisch herantrat und uns ansprach. »Hey Jungs, eine kleine Frage, ward ihr nicht gestern Nacht im Moskitos zusammen mit Nils?« Wir haben in diesem Moment sicher ein sehr belustigendes Bild abgegeben, weil fünf Jungs völlig Rat- und Sprachlos wie die Ölgötzen am Tisch saßen. Toni fing sich als erstes wieder und antwortete: »Wir haben einen Kumpel, der Nils heißt und wir waren gestern zusammen mit ihm in einer Bar, wo Frauen die Getränke günstiger bekommen haben, warum?« »Ja dann seid ihr die richtigen, ich wollte nur mal hören, wie es Nils geht, er war heute Morgen einfach weg.« Wir schauten uns an und waren uns nicht ganz sicher, was wir sagen sollten. »Nils geht es soweit ganz gut, er ist nur ein wenig verstört, weil er sich nicht mehr an alles erinnern kann.«, sagte ich vorsichtig. »Ja das kann ich mir vorstellen«, lachte die Blondine. »Der war gestern am Ende so betrunken, dass er uns nicht mal sagen konnte, in welchem Hotel er wohnt. Damit ihm nix passiert haben wir ihn mit zu uns genommen und ihn bei uns ins Bett gepackt. Tja und heute Morgen war er weg.« »Du meinst ihr habt ihn nur mitgenommen, ihm die Klamotten ausgezogen und er ist total besoffen in eurem Bett eingepennt, ohne dass irgendetwas anderes passiert ist?«, fragte Conny neugierig. »Neeee da ist nix passiert, um Gottes Willen und die Klamotten hat er sich selber unter riesen Anstrengungen ausgezogen. Wir haben uns alle fünf nett unterhalten aber das war alles. Er wäre eh viel zu voll gewesen, das da irgendwas hätte passieren können.«, lachte sie. »Wie geil ist das denn und er macht sich 'nen Kopf, wie er seiner Freundin einen Dreier beichten soll.« Das Mädel schaute Hanno nach dieser Aussage etwas irritiert an. Dann erklärten wir ihr den

Sachverhalt. Wir sagten ihr auch, dass wir Nils gerne noch ein wenig damit aufziehen würden und fragten sie, ob sie mitspielen würde, wenn Nils später zum Strand käme. Sie musste aber leider passen, weil sie mit den anderen Mädels zum Shoppen verabredet war und nicht wüsste ob man sich nochmal sehen würde. Sie bat uns aber, Nils einen lieben Gruß zu bestellen, drehte sich um und wollte sich auf den Weg machen. »Hey, von wem sollen wir denn den Gruß ausrichten, wir kennen ja nicht mal deinen Namen.« »Ich heiße Isabelle«, kam es lachend zurück. »Na mal sehen, ob er sich noch an den Namen erinnert.« »Das ist eine gute Frage, Toni. Ich glaube das wird noch lustig.«, lachte Conny hämisch. Anschließend machten wir uns auf, unseren angestammten Platz am hinteren Ende der Son Moll Bucht einzunehmen.

Footballspieler

Wir schlugen unser Lager auf, stellten Sonnenschirme in den Sand und entschlossen uns, zunächst zu einer Abkühlung im Meer. »Leute, wir haben was vergessen! Wir haben nicht ein Bier mitgenommen!«, empörte sich Hanno, dem es anscheinend wieder richtig gut ging. »Okay, Hanno hat völlig Recht, ich geh rüber zur „Malibubar" und hol uns mal zehn kleine Kopfgranaten, kommt jemand mit, Tragen helfen?« »Klar, Winnie bin dabei, wollte eh aus dem Wasser gehen.« Ich holte mein Geld und machte mich mit Tina zusammen auf den Weg zur Bar. »Hey Tina, lass doch unten am Wasser vorbei gehen, mal sehen, was sich sonst so alles ansehnliches im Sand räkelt, den Ausblick vom Weg kennen wir ja bereits.« Tina fand den Vorschlag gar nicht schlecht und wir schlugen den Weg unten am Meer vorbei ein. »Hey Winnie, mal ehrlich, glaubst du das auch, was Hanno gestern gesagt hat?« »Was meinst du, Hanno sagt 'ne Menge, wenn der Tag lang und das Glas voll ist.« »Ich meine, dass ich wegen Sandy keine Antennen mehr für andere Frauen habe.« »Naja, du musst schon zugeben, dass du extrem fixiert auf sie bist, und sie im Grunde alles mit dir machen kann, was sie will. Du machst dir fast in die Hose wegen dem scheiß Ring und bist nicht mal in der Lage, ein wenig zu flirten, ohne die Mädels sofort zu vergraulen, indem du ihnen von deiner Freundin erzählst. Ich habe den ganzen Urlaub nicht einmal erlebt, dass du von dir aus mal einem Mädel nachgeschaut hast oder uns eine gezeigt hast, die du toll findest.« »Das ist mir so gar nicht aufgefallen, es stimmt schon, dass ich momentan kein großes Interesse an anderen habe, aber ich glaube nicht, dass Sandy mit mir machen kann, was sie will, und mir andere Mädels ansehen tu ich schon, finde ich.« »Okay, dann denk mal an euren Abschied auf dem Flughafen, war das normal? Deine paranoide Angst, was wegen dem verlorenen Ring passieren könnte, ist das vielleicht normal? Zu guter Letzt, denk an die netten Mädels, die uns ich glaube am zweiten Abend im „Xiroi" angemacht haben, die du in Null Komma Nix verjagtest, weil du Sandy zur Sprache gebracht hast.« »Ich möchte nix mit 'nem anderen Mädels klar machen, aber ich will auch nicht so krass sein.« »Gut, pass auf Tina, die anderen, die in 'ner Beziehung sind, wollen sicher auch keine Mädels klar machen aber Gucken, Flirten und Baggern ist ja kein Fremdgehen und jetzt schau 'n wir mal, ob wir nicht einfach so mit ein paar Mädels ins Gespräch kommen.« »Klingt ganz witzig aber ich weiß nicht, ob ich das so gut kann.« »Okay, wenn du dich dann besser fühlst, sagen wir einfach nicht unsere wirklichen Namen und erzählen denen auch sonst nur Quatsch, dann ist es vielleicht einfacher für dich.« »Was willst du denen denn erzählen?« »Nichts leichter als das, du bist Marc und ich bin Daniel, also Danny und wir beide sind Football Spieler bei den Cologne Crocodiles.« Da wir zu dieser Zeit regelmäßig Spiele von Düsseldorf Rheinfire in der NFL Europe besuchten, hatte ich ein halbwegs passables Grundwissen, was Football anging, was mir jetzt zu Gute kommen sollte. »Gut äh Danny, welche Positionen spielen wir denn? Ach ja, du solltest auch wissen, dass ich nicht so richtig viel Ahnung von Football habe.« »Dann klär ich dich mal über das Nötigste auf Marc. Bei deiner Figur würde Wide Receiver zu dir passen, damit ist deine Aufgabe schnell zu rennen in der Offense, Pässe vom Quarterback zu fangen und einen Touchdown zu machen. Zu mir mit meinen 100 Kilo würde eher eine Position in der Defense passen, ich glaube ich bin Linebacker. Alles weitere improvisieren wir, ich denke die meisten haben eh überhaupt keine Ahnung von dem, was wir reden werden.« »Lustig, klingt wie eine Art Rollenspiel.« »Nur dass die wichtigsten Protagonisten in dem Spiel noch fehlen und zwar die Mädels, denen wir den ganzen Schrott verzapfen.«, grinste ich. Hier kam uns der Zufall zu Hilfe, denn die fehlenden Protagonisten kamen quasi von alleine zu uns, ohne dass wir sonderlich viel dazu tun mussten. Einige Meter entfernt spielten zwei Mädels Beachball, hatten jedoch nicht sonderlich viel Talent für dieses Spiel, da sie mehr damit beschäftigt waren, den Ball aus dem Sand aufzuheben, als ihn hin und her zu spielen. Es war eine große, sehr schlanke Blondine mit einer Kurzhaarfrisur und eine etwas kräftigere Brünette mit langen Haaren und Pferdeschwanz. Ob beabsichtigt oder nicht, werden wir wohl nie erfahren aber in dem Moment, wo wir an den beiden vorbei gingen, schlug die Brünette den Ball so schief, dass Tina bzw. Marc ihn genau vor die Brust bekam und er reagierte wider erwartend gut. »Aua, hey, war das ein Attentat oder 'ne Anmache?« »Da bin ich mir noch nicht so ganz sicher.«, antwortete die Brünette mit einem Lächeln. Das hatte ja prima geklappt, das Eis war gebrochen und so kamen wir mit den beiden ins Gespräch. Sie erzählten uns, dass sie aus Berlin kamen und 21 Jahre alt waren. Außerdem erfuhren wir ihre Namen, die Blondine hieß Silke und die Brünette Dunja. Natürlich hörten die Mädels von uns auch einiges. Wir spulten das volle Programm ab und die zwei glaubten uns jedes Wort, jeder Hollywood Regisseur wäre stolz auf uns gewesen. Es schien ihnen zu gefallen, dass wir zwei so einen leicht martialischen Sport betrieben, wobei meine kleine Poolwunde und der leichte blaue Fleck unserer Story zusätzliche Glaubwürdigkeit verliehen. Nach einer guten halben Stunde Unterhaltung, verabredeten wir uns für abends im „Xiroi" und erklärten, dass vier durstige Kumpels auf uns warten würden. Mit diesen Worten gingen wir in Richtung „Malibubar", um das Bier zu holen. »Das lief aber mal richtig gut, oder?« »Ja, das lief richtig gut, Wide Receiver Marc.«, sagte ich lachend. Kurz darauf standen wir mit zehn Flaschen Bier wieder bei den anderen. »Jungs könnt ihr mir mal sagen, wo ihr gewesen seid oder mussten die das Bier erst noch brauen?« »Ganz ruhig Conny, wir haben 'ne erstklassige Entschuldigung.«, machte ich die anderen neugierig. Alle öffneten ein Bier und wir erzählten ihnen unsere Schauspieleinlage. »Okay ihr Footballstars und wie wollt ihr das ganze jetzt weiterspinnen?«, wollte Toni wissen. »Naja, im Grunde haben wir alle Optionen. Wenn wir heute Abend Bock haben, gehen wir ins „Xiroi" und spielen unser Spielchen weiter. Haben wir keinen Bock, gehen wir nicht ins „Xiroi", dann ist das Spiel vorbei.«, stellte ich die Situation dar. »Was wollt ihr denn machen, wenn ihr keinen

Bock mehr auf die zwei habt, wann auch immer das sein sollte und die sehen euch tagsüber?« »Das ist doch kein Thema Hanno, ihr wisst ja jetzt Bescheid, wenn wir keinen Bock mehr haben, tun wir alle, als wüssten wir von nix, zeigen unsere Ausweise und beweisen, dass wir nicht Danny und Marc sind und sagen, dass wir keinen Schimmer von Football haben. Wichtig ist dabei nur, dass ihr dann alle mitspielt. Entweder sie sind sauer, weil sie merken, dass wir sie beim ersten Mal voll verarscht haben oder sie sind völlig verblödet, glauben das Ganze, lassen sich auch ein zweites Mal verarschen und suchen weiter ihre Footballer.« »Na das ist doch mal was, wir kennen zwei Footballstars, darauf trinken wir jetzt einen.«, prostete uns Conny mit dem zweiten Bier zu, da das erste bereits leer war. »Was redet ihr denn da von Footballstars ihr Spinner, hab ich irgendwas wichtiges verpasst?« »Na schau mal einer Guck, es lebt, es bewegt sich und es kann sogar sprechen, wenn es jetzt noch stubenrein ist, könnten wir es als Haustier halten.« »Sehr lustig Winnie, seid froh, dass ich überhaupt hier bin, ich bin total durch. Also jetzt lasst mal hören, was das mit dem Football auf sich hat, habt ihr da wen kennengelernt?« »Wir haben auch wen kennengelernt, aber die Footballstars sind Tina und ich, allerdings heißen wir Danny und Marc.« »Hast du zu viel Meerwasser gesoffen oder wieder Klosteine gelutscht?« »Gut Jungs, es wird Zeit Nils aufzuklären, ich habe aber keinen Bock das Ganze noch mal zu erzählen, jetzt seid ihr dran und ich geh nochmal Bier holen.« Als ich etwa zwanzig Minuten später mit sechs Bier wiederkam, war Nils auf dem neuesten Stand.

»Ihr zwei seid echt Assis, das gibt's gar nicht.« »Nils, wir sind keine Assis, wir sind halt nur moralisch ein wenig flexibel, aber apropos, wir sollen dir liebe Grüße von Isabelle bestellen.«, lachte ich. Nils wurde von einen auf den anderen Augenblick kreidebleich. »Fuck, wer ist Isabelle? Ist das eine von den Mädels gestern Abend? Was hat sie gesagt, warum war sie bei euch und wann überhaupt, scheiße erzähl schon!« »Sie sprach uns an, als wir in der „Malibubar" gefrühstückt haben und wollte wissen, ob es dir gut geht, weil du heute Morgen so früh weg warst.«, sagte Toni wahrheitsgemäß. »Ja und sie wollte wissen, ob dir die Nacht nicht gefallen hätte, weil du so früh weg warst.«, schob Hanno nicht so ganz wahrheitsgemäß hinterher. »Was, oh man, hat die was gesagt, was letzte Nacht passiert ist? Und was habt ihr dazu gesagt?« »Naja, sie meinte, dass ihr einen netten Abend und eine schöne gemeinsame Nacht hattet.«, log Conny. »Das kann ja wohl nicht wahr sein, sagt bitte, dass das nicht stimmt, oh man was soll ich denn nur Emily sagen?« »Am besten du sagst gar nix, könnte nicht so gut ankommen, dass du eine heiße Nacht mit zwei netten Mädels in einem Bett verbracht hast.« »Winnie, du Depp, das ist kein Spaß, warum hätte die nicht einfach sagen können, dass da nix gewesen ist.« Als wir die Verzweiflung in Nils Stimme hörten, hatten wir endlich Mitleid. »Nils, sie hat genau das gesagt.«, sagte Toni mit ruhiger Stimme. »Hä, was hat die genau gesagt?« »Na das nix passiert ist.« »Das sagt ihr doch jetzt nur, um mich zu beruhigen.«, sagte Nils ungläubig und blickte wieder mit dem Perlzieselblick nervös zwischen uns hin und her. »Nein, ganz im Ernst, sie kam zu uns und hatte sich etwas um dich gesorgt. Du warst gestern so voll, dass sie dich lieber mitgenommen haben aus Angst, du würdest nicht nach Hause finden. Du hast dir nur die Jeans ausgezogen, dich aufs Bett fallen lassen und du bist sofort eingeschlafen. Es ist wirklich rein gar nichts gelaufen. Wenn wir sie irgendwann im Urlaub nochmal treffen sollten, dann wird sie dir das sicherlich bestätigen.«, schaffte ich Klarheit. »Und ihr habt das die ganze Zeit gewusst, während ich hier tausend Tode sterbe, ihr seid echt Arschlöcher.« »Ja bleib mal locker, sei doch froh, dass es so gelaufen ist und du dir jetzt keine Sorgen mehr machen musst.« »Bin ich ja Hanno, aber trotzdem seid ihr Pisser, ihr hättet das auch sofort sagen können.« »Klar hätten wir das aber wo wär denn da der Spaß geblieben?«, lachte Conny. »Jetzt mach dir nix draus, trink ein Bier und freu dich.«, sagte ich und hielt ihm eine Flasche hin. Er griff etwas missmutig zu aber in seinen Augen erkannten wir doch den Mount Everest, der ihm gerade vom Herz gefallen war.

Anschließend tranken wir unser Bier und Nils, der noch nichts gegessen hatte, machte sich auf den Weg zum Supermarkt, um sich ein Brötchen zu holen. Während er unterwegs war, spielten wir noch ein wenig Brathähnchen. »Hey ihr Brutzelburger, hier kommt das Löschkommando, damit ihr nicht verbrennt!« »Na dann mal her mit dem kühlen Nass!«, sprach Conny und krallte sich eine Flasche. »Ui, das sind ja Literflaschen, na, dann haben wir ja noch ein wenig Arbeit vor uns.«, lachte Toni und nahm seine Flasche in Empfang. »Naja, wir sind ja nicht zum Spaß hier, und wo wir schon mal dabei sind, wir haben nix mehr zum Vorfluten, gibt's irgendwelche Vorschläge, was wir nachher holen sollen?«, wollte Nils, der scheinbar wieder bei bester Laune war, wissen. Nach kurzer Diskussion, in der ich ein klares Veto gegen Wodka Melone einlegte, besannen wir uns dann auf das gute, alte Bekannte, mit dem der Urlaub auch begonnen hatte und beschlossen, später zwei Flaschen Wodka und entsprechend Lemon im Supermarkt zu holen. »Jungs ihr wisst schon, dass wir jetzt in der Sonne schon wieder mehr als zwei Liter Bier haben? Ich will nicht so enden, wie Winnie vorgestern und Nils gestern.« »Heul nicht rum Tina, oder soll ich besser Marc sagen, du bist jetzt 'ne Footballkante und kein kleines Mädchen mehr.« »Du hast gut reden Nils, du hast den ersten Liter verpennt!« »Na und, dafür werd' ich meistens auch besoffener wach, als du ins Bett gehst.« »Oh man bist du eine Pfeife, du bist echt der lebende Beweis, dass ein komplettes Versagen des Gehirns nicht zwangsläufig zum Tod führen muss!« »Hör zu Schnuckel, mach mich nicht an sonst mach ich dich aus!« »Jetzt ist gut, A-Hörnchen und B-Hörnchen, wenn ihr nicht gleich wieder lieb seid, gibt's keine Nüsse zum Abendessen, klaro! Und jetzt lasst uns alle gemeinsam Anstoßen und friedlich Bier trinken.«, versuchte ich die beiden Zankhähne wieder etwas zu beruhigen, was mir Gott Lob auch gelang. »So Jungs, wir haben schon kurz nach vier, was haltet ihr davon, wenn wir nach dem Bier die Sachen packen und noch mal am Pool vorbei schauen?« »Ich glaub, das ist kein so ganz schlechter Plan, den du dir da überlegt hast, Nils.« »Na, wenn du das sagst

Toni, dann muss da wohl was dran sein.« Da alle anderen das ähnlich sahen, tranken wir den letzten Rest, des inzwischen schon ziemlich warmen San Miguel aus, packten die Sachen zusammen und machten uns auf den Weg zum Hotel. »Als wir gerade die Lobby in Richtung Pool durchqueren wollten, bot Tina an, die Luftmatratzen aufs Zimmer zu bringen und anschließend nach zu kommen.« »Was ist los Tina, hat dich wieder die Telefonitis erwischt, sitzt Sandy zuhause neben dem Telefon und zieht dir die Ohren lang, wenn du nicht bis fünf Uhr angerufen hast?«, spottete Conny. »Haha, sehr lustig, und wenn ich telefonieren gehe, ist doch meine Sache, oder? Ihr werdet mich schon nicht vermissen und ich werd' auch nicht zu lange weg bleiben, das werdet ihr aushalten, ich bin mir ganz sicher.« »Pass auf Tina, wir machen 'nen Deal. Wenn du in weniger als 15 Minuten wieder da bist, kriegst du von jedem von uns heute im Laufe des Abends einen aus, schaffst du es nicht, kommst du mit sechs Bier von der Hotelbar zum Pool, ist das ein Angebot?« »Alles klar Toni, das ist fair, damit bin ich einverstanden.« »Gut, dann hau rein, es ist genau 16.48 Uhr und deine Zeit läuft ab jetzt.«, scheuchte Toni. Tina schnappte sich die Matratzen und ging mit großen Schritten Richtung Treppe. »Tina, hast du nicht was vergessen oder trittst du die Tür einfach ein?«, lachte ich. »Verdammte Scheiße, schon 'ne Minute verloren!«, ärgerte er sich und schwenkte zum Portier. Während er sich einen Schlüssel besorgte, gingen wir an den Pool, sicherten uns sechs zusammenstehende Liegen, was auf Grund der vorgerückten Stunde nicht besonders schwierig war und sprangen in den

Pool. Während wir rumplanschten und blöde Sprüche rissen, vielen uns zwei Schönheiten auf, die die letzten Sonnenstrahlen auf ihren Liegen genossen. »Die sehen auch ganz niedlich aus, oder?«, fragte Conny und deutete mit einem leichten Nicken auf die beiden. Wir schauten zu ihnen herüber, wobei wir uns nach unserem Desaster mit Josi wirklich bemühten, unauffällig zu bleiben und uns nicht die Hälse auszurenken. Als ob die beiden uns gehört hätten, standen sie auf, packten ihre Sachen und gingen Richtung Lobby davon. »Das ist aber schade.«, sagte Conny gerade so laut, dass die beiden es mitbekamen. Sie ließen sich zwar nichts anmerken aber in ihrem Spiegelbild in der Glastür, sahen wir, dass sie beide lächelten. Kurze Zeit später stand Tina neben dem Pool, in der Hand ein Tablett mich sechs Bier. »Schau an, unser Telefon Don Juan ist zurück und zwar pünktlich um 17.16 Uhr mit dem vereinbarten Bier.«, grinste Toni, während er auf seine Uhr blickte. »Ihr hattet echt Glück ihr Penner, ich war nur sechs Minuten zu spät, den Rest der Zeit hab ich für das Bier gebraucht.«, knurrte uns Tina ungehalten zu. Während wir auf unseren Liegen saßen und das gezapfte Bier genossen, öffnete sich die Balkontüre des Zimmers, welches neben dem von Hanno und Conny lag. Ein Mädel, in ein Handtuch gewickelt und mit einem zweiten Handtuch auf dem Kopf, trat heraus und hängte ihren Bikini auf eine Wäscheleine. »Schaut mal Leute, ist das nicht eine von den beiden Grazien, die eben noch am Pool gelegen haben?«, deutete Nils zu dem Balkon. Während sechs angetrunkene Jungs so unauffällig es ihnen möglich war, in besagte Richtung blickten, trat auch die zweite auf den Balkon. Sie war ebenfalls in ein Handtuch gehüllt, hatte jedoch keines auf dem Kopf, sondern trug ihre langen, dunklen und nassen Haare offen. Für sie muss es ziemlich merkwürdig ausgesehen haben, dass genau in dem Moment, als sie den Balkon betrat, sechs Jungs gleichzeitig zu ihr hoch starrten. Sie ließ sich jedoch nichts anmerken, abgesehen von einem erneuten flüchtigen Lächeln. Man erkannte jedoch, dass sie ihrer Freundin etwas zuflüsterte, als sie sich ebenfalls zur Wäscheleine drehte, um ihren Bikini aufzuhängen. »Jepp, das sind die beiden und was wir hier gerade gemacht haben, war wieder ziemlich plump, fürchte ich.«, warf ich ein. »Wer sind die beiden Mädels, kennt ihr die?«, wollte Tina wissen, der ja die Poolszene nicht mitbekommen hatte. Wir brachten ihn kurz auf den neuesten Stand, jedoch so leise, dass die beiden Mädels, die immer noch auf dem Balkon standen, nichts davon mitbekommen konnten. »Wir haben kurz vor sechs, lasst uns mal langsam hoch gehen und unter die Dusche springen, dann können wir Futter schnappen und den Kram zum Vorfluten kaufen gehen.«, drängte Tina. »Haben wir denn jetzt schon entschieden, ob wir heute Abend ins „Xiroi" gehen oder nicht?«, wollte Hanno wissen. »Na das müssen in erster Linie unsere beiden Footballstars entscheiden, was sagt ihr dazu, Marc und Danny?« »Ich denke wir entscheiden das später spontan, je nach Lust, Laune und Alkoholpegel.«, antwortete ich auf Nils Frage und erhielt darauf ein Nicken von Tina. Anschließend nahmen wir unsere Sachen und gingen in Richtung Zimmer. Auf dem Weg blickte ich noch einmal unauffällig nach oben und konnte erkennen, dass die beiden Mädels uns ebenso unauffällig beobachteten.

Als wir unsere Handtücher auf die Leine hängten, waren die zwei leider nicht mehr auf ihrem Balkon, sonst wäre man sicherlich mit ihnen ins Gespräch gekommen. »Schade, dass die beiden schon weg waren.«, stellte Hanno fest, als wir eine knappe Stunde später frisch geduscht zum Abendessen gingen. »Ach, ist doch egal, die wohnen ja im Zimmer neben euch, die werdet ihr schon nochmal sehen. Meine Oma sagt immer, was gut ist, kommt wieder.« »Genau Winnie, wie Brechdurchfall, der kommt auch immer mal wieder.«, konterte Hanno. »Dann lasst auf jeden Fall nachher bei uns Vorfluten, vielleicht kommen sie ja nochmal auf den Balkon heute Abend.« Damit stand der Ort zum Vorfluten für diesen Abend fest und es stellte sich lediglich die Frage, würden die Footballstars Danny und Marc wieder in Aktion treten oder nicht?

Das Rückspiel

Nach einem gewohnt üppigen Abendessen, machten wir uns auf den Weg zum Supermarkt. Wie beschlossen, wurden zwei handliche Literflaschen Wodka nebst Lemon und Eis gekauft. Anschließend ging es mit unserer Beute, die für insgesamt etwa zwanzig Mark recht günstig erlegt worden war, zurück ins Hotel. Als wir gerade den Flur auf unserer Etage passierten, kamen uns die beiden Mädels vom Pool entgegen. »Oh, da hat aber jemand etwas vor.«, sagte die eine leise, als sie an uns vorbei gingen. »Nur ein wenig Vorfeiern, habt ihr Lust uns dabei Gesellschaft zu leisten?«, fragte Conny. »Nein Danke, wir gehen jetzt erst was Essen und dann mal durch die Stadt, sind ja erst heute angekommen.« »Okay, dann guten Appetit und viel Spaß, vielleicht sieht man sich ja heute Abend noch, wir sind im „Xiroi".« »Mal seh'n, vielleicht.«, kam die Antwort auf Connys Offerte und die Mädels gingen weiter in Richtung Aufzug. »Hab ich das jetzt richtig verstanden, dass du uns Footballstars damit die Entscheidung abgenommen hast, ob wir ins „Xiroi" gehen?« »Komm Winnie, sei mal ehrlich, bei Tina würde ich nicht drum wetten aber du hättest eh ins „Xiroi" gewollt, vor allem, wenn wir gleich den Wodka geleert haben, da bin ich mir relativ sicher.« »Ach so Conny, du bist dir relativ sicher? Ist es nicht relativ wahrscheinlich, dass die beiden vom Strand und die beiden vom Pool relativ schnell aufeinander treffen, wenn sie wirklich alle im „Xiroi" sind und mehr oder weniger mit uns in Kontakt stehen? Und werden dann nicht auch relativ schnell unsere Geschichten auffliegen und alle vier Mädels relativ angepisst sein? Oder wir müssten relativ lange unsere Geschichte vorspielen, was relativ schwierig werden würde.«, sagte ich ein wenig verärgert, weil ich mir gewünscht hätte, dass Conny den beiden nichts vom „Xiroi" gesagt hätte. »Tja, wenn du das so betrachtest, ist das relativ dumm gelaufen, fürchte ich.«, grinste Conny. »Pass bloß auf, sonst bring ich dir gleich mal meine Relativitätstheorie bei.« »Und wie soll deine Theorie aussehen?« »Ganz einfach, wenn ich dir gleich kräftig in den Arsch trete, dann haben wir beide einen Fuß im Arsch aber ich steh dabei, im Gegensatz zu dir, relativ gut dar.« »Hmmm, das fänd' ich aber irgendwie relativ blöd.« »Könntet ihr vielleicht mal aufhören mit diesem Relativ Scheiß?«, beschwerte sich Hanno. »Wir gehen einfach ins „Xiroi" und schauen, ob überhaupt eins der Mädels da ist und wenn ja, dann entscheiden wir spontan, was wir machen, bzw. was ihr macht.«, schlug Nils vor. »Uns bleibt wohl nicht viel anderes übrig.«, erwiderte Tina und hatte damit vollkommen Recht. Auf Hannos und Connys Balkon angekommen, wurde umgehend der erste Wodka Lemon gemischt. »Holla, was ist denn das für 'ne Mischung, die holt die Oma aus dem Koma!«, beschwerte sich Nils mit angewidertem Gesichtsausdruck über Hannos Mischkünste. »Oh, da ist mir wohl die Flasche ausgerutscht, jetzt wo du es sagst ist irgendwie mehr aus der Wodka Flasche raus, als aus der Lemon Flasche.« »Na super, du hast das mit dem Mischungsverhältnis von zwei zu eins wohl falsch verstanden. Es sollten zwei Teile Lemon und ein Teil Wodka sein, nicht umgekehrt.«, lachte Toni. Da in den Gläsern kein Platz mehr für weitere Lemon war, mussten wir wohl oder übel zuerst einen kräftigen Schluck der Todesmischung abtrinken. »Alter Schwede, was machen wir hier, eine spezielle Wodka Diät oder was? Nach dem Motto, verlier' in einer Woche bis zu drei Tage?«, scherzelte Conny »Mit dieser Mischung kannst du jedenfalls wunderbar aktives Vergessen praktizieren.«, setzte ich noch einen drauf. Anschließend füllten wir die Gläser mit Lemon auf, was die Mischung einigermaßen erträglich gestaltete. Wir entschlossen uns, mal wieder eine Runde zu tuppen und während wir wagemutig in der Hoffnung auf Besserung auch die Mischung der zweiten Runde in Hannos Hände legten, ging Nils ein Kartenspiel, einen Block und einen Stift holen. Als er zurück war und auf dem Weg auch die Musik angeschaltet hatte, widmeten wir uns dem Spiel und dem Wodka. »Leute, wir müssen übrigens noch Karten schreiben!« »Ja, wissen wir Tina, allerdings müssen wir dazu erst mal Karten kaufen. Das können wir ja morgen oder übermorgen machen und das Karten schreiben geht ja ratzifatzi, wir sind ja vorbereitet.« »Das stimmt Toni, ich müsste aber auch noch mal Shoppen gehen.« »Lass mich raten, du musst Sandy was mitbringen, richtig?«, legte ich die Stirn in Falten. »Nein, ich muss nicht, ich hab sie gefragt und sie meinte "*es passt schon*" aber ich möchte ihr trotzdem gerne was mitbringen.« »Sag mal du hast auch keine Ahnung, von Frauen, oder? Wenn dir eine Frau sagt: "*Passt schon!*", dann passt rein gar nichts! Ich denke mal, wenn du ihr nix mitbringst, kannst du dir Willkommenssex abschminken.«, erteilte Nils eine weitere Lektion in Frauenkunde. »Na super, was soll ich ihr denn mitbringen? Was bringt man einer Frau mit, die im Grunde bereits alles hat, was sie braucht?« »Na was schon, 'nen Mann der ihr zeigt wie alles funktioniert!«, lachte ich. »Haha, sehr lustig aber jetzt mal ehrlich, sie hat wirklich im Grunde alles, was sie braucht, das ist Realität.« »Alter, Realität ist nichts weiter als eine Illusion, die durch Mangel von Alkohol hervorgerufen wird.« »Man Hanno, könntet ihr jetzt bitte mal mit den blöden Sprüchen aufhören, ich hab echt ein Problem.« »Na dann beichte ihr das einfach morgen mit dem Ring, sie macht Schluss und du brauchst kein Geschenk mehr. Du siehst, so einfach löst man Probleme.« »Hanno du Arsch, red` nicht so ein Scheiß.« »Jetzt bleib mal locker Tina, wir werden schon was finden, soll ja auch nur ein Mitbringsel sein, ein Symbol, verstehst du? Vielleicht ein Parfum oder irgendwas nettes zum Anziehen oder was typisch mallorquinisches, das wird schon alles kein Problem werden.«, beruhigte ich Tina ein klein wenig. »Haben wir jetzt erst mal alle Probleme beseitigt und können weiter spielen?«, fragte Toni ein wenig genervt. Wir spielten, bis beide Flaschen Wodka leer waren. »Ganz schön heftig, wir haben für zwei Liter Wodka nur etwas mehr als drei Liter Lemon gebraucht.«, stellte Tina fest. »Abgesehen von der Ersten, fand ich die Mischungen jetzt aber gar nicht so wild, oder?«, erkundigte sich Hanno leicht verunsichert. »Nein, die waren schon okay, hast du fein gemacht!«, lachte Toni und tätschelte dabei Hannos Kopf. »Wir sind einfach inzwischen so abgestumpft, dass wir den Wodka kaum noch schmecken, nur in absoluten Kamikazemischungen.«, folgerte Nils. »Na dann lasst doch jetzt zum „Xiroi" gehen und auf dem Weg an der „Malibubar" testen, ob wir den Wodka mit Red Bull gemischt noch schmecken.« Da es noch früh am Abend war, folgten wir Connys Vorschlag und machten uns auf den Weg. An der Bar erwarteten uns so viele Gleichgesinnte, dass wir das Gefühl hatten, es gäbe etwas umsonst und damit lagen wir goldrichtig. Es gab als Angebot des Tages Red Bull Wodka für umgerechnet etwa fünf Mark und dazu ein „Malibubar" T-Shirt inklusive. Offenbar waren T-Shirts der perfekte Köder, den Umsatz anzukurbeln und diesmal gab es auch größere Größen. Wir ließen uns nicht lange bitten und standen kurz darauf mit vollen Gläsern Wodka, Red Bull Dosen und T-Shirts an einem Stehtisch. »Was nu, ziehen wir jetzt alle dieses Teil an oder schleppen wir die den ganzen Abend mit rum?«, fragte Conny. »Was machen wir denn dann mit unseren Shirts?«, erwiderte Toni. »Ich würde meins in den Gürtel klemmen und wer keinen Gürtel hat, kann es durch eine Gürtelschlaufe ziehen, das müsste gehen.«, schlug Conny vor. »Coole Sache, dann können wir heute Abend sogar unbemerkt die Outfits hin und her tauschen, je nachdem ob wir Footballer sind oder nicht.«, lachte ich. Wir setzten Connys Plan in die Tat um und trugen kurz darauf „Malibubar"-Shirts, während unsere am Gürtel oder einer Gürtelschlaufe baumelten. »Verdammt, selbst XL ist ein wenig knapp. Wenn ich die Arme hoch nehm', geh ich bauchfrei.« »Ne lass mal lieber die Arme unten, Winnie, das will keiner sehen.« »Was soll denn das heißen? Willst du etwa damit sagen, dass mein Astralkörper nicht gut aussieht?« »Astralkörper, das einzige, was der von 'nem Stern hat ist vielleicht der Umfang.« »Willst du etwa damit sagen, dass ich zu dick bin?« »Nein, auf keinen Fall, ich warte nur jeden Tag drauf, dass du ins Meer gehst und die Wale *"we are family"* singen.« »Nur weil du so ein Hering bist, den man mit 'ner 100 Watt Birne röntgen kann, musst du nicht über stattliche Körper herziehen.« »Von wegen Hering, ich seh' einfach super aus.« »Genau, du siehst super aus, im Dunkeln, aus 100 Meter Entfernung, bei Nebel, hinter einer Mauer.« »Du musst reden, wenn ich deine Fresse hätte, würde ich lachend in 'ne Kreissäge laufen!« In dem Moment schauten Conny und ich uns an und brachen beide in schallendes Gelächter aus. Gleichzeitig bemerkten wir, dass alle in unserer nächsten Umgebung, inklusive unserer Freunde, die Geschichte anscheinend als ernsten Streit aufgefasst hatten und entsprechend mit einer Eskalation rechneten. Jetzt entspannten sich die Gesichter der vier und sie fielen ebenfalls in unser Lachen ein, während sich die Gesichtszüge einiger Hobbypaparazzi um uns herum, die zuvor voller Sensationslust blitzen, in Enttäuschung wandelten. »Leute ihr habt uns ganz kurz 'nen Schrecken eingejagt, wir dachten ihr haut euch gleich auf die Fresse.« »Ach Quatsch Hanno, das würden Conny und ich nie tun.«, grinste ich. Wir tranken unseren Wodka aus und gingen in Richtung „Xiroi". So viel, wie an der „Malibubar" los war, so wenige Leute waren in der Disco. Wir bezahlten wie so oft unseren Eintritt, nahmen unseren Freigetränkebon entgegen und gingen wieder raus. »So, nochmal zurück zur „Malibubar", da war wenigstens was los oder was meint ihr?« »Gute Idee Nils aber ich hab irgendwie mal Lust auf ein kaltes Bier und nicht wieder auf was gemischtes.« »Na wenn das so ist, dann geh doch gleich mal sechs holen, wenn wir da sind, Toni.«, wies ich ihn an, wenn er schon solche Wünsche äußerte. Kurz darauf standen wir vor der Bar und warteten auf Toni mit dem Bier. Da es inzwischen völlig aussichtslos war, einen freien Stehtisch zu bekommen, setzten wir uns einfach auf eine kleine Mauer, die ein wenig im Halbschatten neben der Bar lag und beobachteten, die Leute um uns herum. Plötzlich stieß mich Tina an. »Hey, schau mal, sind das nicht die beiden, wie hießen die noch gleich, ach ja, Silke und Dunja.« »Jepp du hast Recht, das sind die zwei, welche war denn nochmal welche, die Blondine war Silke, richtig?« »Völlig richtig Winnie oder soll ich ab jetzt besser Danny sagen?« »Ach das hat noch Zeit, die haben uns noch nicht gesehen und sitzen recht weit hinten an 'nem Tisch, noch können wir uns überlegen, welche Rolle wir einnehmen.« Wir tranken unser Bier und ehe wir uns versahen hatte Nils die zweite Runde geholt. Langsam aber stetig nahm die Wirkung des Alkohols zu und mit ihr kamen Tina und ich immer mehr in Football Stimmung. Nach der dritten Runde Bier, schlug Toni vor, dass Tina und ich ja rein zufällig mal bei den beiden am Tisch vorbei schauen könnten, während die anderen bereits ins „Xiroi" gehen. Wir könnten dann sehen, wie sich das ganze entwickelt und im Notfall schnell ins „Xiroi" nachkommen, das Outfit wechseln und im Nichts verschwinden. Tina und ich hielten die Idee für perfekt und machten uns bereit für unser Rückspiel. Die anderen gingen langsam in Richtung Disco aber nicht, ohne sich in regelmäßigen Abständen umzudrehen, um zu sehen, was bei uns passierte. Wir machten uns auf in Richtung Bar, als wollten wir uns einfach nur ein Bier holen und dabei kamen wir natürlich ganz zufällig an dem Tisch der beiden Mädels vorbei. »Hi Danny, na wie geht's euch?.«, sprach mich Silke an. »Oh, hallo ihr beiden.«, tat ich völlig Überrascht. »Uns geht's gut und euch?« »Uns geht's auch gut, wollt ihr euch zu uns setzen?«, fragte Dunja. »Klar gern, wir wollten uns nur eben noch ein Bier holen, möchtet ihr auch eins?«, da die beiden auf meine Frage hin nickten, ging ich vier Bier holen, während sich Tina, der in diesem Moment natürlich Marc hieß, zu ihnen an den Tisch setzte. Kurz darauf ließ ich mich mit den Bieren am Tisch nieder und wir stießen miteinander an. Nachdem wir uns etwa eine Stunde nett unterhalten und Marc und Danny von ihrem letzten großen Spiel berichtet hatten, bei dem zwei Touchdowns auf Marcs Konto gingen, fragte Silke mich plötzlich, ob ich nicht Lust hätte, ein wenig mit ihr am Strand spazieren zu gehen. Das ließ ich mir natürlich nicht zweimal sagen. Wir standen auf und gingen über den Strand, während Dunja und Marc alias Tina noch am Tisch sitzen blieben. Nachdem wir eine Weile am Meer entlang gelaufen und etwas abseits von dem ganzen Trubel waren, setzten wir uns in den Sand und ich legte vorsichtig meinem Arm um Silkes Schulter. »Ist das schön hier und so ruhig, da sollte man nicht glauben, dass ein paar hundert Meter weiter eine riesen Party im Gange ist.« »Das stimmt und die ganzen Sterne sind voll romantisch. Weißt du eigentlich, dass ich noch nie einen Footballspieler kennengelernt habe?« »Ich hätte es vermutet, weil dieser Sport ist ja nicht so weit verbreitet wie zum Beispiel Fußball.« »Ich bin ja sehr neugierig, mich würde interessieren, ob Football Spieler wirklich solche Frauenhelden sind, wie in den amerikanischen Komödien und ob sie wirklich so gut küssen können, wie die Cheerleader da immer schwärmen.« »Was die Sache mit dem Küssen angeht, da stelle ich mich gerne zur Verfügung.«, flüsterte ich ihr zu und dachte dabei, dass ich ihr nicht wirklich bei der Befriedigung ihrer Neugier helfen könnte, auch wenn sie mich küssen würde. Ich hatte den Gedanken noch nicht völlig zu Ende gedacht, da drückte sie ganz vorsichtig ihre Lippen auf meine. Ich schloss meine Augen und wir küssten uns zärtlich. »Wow, da haben die Kinofilme ausnahmsweise mal nicht übertrieben.«, flüsterte Silke und lächelte mich an. »Freut mich, dass ich die Ehre der Footballspieler gerettet habe aber ich hab auch keinen Grund mich zu beschweren.«, antwortete ich mit einem Zwinkern. »Sollen wir gleich mal nach Dunja und Marc sehen?« »Ich denke die beiden sind schon alt genug, um alleine klar zu kommen, glaubst du nicht?«, fragte ich und drückte ihr diesmal meine Lippen auf. Nach einer kurzen Weile unterbrach sie unsere Knutscherei jedoch wieder und schien ein wenig beunruhigt, dass sich vielleicht Dunja Sorgen um sie machen könnte. Ich stand widerwillig auf und wir gingen wieder in Richtung „Malibubar", wobei sie sich energisch meine Hand griff. Da weder Dunja noch Tina in der Bar oder der unmittelbaren Nähe zu sehen waren, entschlossen wir uns, sie im „Xiroi" zu suchen. Es war inzwischen ziemlich voll geworden. Wir konnten weder Tina und Dunja finden, noch hatte ich einen der anderen Jungs erblicken können. »Was ist denn los, wo sind die beiden denn hin? Wollten eure Kumpels denn heute nicht auch hier sein?« »Nein ich glaube die wollten heute ins "Bolero".«, log ich. »Ah, okay aber das erklärt noch nicht, wo Dunja und Marc sind.« »Wer weiß, vielleicht sind sie auf ein Zimmer gegangen, in welchem Hotel seid ihr denn?« »Wir sind im Gili, dem Hotel, zu dem das „Xiroi" gehört. Unser Zimmer ist quasi drei Etagen weiter oben.« »Na dann lass uns doch einfach nachsehen, ob sie da sind, das dauert nur etwa zehn Minuten und du bist vielleicht beruhigter.« »Na super und dann hab ich die Wahl, entweder ich mache nix, oder ich schau im Zimmer nach und wenn ich mich fürs Nachsehen entscheide, stör' ich die beiden oder bin noch beunruhigter als vorher, weil sie nicht da sind.« »Ja mach mal ruhig, eben noch dachtest du, dass sich Dunja um dich Sorgen machen könnte und jetzt bist du es, die nervös wird. Vielleicht sind sie feiern oder was trinken oder uns suchen oder vielleicht auch auf dem Zimmer. Letzteres könnten wir zumindest schon mal überprüfen.« Wir machten uns also auf den Weg in Richtung Hotellobby und als wir das Gili betraten, offenbarte sich mir, warum das Hotel wenige Jahre später abgerissen wurde. Es war eine echte Bruchbude und ich wollte mir gar nicht vorstellen, wie das Essen sein musste. Kurz darauf bestätigte Silke, dass das mit Abstand beste in dem Hotel das „Xiroi" war, in dem die Hotelgäste auch freien Eintritt hatten. Das Essen war laut ihrer Aussage völlig ungenießbar und die beiden waren Stammgäste in der „Malibubar". Ich wunderte mich ein wenig, dass wir uns vorher nie dort gesehen hatten, sagte aber nichts dazu. Kurz darauf standen wir vor einer dunkelbraunen Zimmertür, auf der ein schiefes Schild mit der Nummer 231 befestigt war. Die Türe schien zu klein für ihren Rahmen, da ringsherum ein deutlicher Spalt vorhanden war, der erahnen lies, dass man in diesen Zimmern nicht wirklich viel Privatsphäre genießen konnte. Man erkannte, dass kein Licht im Zimmer brannte und wir vernahmen keine verdächtigen Geräusche, was mich bei Tina auch sehr gewundert hätte. Silke öffnete die Tür und schaltete das Licht an. Wie erwartet war das Zimmer leer. Wir sahen uns an und gingen ohne etwas zu sagen hinein. Silke schloss die Tür und noch während sie sich umdrehte, schloss sie ihre Arme um mich und wir küssten uns. Nach einer Weile heftiger Knutscherei, verirrte sich meine Hand ganz langsam unter ihr Shirt und ich begann ihre Brust zu streicheln. Ihre etwas schnellere Atmung deutet zwar darauf hin, dass es ihr gefiel sich von mir berühren zu lassen, jedoch schien sie auch ein wenig Sorge davor zu haben, wie das Ganze weiter gehen könnte. »Wir sollten vielleicht noch mal nachsehen, ob wir Dunja und Marc irgendwo finden.«, sagte sie leise und schob meine Hand wieder unter ihrem Shirt hervor, was ich äußerst bedauerlich fand. »Na, wenn du meinst, ich würde meinen, die beiden kommen gut alleine klar.« »Ja mag sein, aber vielleicht sucht Dunja ja gerade nach mir und meinem neuen Freund.« Ups, was hatte ich denn da gehört? War ihr das nur so herausgerutscht oder meinte sie das wirklich ernst? So wie ihr das ganze mit der „Hand unter dem Shirt Aktion" zu schnell ging, ging mir die „Freund Aktion" zu schnell und zwar Lichtjahre zu schnell. Abgesehen davon, dass sie aus Berlin war und ich ihr bislang nur Lügenmärchen aufgetischt hatte, war mir weder nach einer Urlaubsbeziehung mit Silke, geschweige einer Beziehung darüber hinaus. Auf einmal fand ich es gar nicht mehr schlimm, dass sie meine Hand weg geschoben hatte, im Gegenteil. Ich überlegte, was sie denken würde, wenn es wirklich zu mehr gekommen wäre zwischen uns. Wie sollte ich denn jetzt mit minimalem Stress wieder aus dieser Nummer heraus kommen? Ich war nicht unbedingt ein Beziehungshoudini also erst mal Zeit schinden, mit Suchen helfen und dann abwarten, was sich mir für elegante Ausstiegsmöglichkeiten bieten würden. »Okay, dann lass zuerst noch mal im „Xiroi" gucken und anschließend, falls sie nicht da sein sollten zur „Malibubar" gehen, wobei wir ja auch am Strand gucken können, ob sie da irgendwo sind.« Silke fand meine Idee gut und wenig später standen wir bei den Klängen von Fools Gardens Lemon Tree wieder auf der Tanzfläche des „Xiroi". Wie zuvor, sahen wir weder Dunja noch Tina alias Marc. Die anderen konnte ich ebenfalls nirgends erblicken. Wir machten uns also auf den Weg zur „Malibubar", doch auch dort fanden wir sie nicht. Ich schlug vor, zunächst ein Bier zu trinken und in Ruhe zu überlegen, wo wir noch suchen könnten. Etwas nervös und unruhig, stimmte Silke mir zu, so dass ich mich auf den Weg zur Theke machte. Auf dem Weg schoss es mir durch den Kopf, dass ich mich auch einfach aus dem Staub machen könnte, verwarf den Gedanken aber schnell wieder, weil es selbst für mich zu übel gewesen wäre, Silke jetzt einfach alleine stehen zu lassen, nur um irgendwie aus dem Ganzen heraus zu kommen. Dazu war ich dann doch nicht Arschloch genug, da musste sich mir eine andere Gelegenheit bieten und vor allem mussten wir Dunja finden, damit sich Silke ein wenig beruhigen konnte. Ich kam also wie verabredet mit zwei Flaschen Bier zu Silke zurück, wir stießen an und nahmen beide einen großen Schluck. Als wir so auf der Promenade standen, viel mir ein Pärchen auf, welches etwas abseits vom Trubel im Sand saß. Es fiel mir deswegen auf, weil sie ganz merkwürdig ihren Kopf in den Händen hielt, er ein „Malibubar" Shirt trug und ein buntes geringeltes Shirt am Gürtel baumeln hatte. Ein eben solches Shirt trug auch Tina an diesem Abend und ich war mir sicher, die beiden Vermissten gefunden zu haben. »Schau mal Silke, ich glaube da vorne sind die zwei, aber irgendwie sieht es so aus, als würde es Dunja nicht so gut gehen.«, sagte ich und zeigte auf die zwei Leute, die ich ausgemacht hatte. Silke wurde schlagartig nüchtern, zumindest wirkte es so. Sie ging schnellen Schrittes auf die beiden Menschen zu und ich sollte mich nicht geirrt haben. Ich hatte Mühe Silke zu folgen, die förmlich über den Sand zu fliegen schien. Als ich an Ort und Stelle ankam, hockte Silke schon neben Dunja wohingegen Tina aufgestanden war und zu mir rüber schaute. »Was ist denn hier passiert, Marc?«, fragte ich, wobei ich mich gerade noch daran erinnerte ihn Marc und nicht Tina zu nennen. »Naja, ihr ward ja recht lange weg und irgendwann hab ich ihr dann auch einen Red Bull

Wodka bestellt, damit sie auch ein T-Shirt hat.« »Wie und jetzt ist sie von einem Red Bull Wodka so besoffen?« »Naja nicht so ganz, sie sagte, sie wolle noch ein Shirt für Silke, also haben wir noch einen getrunken.« »Da kommen wir der Sache näher. Also nachdem Dunja bereits ein paar Bier vorgeflutet hatte, hat sie mit dir noch zwei von den Todesmischungen getrunken?« »Wenn ich ehrlich bin, haben wir drei getrunken aber es gab am Ende keine Shirts mehr, deswegen haben wir beide nur zwei also ich ja drei aber sie nur zwei.« »Alter du hast 'nem nicht mehr ganz nüchternen Mädel drei Kölschgläser voll Wodka gegeben, dann ist das kein Wunder, dass die da hockt wie ein Häufchen Elend, kannst froh sein, dass die nicht wild rumgöbelt.« »Ich fürchte dieses Szenario ist bereits erledigt, das habt ihr knapp verpasst.« »Na super also ist sie so richtig fertig? Warum hast du ihr nicht einfach eins von deinen Shirts gegeben und ihr ein Wasser bestellt?« »Kann man so sagen, dass sie fertig ist, aber ich kann doch nix dafür, bin doch selber voll und hab nicht gemerkt, wie voll sie war.« »Oh man, da geht man einmal am Strand spazieren und lässt dich mit 'ner Frau alleine und du machst sie gleich kaputt. Dabei hatte Silke Angst, dass ihr uns die ganze Zeit sucht und Dunja vor Sorge wahnsinnig werden könnte.« Inzwischen war Silke wieder aufgestanden und redete auf Dunja ein, sie solle doch versuchen aufzustehen. »Jungs, könnt ihr mir mal helfen sie hochzuziehen, wir müssen sie glaube ich ins Bett bringen.« In dem Moment stemmte sich Dunja in die Höhe und fing wankend an zu lallen. »Ich schaff das schon allein, lasst mich in Ruh.« »Dunja, wir wollen dir nur helfen, du bist total betrunken.«, versuchte Silke sie zu beruhigen. »Brauch keine Hilfe, ich finde mein Bett.«, sagte sie bestimmend und wankte in Richtung des Gili Hotels. »Immerhin stimmt schon mal die Richtung, die sie eingeschlagen hat.«, sagte ich etwas ironisch. »Ich geh trotzdem mit, nachher passiert sonst noch was.«, sagte Silke, während sie Dunja hinterher ging. Nach zwei Schritten drehte sie sich um und fragte mich, ob wir uns am nächsten Tag sehen würden. Ich antwortete ihr, ohne groß nachzudenken, dass wir am nächsten Tag eine Inseltour mit Party am Ballermann geplant hätten. Anscheinend hatte mein Unterbewusstsein und mein Bauchgefühl bereits, ohne auf mein Hirn zu warten, entschieden, dass jetzt Schluss mit der Football Nummer war und auch Schluss mit dem Techtelmechtel. »Naja, vielleicht Übermorgen.«, sagte sie ein wenig traurig und ging Dunja hinterher. Da es schon recht spät geworden war, entschieden Tina und ich, uns, ausgestattet mit einem Wegzehrungsbier, in Richtung Hotel aufzumachen. »Was war das denn jetzt für 'ne Nummer mit der Inseltour? Ach ja und sorry falls ich dir wegen der Besoffenen die Tour für heute Abend vermasselt haben sollte.«, wollte sich Tina entschuldigen. »Brauchst dich nicht zu entschuldigen, es ist nicht wirklich viel gelaufen. Sie hat mehr abgeblockt und wollte immer Dunja suchen aber ob das nur vorgeschoben war, um mich abzublocken, weiß ich nicht. Naja, zwischenzeitlich sprach sie dann aber von neuem Freund und Beziehung, das wurde mir ein wenig zu heiß. Deswegen dann die Story von der Inseltour und von jetzt an wäre dann auch unsere Geschichte vorbei und wir sind wieder wir selbst, okay?« »Alles klar, also sind Marc und Danny soeben abgereist, willkommen zurück Winnie.« »Sag mal, was ist denn jetzt zwischen euch gelaufen, ihr habt doch wenigstens geknutscht, oder?«, wollte Tina wissen. »Ja wir haben geknutscht und ich war auch unter ihrem Shirt aber weiter war nix.«, klärte ich ihn auf. »Aber was ist denn bei euch gelaufen oder habt ihr nur gesoffen?« »Im Grunde ja, von Football hab ich ja keine Ahnung, also konnte ich nicht viel darüber reden und ansonsten hab ich sie glaube ich ein wenig gelangweilt, daher trank sie ziemlich schnell.« »Alter hättest du nicht wenigstens ein wenig mit ihr flirten können?« »Was, bist du irre? Erstens hattest du ja die hübschere von beiden und was viel wichtiger ist, was wäre denn gewesen, wenn sie dann mehr gewollt hätte? Ich hätte doch niemals was mit ihr gemacht, ich bin Sandy treu, das weißt du doch.« »Jajaja ist ja gut, bin ja schon froh, dass du überhaupt mit 'nem Mädel geredet hast und nicht zur Salzsäule erstarrt bist. Sag mal, habt ihr die anderen denn irgendwann nochmal gesehen?« »Ja, als ich uns den ersten Wodka Red Bull geholt hab, kamen sie aus dem „Xiroi". Sie meinten es wäre nicht wirklich was los, zumindest nichts Ansehnliches. Sie wollten dann die Shirts ins Zimmer bringen und nochmal zum „Chocolate" oder zur „Cocos Pool Bar".« Inzwischen waren wir im Hotel angekommen. Wir tranken das Bier aus und holten uns die Zimmerschlüssel. Da von unseren Zimmern jeweils nur einer da war, gingen wir davon aus, dass die anderen bereits im Bett waren. Wie erwartet befand sich Toni bereits in der Tiefschlafphase. Nur wenige Minuten später befand auch ich mich im Bett und war auf dem Weg ins Land der Träume und das, ohne Toni zu wecken. So würde er erst am nächsten Morgen erfahren, dass es keine Footballer mehr gibt und dass drei Red Bull Wodka an der „Malibubar" auf jeden Fall zu viel für eine Frau waren.

Beautyqueens

Ein schrilles Klingeln riss mich aus meinen Träumen und bevor ich mich gesammelt und auch nur annähernd herausbekommen hatte, was mich da so unsanft aus dem Schlaf riss, hörte ich die genervte Stimme von Toni. »Könntest du jetzt mal endlich ans Telefon gehen, Conny lässt eh nicht locker.« Ich hatte zwar nicht wirklich verstanden, was Toni damit meinte, aber da ich jetzt immerhin wusste, was es mit diesem nervigen Geräusch auf sich hatte, nahm ich den Hörer ab und meldete mich mit einem ziemlich genervten. »Was ist denn los, es ist mitten in der Nacht.« »Von wegen mitten in der Nacht, wir haben schon kurz nach zehn und jetzt rück raus mit der Sprache, wie war es gestern Abend, was ist bei Tina und dir mit den beiden Mädels gelaufen.«, dröhnte mir Connys Stimme neugierig entgegen. »Man Alter hast du 'nen Dachschaden? Ich werd' dir jetzt überhaupt nix erzählen, du kannst bis später warten, du sensationslüsterner Schwachmat.« »Komm schon, stell dich nicht so an und«, mehr hörte ich nicht mehr, weil ich den Hörer wieder aufgelegt und vorsichtshalber anschließend gleich wieder abgenommen und neben das Telefon gelegt hatte. »Okay, sehr gut, jetzt kocht er gleich über vor Neugier und im Moment klingelt es sicher bei Tina und Nils Sturm.«, kommentierte Toni meine Aktion. Er sollte sich nicht getäuscht haben, wie wir später erfuhren. »Da wir eh wach sind können wir auch unsere Sachen packen und zum Strand gehen, oder?«, schlug ich vor. »Gute Idee, notfalls penne ich da noch ein wenig.« Wir packten unsere Strandsachen und ich wollte gerade bei den anderen anrufen, um sie zu fragen, ob sie ebenfalls mitkommen wollten, da fiel mir auf, dass der Telefonhörer immer noch friedlich neben der Station ruhte. Ich legte ihn kurz auf und in einer gefühlten zehntel Sekunde, die ich benötigte, um ihn wieder abzuheben und zu wählen, vernahm ich erneut das vertraute nervige Klingeln. Etwas verstört nahm ich den Hörer ans Ohr. »Hallo?« »Hey Winnie, mit wem hast du denn die letzte halbe Stunde telefoniert, mit Nils und Tina auf jeden Fall nicht, mit denen hab ich nämlich zweimal gesprochen.« »Sag mal Conny, willst du mir allen Ernstes erzählen, dass du die letzte halbe Stunde permanent versucht hast hier anzurufen, nur unterbrochen von zwei Telefonaten mit den anderen beiden Jungs?« »Was blieb mir denn anderes übrig, Tina wollte nix erzählen und meinte, ich solle dich fragen.« »Oh man alter, irgendwie denke ich jedes Mal in deiner Gegenwart, was uns die Natur jetzt wieder sagen wollte.« »Ach komm schon, jetzt erzähl halt, wie es war du Footballhengst.« »Ich erzähl dir jetzt Null Komma Nada du Paparazzi, außer, dass ich nicht telefoniert sondern einfach den Hörer neben das Telefon gelegt habe. Wir haben unsere Sachen schon gepackt und gehen jetzt zum Strand, ihr könnt mit- oder nachkommen.« Anschließend legte ich auf und bevor es wieder klingeln konnte, rief ich bei Tina und Nils im Zimmer an. An Tinas Stimme merkte ich, dass er ähnlich genervt war, wie ich. »Conny ich sag dir nix von gestern Abend, was bei mir gelaufen ist, kannst du dir denken und was Winnie angeht, frag ihn selber!« »Ähh, hi Tina, guten Morgen, ich wollte nur fragen ob ihr mit zum Strand kommt aber besten Dank, dass du nicht über mich tratschst.« »Oh, Winnie, du bist es, ich dachte schon Conny nervt wieder.« »Ja der hat hier auch schon zweimal angerufen aber ich hab ihm nix gesagt, der soll ruhig noch etwas zappeln.« Ich konnte förmlich spüren, wie Tina am anderen Ende grinste, ebenso wie Toni, der das Gespräch mitbekommen hatte. Sicherlich war auch Toni ein wenig neugierig, er konnte sich jedoch denken, dass nichts allzu wildes gelaufen sein konnte, weil ich sonst sicherlich bereits darüber geredet hätte. Kurz darauf trafen wir uns dann auf dem Flur und machten uns auf den Weg zum Strand. Natürlich dauerte es nicht lange, da kamen erneut die erwarteten Fragen, die ich jedoch geflissentlich überhörte, ohne darauf zu reagieren. »Winnie, du kannst mich doch nicht die ganze Zeit ignorieren!« »Conny, ich kann dich so was von ignorieren, dass du in meiner Gegenwart an deiner Existenz zweifelst.« »Leute, was ist denn los, wisst ihr schon Bescheid und nur Hanno und ich sind die unwissenden Deppen, oder seid ihr nicht neugierig?«, richtete Conny jetzt seine Worte an Nils und Toni. »Also ich weiß nix, aber momentan ist der Spaß, dich beinahe platzen zusehen, wesentlich größer, als meine Neugier.«, antwortete Toni. »Geht mir genauso.«, bestätigte Nils. »Ja klar, in Wirklichkeit brennt ihr alle und lasst mich den Deppen spielen, der alles herausbekommen soll.« »Bleib jetzt einfach mal ganz locker Conny, ihr werdet es schon erfahren, gleich ganz in Ruhe bei 'nem Bierchen und beim Frühstück okay? Ich sag nur so viel, wir sind keine Footballer mehr und gerade befinden wir uns auf einer

Inseltour. Den Rest gibt's später.«, gab ich Conny und den anderen die notwendigen Infos, damit sie Bescheid wussten, falls wir den beiden Mädels begegnen würden. »Aha, also ist entweder gar nix gelaufen oder 'ne Menge, also jetzt sag schon!« »Man Conny du geht's mir tierisch auf den Sack, nerv jetzt nicht mehr! Mach was sinnvolles, stell dich in die Ecke und Spiel Baum oder so was.« Die letzte Aussage schien endlich gewirkt zu haben. Wir erreichten den Strand ohne weitere nervige Fragen, richteten unser Strandlager in Sichtweite der „Malibubar" ein und sicherten uns dann einen der Tische, die sowohl im Schatten lagen und zusätzlich einen prima Blick über den Strand boten. Sechs große Biere und sechs Cheeseburger sollten ein für uns typisches Urlaubsfrühstück bilden. Keine fünf Minuten später, stießen wir mit dem Bier an und warteten hungrig auf unser Essen. »Okay, dann will ich euch mal nicht länger auf die Folter spannen, sonst könnt ihr euer Essen nicht genießen.«, begann ich. Mit einem Mal wurden alle still und hörten mir so aufmerksam zu als wären wir in der Abendandacht oder als würde Dolly Buster über ihren beruflichen Werdegang berichten. Ich erzählte ausführlich, was ich am vorherigen Abend erlebt hatte und begann mit dem Smalltalk an der „Malibubar", dem Strandspaziergang und dem ersten Knutschen. Dann berichtete ich von ihrer ständigen Sorge um Dunja, meiner waghalsigen Expedition ins Gili und der Entdeckungsreise meiner Hand im Zimmer der Mädels. Noch bevor jemand fragen konnte, warum es nicht weiter ging, erklärte ich, wie sie sich dezent erwehrte, um wieder nach ihrer Freundin zu suchen. Schließlich endete ich mit unserem Zusammentreffen am Strand und der Tatsache, dass Dunja völlig abgefüllt war. Dabei vergaß ich nicht zu erwähnen, dass Dunja von Silke heimgebracht werden musste, weswegen es recht abrupt zum Abschied kam, was mir aber keinesfalls unrecht war. Während die anderen immer noch völlig wortlos am Tisch saßen und fast vollständig das Essen vergessen hatten, gab ich das Wort weiter an Tina, damit auch er sein Erlebtes schildern konnte. Endlich war es mir möglich, in Ruhe meinen Burger zu essen, der inzwischen nur noch lauwarm war. Ich hörte ebenso ruhig, wie die anderen zu, was Tina berichtete, was aber im Grunde nur eine Erzählung darüber war, wie ein Mädel immer betrunkener und betrunkener wurde, bis sie sich schließlich am Strand mehrfach übergeben musste. Als auch Tina geendigt hatte, lösten sich die anderen mehr und mehr aus ihrer Zuhörstarre. »Hmmm, also dass Tina ja eh nix gemacht hätte, war mir klar, aber wieso spielst du die Rolle nicht noch ein wenig weiter, Winnie, vielleicht würde da ja doch noch was gehen?«, fragte Conny ein wenig überrascht. »Nein danke, sie sieht zwar nicht schlecht aus, aber bevor überhaupt was Richtiges gelaufen ist, hat die schon von Beziehung und neuem Freund gesprochen, das gibt nur Ärger. Die werd' ich nie mehr los, wenn das Spielchen noch weiter geht. Da hab ich echt keinen Bock drauf, ich will nur ein wenig Spaß.« »Naja aber Spaß würde das sicher auch machen.« »Am Anfang ja Nils, aber danach würde es dann ziemlich unschön denke ich. Nachdem sie sich so geziert hat, war das Thema durch. Wenn du merkst, dass das Pferd unter dir tot ist, solltest du absteigen!« »Oh man, wenn du keinen Job als Biologe kriegst könntest du ja vielleicht Philosoph werden, bei den Sprüchen und Weisheiten, die du immer raushaust.«, lachte Toni über meinen Spruch. »Prima, ich seh' das ganze also richtig, ihr hattet einen lustigen Abend und seid jetzt keine Footballer mehr, sondern wieder Winnie und Tina, na ich würde sagen, darauf trinken wir jetzt erstmal einen Schnaps.«, fasste Hanno die Sache völlig richtig zusammen und bestellte sechs Hierbas. »So Jungs, nu seid ihr aber dran! Was habt ihr denn gestern noch getrieben.«, fragte ich jetzt meinerseits ein wenig neugierig, und bereitwillig legte Hanno los. »Wir haben zuerst die Shirts ins Hotel gebracht, weil wir keinen Bock hatten, sie den ganzen Abend mit rum zu schleppen. Danach sind wir dann ins „Chocolate" und haben da ein paar Bierchen gezischt. Es war dort wesentlich mehr los, als im „Xiroi" aber im Grunde ist nix besonderes passiert. Irgendwann haben wir dann überlegt ins Bett zu gehen. Wie nicht anders zu erwarten war, hatte Conny noch Hunger und wollte 'nen Burger und das war gar nicht so schlecht.« »Warum war das nicht schlecht?«, hakte Tina nach. »Nun ja, als wir anschließend ins Hotel einliefen, kamen die beiden Mädels aus dem Nachbarzimmer genau zeitgleich, was nicht der Fall gewesen wäre, wenn wir sofort aus dem „Chocolate" heim gegangen wären.«, erklärte Hanno. »Ja und, habt ihr die zwei angequatscht?«, fragte ich. »Um ehrlich zu sein, haben die beiden uns angequatscht und dann haben wir uns noch ein wenig unterhalten. Wir wissen jetzt, dass die beiden aus Paderborn kommen, Kosmetikerinnen sind und in 'nem Beautyladen arbeiten. Ach ja und heute Abend wollen sie vielleicht mit uns Vorfluten, meinten sie gestern.« »Okay, na dann bin ich ja mal gespannt, was das für Mädels sind.«, sagte ich interessiert. Inzwischen waren wir bereits bei unserem dritten großen Bier und unserem zweiten Hierbas, so dass wir beschlossen, dass es langsam Zeit wurde uns zu unseren Luftmatratzen zu begeben. Wir bestellten noch sechs Flaschen Bier auf die Hand, zahlten die Rechnung und machten uns auf den Weg zu unseren Sachen. »Schaut mal, da sind die beiden Mädels.«, rief Nils kurz bevor wir unseren Platz erreicht hatten. Unwillkürlich zuckten Tina und ich zusammen, weil wir dachten, er könnte unsere beiden Mädels gemeint haben, aber zu unserem Glück war das nicht der Fall. Wir schauten in die Richtung, in die Nils gedeutet hatte und sahen die zwei Grazien vom Pool, die im Nachbarzimmer von Hanno und Conny residierten. »Kommt, lasst mal hingehen, dann lernen die euch beiden auch mal kennen.«, schlug Conny vor. Also ging es doch nicht, wie zuvor geplant, auf die Luftmatratzen, sondern wir schlenderten zu den beiden Mädels, die uns noch nicht bemerkt hatten. Was ich bis dahin erkennen konnte, war im Grunde genau dasselbe, was wir bereits am Pool gesehen hatten. Beide hatten dunkle Haare, die eine war sehr zierlich und die andere etwas kräftiger. Sie schienen Anfang Zwanzig zu sein, genau wie wir. Kurz bevor wir bei ihnen angelangt waren, bemerkte uns die Kleinere von beiden und machte ihre Freundin sofort darauf aufmerksam, dass Besuch im Anmarsch war. »Na da schau an, wen haben wir denn da? Und diesmal sind sogar alle sechs anwesend.«, begrüßte uns die

Größere. »Hi, wie geht's euch beiden denn so, bereitet ihr euch auf heute Abend vor?«, entgegnete Conny. »Was ist denn heute Abend?«, fragte die Zierliche. »Na heute Abend wolltet ihr doch mit uns Vorfluten und dann feiern gehen.«, klärte Conny die beiden etwas erstaunt drein blickenden Mädels auf. »Um genau zu sein haben wir "*vielleicht*" gesagt und ich weiß ehrlich nicht genau, ob es eine gute Idee wäre, wir kennen euch doch noch gar nicht richtig und wir sind doch ordentliche Mädchen«, zwinkerte die Größere. »Na, dann fangen wir doch einfach mal mit dem Kennenlernen an, ich bin übrigens Winnie und das ist Tina äh Martin meine ich. Wir hatten gestern noch nicht das Vergnügen.« »Stimmt, ihr seid die beiden unechten Footballspieler. Was seid ihr denn heute Abend, vielleicht Astronauten?«, lachte die Kleine. Tina und ich setzten gleichzeitig einen ziemlich verächtlichen Gesichtsausdruck auf und drehten uns zu den Jungs. »Vielen Dank ihr Kamaradenschweine, was habt ihr sonst noch tolles über uns erzählt?« »Keine Sorge, erstens war das alles und zweitens fanden wir es eigentlich ganz witzig, so lange wir nicht die verarschten Mädels sind.«, beantwortete die Kleine meine Frage, noch bevor einer der Jungs antworten konnte. »Sehr beruhigend!«, sagte Tina mit deutlich sarkastischem Unterton. »Wenn ihr jetzt schon so viel über uns wisst, wie wäre es, wenn ihr uns wenigstens eure Namen verraten würdet?«, versuchte ich das Thema von unserer gestrigen Schauspieleinlage abzulenken. »Haben euch eure Freunde etwa nicht auf uns vorbereitet? Okay, also ich heiße Tamara und meine Freundin heißt Jenny.«, klärte uns die Größere von beiden auf. »Prima, hallo Tamara, hallo Jenny, freut mich euch kennen zu lernen. Meine Freunde oder besser gesagt, meine Urlaubsbegleiter, haben mir gesagt, dass ihr vielleicht heute Abend ein wenig mit uns Vorfeiern wollt, bevor es in eine der zahlreichen Discos geht?« »Herrjeh, uns hatte keiner gesagt, dass du dich so geschwollen ausdrückst oder bist du jetzt gerade ein englischer Adeliger?«, lachte Jenny. »Okay, ich kann auch anders, habt ihr Bock heute Abend nach dem Abendessen mit uns Vorzufluten, danach hemmungslos feiern zu gehen und furchtbar abzustürzen?« »Jetzt hast du aber richtig einen rausgehauen, Winnie.«, geierte Nils und die anderen konnten sich ebenfalls ein Lachen nicht verkneifen, inklusive der beiden Mädels. »Gut, ich nehme euer Lachen jetzt mal als ein „Ja"!«, grinste ich. »Moment mal, haben wir da keinerlei Mitspracherecht?«, fragte Jenny vorwurfsvoll aber mit leicht ironischem Unterton. »Nein, leider kann euch in diesem Falle kein Vetorecht gewährt werden! Die Sache gilt damit als beschlossen und besiegelt! Schaut Jungs, ich kann auch so geschwollen reden wie Winnie.« »Ja, hat er fein gemacht der Kleine!«, tätschelte Nils mal wieder den Kopf von Hanno. »Ich weiß nicht, ob das wirklich eine gute Idee ist.«, lächelte Tamara ihrer Freundin zu. »Na, das werden wir nur herausfinden, wenn wir es ausprobieren!«, konterte Jenny. »Das ist doch mal ein weises Wort, wir holen dann mal eine Flasche Wodka mehr heute Abend.« »Nicht so schnell Nils, wir haben da eine kleine Bedingung. Wenn wir heute Abend mit euch feiern gehen, dann dürfen wir morgen zwei von euch eine Schönheitskur verpassen. Wir haben einige unserer Kosmetikprodukte dabei.«, zwinkerte Tamara. »Gut ich denke, das klingt fair und dem ein oder anderen schadet eine Schönheitskur sicherlich nicht.« »Genau, und dir am aller wenigsten, Nils und deswegen bist du schon mal einer der beiden, die die Behandlung bekommen.« »Ganz deiner Meinung Tina und da sich Sandy sicherlich über pfirsichweiche Haut und gezupften Augenbrauen bei dir freuen würde, schlage ich vor, dass du der zweite bist.«, wofür ich anerkennendes Nicken von Hanno, Toni und Conny erntete. Noch bevor eines der beiden Opfer sich wehren konnte, war die Sache damit beschlossen und Jenny entgegnete: »Alles klar, Nils und Tina werden dann morgen aufgehübscht und wir gehen heute Abend zusammen auf die Piste. Wann soll es denn losgehen?« Wir kamen überein, dass die Fiesta um 19.30 Uhr in der Casa Tina und Nils starten sollte. Als Getränke waren die Basics Wodka Lemon und Bier auserkoren worden. Anschließend verabschiedeten wir uns und ließen die beiden wieder in Ruhe in der Sonne brutzeln. »Okay Leute, ich bin irgendwie sau müde, ich glaube ich leg mich jetzt noch ein wenig hin.« »Kein Wunder Conny, du konntest sicher ab acht Uhr nicht mehr schlafen wegen deiner Neugier und wir leider ab kurz nach zehn auch nicht mehr, Dank deinem Telefonterror.« »Was haltet ihr davon, wenn wir mal wieder 'ne Runde Geberskat spielen?«, schlug Nils vor. »Ihr wisst doch, dass ich kein Skat kann.«, beschwerte sich Hanno. »Ja, das wissen wir, Geberskat spielt man auch zu viert, folglich ging meine Frage an Tina, Toni und Winnie.« »Na super und ich kann nicht mitspielen!« »Wir können ja dann das nächste Mal ein Spiel spielen, dass deinem

Intellekt entspricht, wir zählen einfach bis Zehn und du versteckst dich, wäre das nicht was?« »Vielen Dank du bist soeben die Nummer 93 in meinem Panini-Arschloch-Sammelalbum geworden Toni. Ach lasst mich doch in Frieden ihr Idioten, ich geh erst mal zur „Malibubar", ich muss aufs Klo.« »Super, das war ein echt guter Anfang Hanno, aber sag uns das nächste Mal vorher nicht, wo du dich versteckst. Sonst ist das Spiel so schnell zu Ende!« »Haha du Pissnelke, ich hoffe du verkackst jetzt tierisch bei eurem blöden Skat.«, giftete Hanno Nils an. »Äh du Hanno, wäre es vielleicht zu viel verlangt, wenn du Bier mitbringst, da du ja eh schon an der „Malibubar" bist?«, fragte ich ganz vorsichtig. »Naja, weil du gerade nicht über mich hergezogen bist, bringe ich dir vielleicht eins mit, ich werde darüber nachdenken.« Mit diesen Worten ging er, während wir uns niederließen und anfingen Skat zu spielen. Nach etwa einer Stunde, hatten wir ein Spiel erfolgreich beendet, bei dem Tina eine vernichtende Niederlage hinnehmen musste, Conny schlief tief und fest und Hanno war immer noch nicht zurück. »Ist Hanno irgendwie im ewigen Nichts der Keramik Twilight Zone verschollen?«, fragte Toni mit einem leicht besorgten Unterton, wobei nicht ganz klar war, ob er sich wirklich um Hanno sorgte oder darum, dass es in absehbarer Zeit kein Bier geben würde. Da Hanno aber auch auf der ganzen Promenade nicht zu sehen war, beschlossen wir Conny schlafen zu lassen und rüber zur „Malibubar" zu gehen, um nachzusehen, was mit ihm und unserem Bier passiert war. Als wir dort ankamen, war von Hanno keine Spur zu sehen. Wir setzten uns an einen Tisch und bestellten reflexartig vier große Biere. Noch während des Zuprostens, hörten wir das vertraute Geräusch von klirrenden Flaschen in einer Plastiktüte. Kurz darauf kam Hanno um die Ecke mit einer großen Plastiktüte in der Hand. »Hey Hanno, wir sind hier, wir hatten schon Sorge man hätte dich geklaut.«, rief ich ihm zu. Er kam zu uns, zog sich einen Stuhl heran und setzte sich. »Wer mich klaut, der bringt mich auch ganz schnell wieder zurück, es sei denn ein Topmodel, das würde mich natürlich behalten wollen.«, grinste er und bestellte fünf weitere Bier. »Sag mal wo warst du denn die ganze Zeit, du warst über eine Stunde weg.«, fragte Toni. »Naja, als ich auf dem Weg zur „Malibubar" war, merkte ich, dass der Hamburger offensichtlich schon wieder in die Freiheit wollte und da ich die Toiletten in der „Malibubar" bereits kannte, wollte ich lieber auf die Toilette im Hotelzimmer.« »Aber das Hotel ist nur etwa zehn Minuten weit weg, was hast du den Rest der Zeit gemacht?« »Also Toni, wenn du es genau wissen willst, hat der Hamburger auch noch das gesamte Essen von gestern mitgebracht und offensichtlich noch 'ne Menge mehr, ich kann euch sagen, das war nicht schön.« »Erspare uns bitte Einzelheiten, sonst kommt mir das Bier wieder hoch.« »Ja sorry Winnie aber Toni hat gefragt. Anschließend bin ich dann zum Supermarkt, aber es gab kein kaltes Bier mehr. Da hat die nette Verkäuferin mir noch kaltes aus dem Lager geholt. Dann war sie so nett, mir drei Flaschen Wodka in die Gefriertruhe und drei große Flaschen Lemon in die Kühlung zu legen. Tja und tada da bin ich wieder.« »Von einem, der auszog, die Keramik zu schänden und zurückkehrte als Heilsbringer äh ich meinte Bierbringer.« »Das ist wohl in diesem Falle dasselbe, Tina.«, lachte ich. Da wir ungern das Tütenbier der Sonne opfern wollten, tranken wir zügig die Gläser aus, zahlten und machten uns auf den Weg zu Conny. Wie erwartet war er bereits so auf das klimpernde Geräusch konditioniert, dass er in dem Moment wach wurde, als wir in Hörweite kamen. »Ah das ist ja perfekt, so sollte es immer sein. Wenn man wach ist, steht einer mit 'ner riesen Tasche voll Bier vor einem. Es wäre zwar noch geiler, wenn einer von euch dicke Titten, 'nen knackigen Arsch und zwei X-Chromosomen hätte, aber für den Anfang ist Bier schon mal nicht schlecht.« Wir verteilten die Flaschen, die inzwischen nicht mehr eiskalt waren und stießen an. Hannos Ärger über die Skat Frotzeleien waren offensichtlich verflogen und so genossen wir friedlich noch ein wenig die Sonne und den netten Ausblick auf die umliegenden Bikinis. Während wir tapfer an unseren Literflaschen arbeiteten und uns immer wieder gegenseitig Kommandos gaben, wo sich gerade die beste Aussicht auftat, kamen die beiden Beautyqueens mit gepackten Sachen zu uns. »So Jungs, wir machen uns mal auf den Weg zum Hotel und springen kurz in den Pool, wir sehen uns dann also später bei euch?« »Ja das ist der Plan, wie spät ist es denn überhaupt Jenny?« »Wir haben vier Uhr. Du hast schon 'ne Weile gepennt, Conny. Wir haben das genau beobachtet.«, zwinkerte ihm Tamara zu. »Aha, ihr zwei habt mich also beobachtet, was soll ich denn davon halten?« Tamara antwortete jedoch nicht auf seine Frage sondern ging lächelnd an uns vorbei, gefolgt von Jenny, die uns noch ein kurzes »Bis später«, zuflötete. »Okay Leute, was machen wir denn jetzt noch bis zum Abendessen?« »Weißt du Conny, dank deiner liebevollen Weckrufe zu unmenschlicher Zeit, bin ich irgendwie müde und hätte eigentlich nichts dagegen, mich vor dem Essen noch mal 'ne Stunde aufs Bett zu legen. Außerdem hab ich nach dem ganzen Bier schon ein leichtes Gefühl von Wölkchen in meinem Kopf.« »Jetzt stell dich mal nicht so an Winnie, es war schon nach zehn, als ich angerufen habe und ich bin überhaupt nicht müde.« »Also bei uns hast du schon vor zehn angerufen und dass du nicht müde bist, könnte daran liegen, dass du gerade fast zwei Stunden gepennt hast.«, unterstützte Tina mich. Die anderen bekundeten ebenfalls, dass sie eine gewisse Müdigkeit verspürten und wir beschlossen unser Bier auszutrinken, die Sachen zusammen zu packen und ins Hotel zu gehen. Als wir an der Rezeption standen und unsere Zimmerschlüssel abholten, drehte sich Conny plötzlich um und ging in Richtung Durchgangstür zum Poolbereich. »Was hast du denn jetzt vor?«, rief ihm Hanno hinterher. »Ach, ich bin nicht müde, geht ihr ruhig 'ne Runde Schnarchen, ich schau mal, ob ich vielleicht die Mädels am Pool finde. Ich kann ja jederzeit mit dem zweiten Schlüssel nachkommen.« »Okay du Weiberheld aber vergrau die zwei nicht!«, mahnte Hanno. Da wir mit den aufgeblasenen Luftmatratzen schlecht in den Fahrstuhl passten, nahmen wir die Treppe. Auf unsere Etage angekommen, erblickten wir zwei Mädels mit Koffern, die offensichtlich gerade aus dem Fahrstuhl gestiegen waren. Die eine hatte lange, dunkle, die andere mittellange, blonde

Haare und beide waren durchaus ansprechend. »Schau mal, schon wieder Frischfleisch auf unserer Etage.«, flüsterte Nils mir zu. »Hallo die Damen, herzlich willkommen im Hotel „Alondra", können wir irgendwie behilflich sein?«, sprach ich die beiden an. »Danke, wir suchen unser Zimmer, es hat die Nummer 214.«, antwortete die Dunkelhaarige. »Na so ein Zufall, das ist im selben Gang, in dem auch unsere Zimmer liegen, nur ein kleines Stückchen weiter. Wartet, wir zeigen es euch, kommt einfach mit.«, bot Tina an. »Ihr wollt uns jetzt aber nicht auf euer Zimmer locken, oder?«, lachte die Blonde. »Nein, so was würden wir niemals tun, dafür sind wir viel zu anständig.«, entgegnete Tina wahrheitsgemäß. »Ja und viel zu nüchtern.«, fügte Hanno nicht ganz so wahrheitsgemäß hinzu, was die Mädels aber mit einem leichten Kichern quittierten. Wir gingen in den Gang bis zu unseren Zimmern und zeigten den Mädels den Weg zu ihren. Es waren tatsächlich nur wenige Zimmer neben dem von Toni und mir, was ein praktischer Zufall. »Vielen Dank für die Hilfe, vielleicht sieht man sich ja mal.«, sagte die Blondine. »Klar, wir wohnen ja nicht so weit weg. Falls ihr noch mal bei irgendwas Hilfe brauchen solltet, ihr wisst ja, wo ihr uns findet, wir helfen gerne.«, bot ich den Mädels völlig uneigennützig an und bekam dafür ein eindeutig zweideutiges Lächeln als Antwort.

Der Wein kann alles

Nach einem erfrischenden Schläfchen, machten wir uns fürs Abendessen fertig und um halb sieben schritten wir zur Nahrungsaufnahme. »Wie war es denn am Pool, Conny? Hast du noch was mit den Mädels gequatscht.«, wollte Nils wissen. »Klar, war ganz lustig, ich glaube, dass wird ein netter Abend heute.« »Wie lange warst du denn noch unten?« »Das kann ich dir sagen Toni, er war genauso lange unten, wie ich gebraucht habe, um einzuschlafen. Pünktlich, als ich im Land der Träume angekommen war, kam er die Türe rein und das im Stile eines Räumkommandos.« »Jetzt reg dich nicht so auf Hanno, du konntest ja noch was schlafen und so laut war ich auch nicht.« »Genau, du warst ganz leise, ungefähr so leise, wie ein Raketenstart du Trampeltier.« »Ich kann doch auch nix dafür, wenn die blöden leeren Flaschen sofort neben der Türe stehen und ich nix sehen kann, weil du die Vorhänge zugezogen hast.« Als wir in den Speisesaal traten, führten die beiden immer noch ihr Wortgefecht, was sich jedoch schlagartig änderte, als Conny die beiden Beautyqueens an einem Tisch sitzen sah. Plötzlich interessierte Hanno ihn kein Stück mehr. Anstatt den Mädels einfach zuzuwinken und zu unserem Tisch zu gehen, wie wir anderen es taten, ging er zu ihnen hinüber. Besser gesagt versuchte er eine Mischung aus lässig coolem Gang und anmutigem Dahinschweben. Wir konnten zwar nicht verstehen, was er ihnen sagte, aber wir sahen, dass er sich dabei doch sehr weit zu Tamara runter beugte. »Da ist doch einer ganz schwer auf der Jagd, würde ich sagen.« »Jepp Hanno und er hat seine Beute auch schon ausgemacht, anvisiert und pirscht sich gerade an.« »Haha ja genau Winnie, und wenn er die Beute schlagen sollte, ist da noch ein orientierungsloses Stück Freiwild über, was ganz alleine umherstreift und darauf wartet, gerissen zu werden.«, lachte Hanno. »Also ich pirsch jetzt rüber zum Buffet und reiß mir mal 'nen Teller Spaghetti.« »Gute Idee Nils, ich komm mit und schau mal, ob da vielleicht eine Herde ahnungsloser Chicken Cordon Bleu rumrennt, die sich leicht überwältigen lässt.« »Gleich 'ne ganze Herde Winnie, übertreibst du nicht ein wenig? Man soll nicht mehr schlachten, als man salzen kann.« »Stimmt Toni, du darfst auch ein oder zwei ab haben.« »Das ist doch ein Wort, dann lass doch gleich 'ne Treibjagd machen.« »Aber verscheucht mir nicht die Spaghetti, die sind super scheu.« Wir warteten noch kurz, bis unsere Fantas auf dem Tisch standen, die der Kellner inzwischen bereits ohne Bestellung brachte und gingen dann zum Buffet. Als wir mit unseren vollgeladenen Tellern wieder an den Tisch kamen, war auch Conny da, mit einem Grinsen, was in etwa so breit war, dass er problemlos Spargel quer in den Mund bekommen hätte. »Junge, was ist denn dir passiert, du grinst ja wie ein frisch geficktes Eichhörnchen?« »Och nix, die sind einfach süß die beiden.«, entgegnete er auf Tinas Frage und machte sich ebenfalls auf zum Buffet. Kurz darauf kam er wieder mit einem Teller, der so voll geladen war, dass es an ein Wunder grenzte, dass er ohne Ladungsverlust den Tisch erreichte. Nach einer weiteren Treibjagdrunde, zahlten wir unsere Fantas und machten uns auf den Weg zum Supermarkt, allerdings nicht ohne, dass Conny den beiden Mädels nochmal zu winkte und ein freudiges „Bis Später" zurief. Im Supermarkt erwarteten uns dann die von Hanno arrangierten, gekühlten Getränke. Wir nahmen zusätzlich den üblichen Sack Eiswürfel mit und zwei Dosen Erdnüsse. Dieses Novum unserer üblichen Abendversorgung wurde natürlich von Conny angeschleppt. »Na schau an, jetzt ist die Jagd also richtig im Gange, jetzt werden auch noch Futterköder ausgelegt.« »Genau, und da es sich um salzige Köder handelt, wird die Beute durstig werden, mehr Getränke zu sich nehmen und irgendwann kaum noch in der Lage sein, sich einem Blitzangriff erwehren zu können.«, verfeinerte ich Nils Aussage. Als wir auf den Balkon traten, waren Tamara und Jenny ebenfalls auf ihrem Balkon und schauten uns zu, wie wir die letzten Vorbereitungen trafen und die ersten Drinks mischten. »Okay, es sieht aus, als wäre jetzt alles fertig und wir können rüberkommen.«, grinste Jenny vom Nachbarbalkon. Kurz darauf saßen wir alle auf unserem Balkon, tranken Wodka Lemon und spielten Mäxchen. Ich hatte gerade einen Dreierpasch, der eigentlich ein Fünferpasch war, an Nils weitergegeben, als es an der Zimmertüre klopfte. »Was ist denn jetzt los, die Musik ist nicht zu laut, wir haben nichts vom Balkon geschmissen und wir haben alle noch unsere Klamotten an?«, fragte ich und ging zur Tür, um nachzusehen, wer da etwas von uns wollte. Gerade als ich die Türe öffnen wollte, kam Tina aus dem Bad. »Hast du geklopft?« »Nein ich war pinkeln aber ich hab das Klopfen auch gehört.« In dem Moment klopfte es erneut an der

Türe. Wir sahen uns an, zogen beide die Schultern hoch und ich öffnete die Tür. Vor der Tür standen die beiden Mädels, die wir nachmittags im Flur getroffen hatten. »Hi, das ist aber eine Überraschung, was können wir für euch tun?«, sagte ich tatsächlich etwas überrascht. »Ihr habt doch gesagt, dass wir zu euch kommen könnten, wenn wir bei irgendwas Hilfe bräuchten. Naja, wir haben uns im Supermarkt eine Flasche Wein gekauft aber nicht dran gedacht, dass wir keinen Korkenzieher haben. Könntet ihr uns die vielleicht irgendwie öffnen?«, lächelte mich die Blondine an und hielt mir eine Flasche Rosè entgegen. »Klar können wir das.«, sagte ich, weil ich im Mc. Gyver Stil immer ein Taschenmesser mit in den Urlaub nehme, an dem sich auch ein Korkenzieher befindet. Ich nahm den Rosé und ging zur Tür von Tonis und meinem Zimmer. Wenige Minuten später war ich zurück mit der geöffneten Flasche in der einen Hand und dem Korken in der anderen. »Hier bitte schön, eine unserer leichtesten Übungen.« »Super, vielen Dank.«, kam es lächelnd von der Dunkelhaarigen, die sowohl Flasche, als auch Korken an sich nahm. Die beiden wünschten uns noch einen schönen Abend und gingen in Richtung ihres Zimmers. »Gern geschehen, wir sind stets zu Diensten. Ach ja, wie heißt ihr überhaupt?«, rief ich den beiden hinterher. »Simone«, kam die Antwort von der Blonden. »Ja und wie noch?«, hakte Tina nach. »Auch, wir heißen beide Simone.«, lachte die Dunkelhaarige, während die beiden im Zimmer verschwanden. Tina und ich standen ein wenig verstört im Flur, betraten wieder unser Zimmer und schlossen die Türe. »Glaubst du, dass die wirklich beide

Simone heißen, Tina?« »Puhhh, keine Ahnung, wäre schon ein krasser Zufall aber könnte natürlich sein.« »Wir werden versuchen es heraus zu finden.« Als wir wieder auf den Balkon kamen, schauten uns sechs neugierige Augenpaare an. »Was war denn los, ihr ward ja 'ne ganze Weile weg, gab's Probleme?«, wollte Toni wissen. Wir berichteten, was wir gerade erlebt hatten und im Gegenzug erfuhren wir, dass in den letzten zwanzig Minuten fast eine ganze Flasche Wodka in Form von Strafgetränken den Weg in die oberen Verdauungsorgane der Spieler und Spielerinnen gefunden hatte. Entsprechend war die Stimmung bereits recht ausgelassen. Wir setzten uns wieder auf unsere Plätze und da wir die letzten Runden verpasst hatten, waren wir automatisch für alle anderen das Primärziel und fingen uns eine Menge Mäxchen und Pasche und damit auch eine Menge Getränke ein. Auf diese Weise ging recht schnell die zweite Flasche Wodka in die Knie und wanderte fast vollständig in Tinas und mein Glas. Bei der dritten und für diesen Abend letzten Flasche, überlegten wir, wo es anschließend hingehen sollte und entschieden uns fürs "Bolero". Conny mischte gerade eine neue Runde Getränke für alle, als es wieder an der Türe klopfte. »Was ist denn nu' schon wieder, etwa noch 'ne Flasche Wein?«, lachte ich und ging erneut zur Tür. Als ich sie öffnete, hörte ich nur noch, wie eine andere Türe geschlossen wurde und blickte in einen leeren Flur. Ich wollte die Tür schon wieder schließen und mich bei den anderen über den Klopfstreich ala Klingelmännchen aufregen, als mir etwas auffiel, was vor der Türe auf dem Boden lag. Es war der Korken der Weinflasche aber nicht nur der.

An ihm war mit Hilfe eines Gummis ein Zettel befestigt. Ich hob den Korken auf, löste den Zettel und faltete ihn auseinander. Auf der Innenseite stand folgende Nachricht:

„An unsere Helfer in der Not. Vielen Dank noch mal, ohne euch wäre unser Abend nur halb so lustig gewesen. Die nächste Flasche sollten wir unbedingt gemeinsam trinken, denn: DER WEIN KANN ALLES!!! S+S"

Das war mal eine ziemlich eindeutige Botschaft und eine Einladung, die ich gerne gewillt war anzunehmen, wenn sich die Gelegenheit ergab. Ich ging wieder auf den Balkon und gab den Zettel Tina. Er war sehr amüsiert, genau wie die anderen Jungs. Die Mädels schienen irgendwie nicht ganz so amüsiert darüber zu sein, dass sich offensichtlich noch andere Frauen für uns interessierten und dies auch recht offensiv zeigten. Kurz darauf war der Zettel jedoch schon wieder in Vergessenheit geraten, denn die dritte Flasche Wodka war geleert, Conny flirtete was das Zeug hielt mit Tamara und es wurde Zeit, sich ins "Bolero" auf zu machen. Es wäre vielleicht noch zu erwähnen, dass nicht eine einzige Erdnuss gegessen wurde und zwar aus dem Grund, weil Conny völlig vergessen hatte, die Dosen aufzumachen und anzubieten. Der Wodka war jedoch auch ohne Salzköder komplett getrunken worden.

Auf dem Weg zum "Bolero" unterhielt sich Jenny fast ausschließlich mit Hanno Nils und Toni. Tina und ich waren wohl auf Grund der anderen Mädels uninteressant geworden. Conny hatte sich ohnehin bereits festgelegt und wich kaum von Tamaras Seite oder sie nicht von seiner. »Ach du Scheiße, schaut mal, was da für 'ne Schlange vor der Türe ist.« »Conny, schau mal auf den Tacho, die machen erst in fünf Minuten auf, deswegen die Schlange. Da sind wir ruck zuck drin.«, beruhigte ich Conny. Ich sollte Recht behalten mit meiner Vorhersage, denn nach etwa fünf Minuten wurde die Türe vom "Bolero" geöffnet und weitere fünf Minuten später standen wir mit einem Freigetränkebon in einer nahezu leeren Disco. »Ward ihr schon mal hier?«, wollte Hanno von Jenny wissen. »Neee, bis jetzt noch nicht und momentan sieht's auch nicht so aus, als wenn hier heute Abend noch Stimmung aufkommen wird.« »Keine Sorge, um zwölf fängt die Band an zu spielen und dann ist der Laden voll. So ist das jeden Abend und die Stimmung ist mega, auch wenn die Band nicht so richtig Textsicher ist.«, bereitete Hanno die beiden schon mal vorsichtig darauf vor, was später noch passieren würde. Jenny registrierte das Letzte jedoch nicht mehr, da sie einigermaßen erstaunt in Richtung Eingang blickte, wo sich immer mehr Menschen Einlass in den Innenraum der Disco verschafften. »Wow, du scheinst ja echt Recht zu haben, da kommen ja immer mehr Leute.« »Hab ich doch gesagt.«, grinste Hanno selbstsicher. In dem Moment betraten die Mitglieder der Band die Bühne und gingen zu ihren Instrumenten. Das inzwischen recht zahlreich vorhandene Publikum begleitete dies mit entsprechendem Beifall und Jubelpfiffen. Belustigt schaute ich mir die Reaktionen von Jenny und Tamara an, die offensichtlich überhaupt nicht verstanden, was gerade passierte. Sie schauten völlig gespannt auf die Bühne, weil sie bei dieser Zuschauerreaktion natürlich eine bombastische Show erwarteten. In dem Moment ertönten die ersten Akkorde der Gitarre und auch Schlagzeug und Bass setzten ein. Wieder gab es Beifall und das, obwohl nur die jenigen, die das Lied in der Gemini Version kannten, darin Nenas 99 Luftballons wieder entdecken konnten. Jetzt würde sich herausstellen, ob die Mädels wirklich partytauglich waren oder ob sie innerhalb der nächsten Minuten naserümpfend die Disco verlassen würden. Zu Connys Glück und durch die Hilfe unseres Freundes Wodka, waren sie partytauglich und nach kurzer, anfänglicher Skepsis, standen wir alle wild abfeiernd auf der Tanzfläche. Das Gemini Fieber hatte wieder um sich gegriffen und das ganze "Bolero" war infiziert. Nach etwa zwei Stunden hatte die Band eine kurze Pause, die wir nutzten, um unser Freigetränk an der Theke zu holen. Pünktlich zum zweiten Set der Band standen wir wieder auf der Tanzfläche, wobei Conny recht offensiv Tamara antanzte, der das augenscheinlich gut zu gefallen schien, weil sie das Spiel mitmachte oder besser gesagt mit tanzte. »Na, Nils, was meinst du, da geht doch noch was, oder?« »Lass es mich so sagen, Winnie. Conny gräbt heftiger als die Großmutter aller Maulwürfe und Tamara scheint das Ganze auch gut zu gefallen.« Es sollte noch besser für Conny kommen, denn Tamara war nicht nur trinkfest, für Party zu haben und zugänglich für Connys Baggerkünste. »Jungs, nach dem ganzen Getanze und der Sauferei, hab ich irgendwie Hunger, ist hier nicht Burger King in der Nähe?« Man konnte förmlich sehen, wie Connys Augen begannen zu leuchten. »Ja klar, ist gleich hier auf der Ecke, ich bin dabei, kann auch noch was zum Beißen vertragen.« »Warum wundert mich das jetzt so überhaupt nicht, dass du das sagst?« »Keine Ahnung Tina, kann ich mir auch nicht erklären?«, grinste Conny. Kurz darauf verließen wir nass geschwitzt die Disco. »Jungs, wollt ihr auch alle noch was essen? Ich hab gar keinen Hunger und würde am liebsten ins Hotel, Duschen und ins Bett. Wäre cool, wenn ich nicht alleine gehen müsste.« Ich bin mir nicht sicher aber ich würde doch einiges drauf wetten, dass ich ein Zwinkern von Tamara gesehen hatte, als wir alle beschlossen Jenny zu begleiten und Conny und Tamara alleine essen zu lassen. Da wir alle müde waren und es bereits kurz nach vier war, gingen wir auf dem schnellst möglichen Weg zum Hotel. Wir holten unsere Zimmerschlüssel und fuhren mit dem Aufzug in unsere Etage. »Sag mal, sollen wir morgen zusammen zum Strand gehen, Jenny?«, fragte Hanno. »Ich glaube wir werden morgen ziemlich lange schlafen und dann eher zum Pool gehen. Außerdem habt ihr versprochen, dass wir morgen zwei von euch eine Schönheitskur verpassen dürfen.« »Ach ja, da war ja noch was, das hätte ich ja fast vergessen.«, kam es von Nils zögerlich. »Ich auch.«, flüsterte Tina verhalten. »Schon klar, dass ihr da nicht mehr dran gedacht habt, ihr seid ja auch die Auserwählten.«, lachte Toni. »Mal was ganz anderes, was haltet ihr davon, wenn wir morgen Karten kaufen gehen und die dann anschließend mit einem erfrischenden Kaltgetränk auf dem Balkon oder am Pool schreiben? Anschließend könnten wir uns dann in Ruhe das Schönheitsspektakel reinziehen.«, grinste ich. »Ach ja, ich muss ja auch noch ein Mitbringsel für Sandy besorgen.« »Reicht es nicht, dass du dich morgen von einem netten Mädel extra schön machen lässt für Sandy?«, stichelte Nils. »Leute, damit mal eins klar ist, wenn ich mich da morgen Schönheitskurrieren lasse, dann erfährt Sandy da nix von! Schlimm genug, dass ich die Scheiße mit dem Ring am Hals habe, da brauch ich nicht noch mehr Zündstoff für Stress.« »Ui, da hat aber einer mächtig Muffensausen, nur gut, dass du ja nicht unterm Pantoffel stehst.« »Ach halt doch den Mund Hanno, du hast doch keine Ahnung.« »Sollen wir das lieber lassen mit der Schönheitskur, wir wollen nicht, dass du Ärger bekommst?«, fragte Jenny etwas zögerlich. »Ich krieg keinen Ärger, wir können das ruhig machen. Man muss es ja meiner Freundin nicht auf die Nase binden und außerdem ist ja auch nichts dabei.«, trotzte Tina. »Prima, dann haben wir ja schon wieder einen Plan für morgen, Frühstück an der „Malibubar" oder im Supermarkt, Karten kaufen, Karten schreiben und dann Schönheitskurcomedy und alles in Begleitung von kühlen Getränken.« »Genau Winnie, das wird quasi ein richtiger Frauentag, Shoppen und Beauty.«, kam Tonis Antwort und das Gelächter war groß. Wir wünschten Jenny eine gute Nacht, warteten bis sie heil in ihrem Hotelzimmer verschwunden war und begaben uns in unsere Unterkünfte mit dem Wissen, dass Erdnüsse bei der Jagd nach Weibswild völlig unnötig sind, so lange genug Wodka zum Einsatz kommt.

Shopping mit Hooligans

Am folgenden Tag durfte Conny am eigenen Leib erfahren, wie es ist, permanent genervt zu werden. Wir wollten natürlich alle Details von dem Zeitpunkt an wissen, nachdem wir die beiden im Burger King alleine gelassen hatten. Leider waren die Details nicht besonders aufregend, da kein leeres Hotelzimmer zur Verfügung stand, war es lediglich zu einem etwas intensiveren Gute Nacht Kuss gekommen.
Im Supermarkt angelangt, fing uns die freundliche Verkäuferin gleich an der Türe ab, um uns die traurige Mitteilung zu machen, dass sie heute keine Pizza Brötchen hätte, was für ein Skandal. Damit war unsere Planung völlig über den Haufen geworfen und fünf Minuten später saßen wir, erneut in der „Malibubar". Eine Speisekarte brauchten wir schon lange nicht mehr und so nahm der Kellner gleich unsere Bestellung auf. Zweimal Calamari, dreimal Spaghetti und einmal Hamburger, so sollte unser Frühstück an diesem Tag aussehen. Nicht zu vergessen die obligatorischen Bier. Plötzlich deutete Nils in Richtung Strand. »Schaut mal, sind das nicht die beiden Mädels mit der Weinflasche?« »Ja, du hast völlig Recht.«, bestätigte ich, denn es waren in der Tat Simone und Simone, die sich keine 50 Meter von uns entfernt gerade abtrockneten. »Schaut mal, die zwei kommen gerade rüber zur Bar.«, stellte Toni fest. Eine knappe Minute später schritten die beiden durch die Bar in Richtung Theke, hatten uns jedoch noch nicht bemerkt. »Hallo die Damen, eine Frage, haben die hier auch Wein?«, fragte ich

lächelnd. »Oh hallo, na das ist ja eine Überraschung. Wir haben keine Ahnung, ob die hier Wein haben, wir hatten tatsächlich vor, eine Cola zu trinken.«, lachte die blonde Simone. »Sagt mal, wie heißt ihr denn überhaupt? Ihr wisst jetzt, dass wir beide Simone heißen und wir haben keine Ahnung, wie eure Namen sind, das ist ja irgendwie nicht fair oder sollen wir euch Helfer in der Not nennen?«, fragte die dunkelhaarige Simone. Die beiden Mädels hatten natürlich völlig Recht und wir stellten uns der Reihe nach vor, damit sie uns in Zukunft auch mit Namen ansprechen konnten. Anschließend holten sie sich an der Theke eine Cola und gingen wieder zu ihren Handtüchern, wobei sie uns im Vorbeigehen noch einmal zuwinkten. »Wir wollen übrigens heute Abend ins „Xiroi".«, rief Hanno den zwei noch hinterher, was sie mit einem Lachen und einem Zwinkern kommentierten. »Sag mal hab ich was verpasst oder hatte ich wieder Sekundenschlaf? Wann haben wir denn ausgemacht, dass wir heute Abend ins „Xiroi" gehen?«, fragte Nils ein wenig verwirrt. »Ach ja, das haben Conny und Tamara wohl gestern ausgemacht und er hat es mir heute Morgen schon gesagt.« »Hoch lebe die Diktatur! Wer brauch schon Mitspracherecht, das ist nur was für Leute mit eigener Meinung.«, mokierte sich Toni. »Jetzt komm schon, ist das jetzt so schlimm? Wir waren doch gestern im "Bolero" und das „Physical" finden wir alle nicht so super, oder?«, fragte Conny etwas verschüchtert. »Schon okay, wollte dich nur ein wenig verarschen, klar ist „Xiroi" okay, ist eh die beste Disco hier am Ort.«, beruhigte Toni den etwas verunsicherten Conny. Damit war also bereits zu rekordverdächtig früher Stunde die Abendplanung nahezu abgeschlossen. Wir waren inzwischen mit dem Essen fertig, bezahlten und machten uns auf den Weg zur Hauptstraße. Man merkte förmlich, wie Tina immer nervöser wurde, je näher wir der Einkaufsmeile kamen. Ich stieß Nils vorsichtig an und flüsterte ihm zu »Schau mal, Tina hat immer noch keine Idee, was er mitbringen soll und steht deswegen kurz vor einem Nervenzusammenbruch.« »Dann lass ihm noch ein wenig Schonzeit einräumen und erst mal Ansichtskarten kaufen.«, kam Nils geflüsterte Antwort. Getreu diesem Plan, lotsten wir unbemerkt den ganzen Trupp in einen der zahlreichen kleinen Läden, der bereits vor der Türe einige Kartenständer aufgestellt hatte. Im Innern des etwa zehn Quadratmeter großen Ladens waren noch acht weitere Kartenständer, zwei Kühlschränke und ein Zeitungsstand. Wie wir mit sechs ausgewachsenen Personen ebenfalls in diesen Raum passten, wird auf immer unser Geheimnis bleiben. »Hey Leute, Sauerstoff wird ja weitestgehend überbewertet, aber wenn wir noch lange hier in dem Laden bleiben, kollabier ich.« »Jetzt jammer nicht rum Hanno, außerdem hattest du eine tolle Idee, wie wär's mit Cola Bier an Stelle von kollabier?«, lachte Toni. »Lass das Cola weg und es wird ein Schuh draus oder besser 'ne Dose.«, lachte ich, und holte ein Sixpack Dosen aus einem der Kühlschränke, drehte mich zu einem älteren Spanier, der neben einer Kasse saß und bezahlte die 400 Peseten. Von da an konnten wir erfrischt und in Ruhe nach Karten suchen. Den zuvor noch angesprochenen Sauerstoff vermisste plötzlich keiner mehr. Das San Miguel schien ein hervorragender Ersatz zu sein und pünktlich zum Dosenende waren genügend Karten ausgesucht. Wir kauften zwei unterschiedliche Typen von Karten, die normalen Ansichtskarten für die Verwandtschaft und die etwas anderen Karten. Auf denen waren auch ab und an einige Berge und Hügel zu sehen, allerdings hatten sie nicht wirklich etwas mit Landschaft zu tun. Diese Karten waren für Freunde und Bekannte gedacht, die sich sicherlich mehr über derartige Motive freuen würden, als über die herkömmlichen. Wir orderten gleich die passende Menge Briefmarken, Nils bezahlte alles und nahm eine Papiertüte entgegen. »Leute wir müssen jetzt aber aufpassen, dass wir die Karten nicht verwechseln. Wenn meine Oma so eine Tittenkarte kriegt, fällt die in Ohnmacht.«, sagte ich, während wir den Laden verließen. »Na dann schreibst du die Karten am besten halbwegs nüchtern, zumindest die Adressen, sonst gibt's noch 'nen Unfall.«, lachte Nils. In diesem Moment gingen wir am „Chocolate" vorbei und ich bemerkte aus dem Augenwinkel, dass der Laden merkwürdig gelb und schwarz wirkte. Ich drehte den Kopf und sah, dass etwa zehn Jungs in Trikots von Borussia Dortmund die Bar bevölkerten und sich große Gläser Gerstenkaltschale in die Figur schütteten. »Schaut mal Leute, der ganze Laden ist voller Bienen.«, machte ich die anderen darauf aufmerksam. »Was, wo sind Bienen, ich hasse die Viecher, ich trete da immer rein.«, rief Tina leicht panisch und schaute sich um. »Oh man du Pfeife, Winnie meinte keine Fluginsekten sondern die BVB Fans da vorne.«, klärte Toni die Situation auf. »Oh, die falsche Borussia hat hier ein Lager aufgeschlagen, naja immer noch besser als die Bayern?«, witzelte Hanno. »Alter, alles ist besser, als die Bayern, außer Kölner vielleicht.«, konterte Toni. »Kommt schon, wenn wir ehrlich sind, macht es doch gerade gegen Köln richtig Spaß, was wäre denn die Liga ohne coole Derbys und was gibt's für ein geileres Derby als Fohlen gegen Böcke?« »Ja du hast ja Recht, Winnie aber als Borusse muss man einfach gegen Köln reden, auch wenn man es vielleicht nicht immer ernst meint und übrigens: Schalke gegen die Bienen ist auch kein schlechtes Derby.« Während wir weiter gingen und ein wenig über Derbys diskutierten, bemerkte ich wieder eine Farbe aus dem Augenwinkel. Diesmal war es Blau und befand sich auf der anderen Straßenseite. Zuerst dachte ich, es wäre ein schlechter Scherz aber es kamen wirklich acht Jungs in Schalke Montur die Straße entlang. »Freunde, was passiert denn jetzt hier, haben die sich verabredet oder was?«, fragte Nils, der die Blauen, die alle eine Dose San Miguel in der Hand hielten, ebenfalls bemerkt hatte. »Ich habe keine Ahnung, vielleicht wollen die alle zusammen feiern, die einen den Champions League Sieg letztes Jahr und die Eurofighter den Uefacup. Ich hoffe nur das ganze läuft friedlich ab, beide Parteien machen einen ziemlich angetrunkenen Eindruck und das ist nicht gerade gut. Wir sollten auf jeden Fall einen Schritt schneller gehen, nur zur Vorsicht«, warnte ich. Ich hatte die Warnung noch nicht ausgesprochen, da erblickte die Schalkefraktion die Dortmundanhänger, was wir daran erkannten, dass laute Schmähgesänge ala *"schwarze Füße, gelbe Zähne BVB"* auf die gelb schwarzen erklangen. Das Echo ließ natürlich nicht lange auf sich warten und ein lautes, mehrstimmiges *"Scheiße 04"* erklang. Während wir in eine Kneipe einkehrten, um das Ganze mit einem Bier aus sicherer Entfernung zu beobachten, wurde das Wortgefecht der feindlichen Fanlager immer heftiger. Der Kellner, der uns das bestellte Bier brachte, schaute ebenfalls ein wenig irritiert in Richtung der inzwischen recht wüsten Beschimpfungen. Dann passierte es. Aus dem „Chocolate" flog ein halb voller Bierkrug über die Straße, krachte unter lautem Klirren, etwa einen Meter vor dem ersten Schalker auf den Asphalt und zerbrach in tausend Scherben. Nachdem die erste Verwunderung abgeschüttelt war, erwiderten die Blauen das Feuer und warfen ihre Bierdosen auf die Außenterrasse des „Chocolates", auf der sich Gott sei Dank, außer den Dortmundern, keine Gäste befanden. War bis zu diesem Zeitpunkt noch niemand ernsthaft verletzt worden, eskalierte die Situation nun vollständig. Die BVBler stürmten aus der Bar, und die Schalker ihrerseits liefen ihnen entgegen. Sie trafen sich genau auf der Mitte der Straße und eine heftige Prügelei entbrannte. Während wir in relativem Abstand an einem zu einem Stehtisch umfunktionierten Fass standen und unser Bier tranken, wurden ein paar Meter weiter Trikots extremen Belastungstests unterzogen, Nasen blutig geschlagen und Haare ausgerissen. »Das ist aber ganz schön heftig, wie wollen die das denn in den Griff kriegen?«, fragte Conny und er sollte umgehend eine Antwort erhalten. Wie aus dem Nichts tauchten drei grüne Jeeps der Guardia Civil auf und wir durften live erleben, dass deeskalierende Maßnahmen in Spanien ein wenig anders aussehen, als in Deutschland. Aus jedem Wagen sprangen vier Polizisten, die keinerlei Worte verloren, ihre Schlagstöcke zogen und diese ohne Vorwarnung benutzten. In Windeseile lagen die Jungs, die sich eben noch geprügelt hatten, wie von einem Tsunami überrollt auf der Straße. Drei der Polizisten steckten die Schlagstöcke weg und legten den am Boden liegenden Handschellen an. Kurz darauf fuhr ein großer grüner Transporter vor, die Jungs wurden wie Gepäck verladen und abtransportiert. Zwei der Jeeps verschwanden ebenso schnell, wie sie gekommen waren, während die Besatzung des dritten noch mit dem Barbesitzer des „Chocolates" sprach und kurz darauf ebenfalls davonfuhr. Nun erinnerte nichts mehr an das, was gerade stattgefunden hatte, außer dem Bierfleck auf der Straße und die Scherben des Bierkruges. »Das war aber krass, so was hätte es in Deutschland nicht gegeben.«, kommentierte Nils staunend. »Natürlich nicht, da hätten die Polizisten versuchen müssen, mit Worten und Drohungen deeskalierend zu wirken. Notfalls hätten sie sich zusammenschlagen lassen, weil sie ansonsten verklagt worden wären, wenn sie auch nur einen der Hools grob angefasst hätten.« »Völlig richtig Hanno und hier wird erst mal geknüppelt und dann gefragt, sehr viel effektiver und für die Polizisten ungefährlicher.«, stellte Conny fest. »Also wenn ich ehrlich bin, habe ich auch nach dem Knüppeln keinen der Polizisten reden, geschweige denn Fragen stellen gehört.« »Völlig richtig Tina aber ich bin froh, dass wir uns schnell vom Acker gemacht haben, sonst wären wir noch als Kollateralschaden im Transporter gelandet.«, beendete ich unser Resümee. »Sollen wir zahlen und dann mal sehen, ob wir irgendetwas finden, was ich Sandy mitbringen kann?« »Hab ich das gerade richtig gehört, ob wir was finden, was du mitbringen kannst?«, schaute Nils fragend. »Jetzt kommt schon Leute, helft mir mal ein klein wenig. Ich habe echt keine Ahnung und wenn ich den verlorenen Ring beichte, dann muss danach ein Megamitbringsel kommen, was den Ring vergessen lässt.« »Also mein Vater hat meiner Mutter immer Parfum von der Kegeltour mitgebracht und das kam super an.« »Das ist 'ne prima Idee Winnie, jetzt nur noch einen Laden finden, und 'nen leckeren Duft aussuchen.« »Wieso 'nen Laden finden? Du kannst das Parfum doch auch im Duty Free Shop kaufen.«, schlug Hanno vor. »Nein, das ist mir erstens zu knapp, nachher finde ich da nix, oder es kommt was dazwischen, und zweitens hätte ich es gerne schön eingepackt und nicht in einer Duty Free Shop Tüte.« »Na toll, der feine Herr will ein Schleifchen drum haben und wo bitte sollen wir jetzt in Cala Ratjada einen Parfümladen finden, Douglas gibt's hier bestimmt nicht.« »Mit Douglas könntest du Recht haben, Hanno aber Douglas brauchen wir auch nicht. Schau mal da vorne der Laden, da steht groß EuroParfum drüber.« Toni hatte tatsächlich einen Parfümladen gefunden und uns wurde es langsam unheimlich, wie oft der Zufall in diesem Urlaub bereits unser guter Freund war. Wir überquerten die Straße und betraten den gut klimatisierten Laden. Im Grunde war das Ziel ja ein geeignetes Parfum für Sandy zu finden aber wie wir so vor den Regalen standen, bemerkten wir, die günstigen Preise und unsere feminine Seite ging mit uns durch. »Leute ich glaub ich hol mir auch 'nen neuen Duft.«, stellte Hanno fest und kurz darauf standen fünf Jungs vor den Herrendüften und einer vor den Frauendüften. Eine knappe halbe Stunde später hatten alle etwas gefunden, alle außer Tina. »Leute ich weiß nicht, was ich nehmen soll.« »Tina, du wirst doch wohl wissen, was du gerne riechst.« »Ja das weiß ich auch, Nils aber ich hab doch keine Ahnung, was Sandy gut findet.« »Diese Ahnung wirst du auch in einer Stunde nicht haben, also nimm einen Duft, den du gerne demnächst an ihr riechen möchtest.«, riet ich ihm, worauf er sich ein Herz fasste und eine Flasche Cool Water aus dem Regal nahm. Kurz darauf an der Kasse bezahlte Conny sein rotes Joop, ich mein Farenheit, Nils und Toni hatten sich für zwei Düfte von Hugo Boss entschieden und Hanno würde in Zukunft nach Jean Paul Gaultier riechen. Dann stellte Tina seine Beute auf die Theke. Die Verkäuferin schaute ein wenig verstört und machte Tina dann darauf aufmerksam, dass es sich bei dem Parfum nicht um einen Herren, sondern um einen Damenduft handele und zeigte auf das Regal, wo das männliche Pendant zu finden war. Etwas schockiert, klärte Tina die Situation auf und fragte die Verkäuferin, ob sie das Parfüm einpacken könnte. Lächelnd nickte sie und anschließend konnten wir mit einem sehr zufrieden grinsenden Tina den Laden verlassen. Auf dem direkten Weg ging es dann zurück zum Hotel. Wir Hatten unsere Shoppingtour erfolgreich beendet und dabei noch eine Hooligan Schlägerei sowie einen spanischen Polizeieinsatz epischen Ausmaßes bewundern dürfen. Unglaublich, was Cala Ratjada für einen Unterhaltungsfaktor zu bieten hat.

Nichts geht über eine gute Vorbereitung

Wir brachten unsere neuen Düfte auf die Zimmer, warfen uns in Badeklamotten und gingen mit Handtüchern und allem, was wir zum Kartenschreiben brauchten zum Pool. Tamara lag auf einer Liege in der prallen Sonne, während Jenny auf einer Luftmatratze durch den Pool dümpelte. Conny begann sofort freie Liegen aus der Umgebung heran zu ziehen damit wir unser Lager neben den beiden Mädels aufschlagen konnten. »Na so was, sind die Herren vom Shopping wieder zurück? Ich hoffe ihr wart erfolgreich und hattet Spaß?« Wie viel Spaß wir hatten, während Bierkrüge und Dosen über die Straße flogen, berichtet Conny der aufmerksam lauschenden Tamara. Auch Jenny, die inzwischen aus dem Pool zu ihrer Liege kam, machte große Augen, als Conny auf sehr dramatische Art und Weise beschrieb, wie wir uns gerade noch in eine Bar retten konnten, bevor hinter uns die Hooligan Schlacht losbrach. »Da sind wir aber froh, dass wir euch heil wieder sehen.«, lachte Tamara, die irgendwie nicht so ganz den Eindruck machte, als würde sie die Story von Conny in all ihrer Dramaturgie wirklich komplett glauben. »So Leute, wir haben noch was zu erledigen, also los geht's, jeder hat eine Aufgabe!«, trieb ich die Jungs ein wenig an. Tamara und Jenny waren neugierig, was es beim Kartenschreiben für Aufgabenverteilungen geben konnte. Ich erklärte ihnen nichts, sondern gab lediglich den Rat, uns einfach zuzusehen und zu lernen, wie man perfekt organisiert Urlaubskarten schreibt. Dann ging es los, wie wir es bereits vor der eigentlichen Tour an einem Tuppabend geplant hatten. Hanno stand auf und organisierte Bier, während die anderen die Ansichtskarten in familientauglich und nicht familientauglich sortierten. Als Hanno zurückkehrte, hatte bereits jeder die Anzahl von Karten, die er benötigte. Jeder nahm sich ein Bier vom Tablett, es wurde sich zugeprostet und nach einem beherzten Schluck begannen wir, die Adressen auf die Karten zu schreiben. Anschließend nahmen sich Conny, Nils und Hanno alle Karten und versahen sie mit Briefmarken. Sobald eine Karte fertig war, reichte ich sie an Toni weiter, der in der Folge alle Karten schrieb oder besser gesagt, er stempelte sie. Wir hatten uns einen Stempel machen lassen, auf dem stand:

Viele Grüße aus dem sonnigen Cala Ratjada, Wetter ist super, Hotel ist gut und wir haben Spaß. Liebe Grüße.

Sobald eine Karte gestempelt war, unterschrieb ich sie und reichte sie wieder zurück an die anderen, die sie ebenfalls alle mit ihren Namen versahen. Auf diese Weise waren innerhalb einer viertel Stunde alle Karten geschrieben, das heißt, nicht wirklich alle Karten hatten sechs Unterschriften und nicht wirklich alle waren gestempelt. Es war natürlich eines Tinas unwürdig eine gestempelte Karte an seine geliebte Sandy zu schicken. Seine Karte musste eine individuelle Meisterleistung sein, ein lyrischer Leckerbissen, ein Meilenstein der Ansichtskartenschreiberei, der auf ewig seines Gleichen suchen würde. Aus diesem Grunde hatte er bislang auch noch keine der anderen Karten unterschrieben und hatte auch noch nichts von seinem Bier getrunken. Von seinem ersten wohl gemerkt, während wir anderen bereits unser zweites in Bearbeitung hatten. »Sag mal, schreibst du 'ne Karte oder ein Buch? Lass mal gucken, was du schon für geistigen Dünnpfiff verfasst hast.«, sagte Hanno und nahm Tina die Karte weg, bevor er reagieren konnte. »Hallo Goldstück.... das ist alles? Mehr hast du noch nicht geschrieben in den letzten zwanzig Minuten, das ist doch nicht dein Ernst?« Mit diesen Worten drehte Hanno die Karte und zeigte uns das recht klägliche Ergebnis von Tinas Schreibkunst. »Das ist gar nicht so leicht mit dem scheiß Schreiben.«, versuchte sich Tina mit hoch rotem Kopf zu entschuldigen. »Meine Güte, du schreibst jetzt im Grunde das, was auf unserem Stempel steht, dann vielleicht noch ein *Vermiss dich* drunter und vielleicht ein *Ich liebe dich* und damit ist das Ding durch. Hast du noch nie im Leben eine Karte geschrieben oder 'nen Liebesbrief, du Anfänger?«, lästerte Nils. Begleitet von Jennys und Tamaras Lachen, schrieb Tina mit rotem Kopf die Karte voll und begann dann die übrigen zu unterschreiben. Endlich waren alle Karten fertig und die Mädels waren sichtlich beeindruckt von unserer äußerst effizienten Art Urlaubskarten zu schreiben.

»Wie machen wir das denn jetzt mit der Schönheitsbehandlung?«, wollte Tamara wissen. »Ich schlage vor, wir kommen nach dem Abendessen zu euch und während wir vorfluten, könnt ihr die beiden aufhübschen. Danach können wir dann zusammen ins „Xiroi". Was haltet ihr davon?« Da weder die Mädels noch einer von uns etwas an Connys

Vorschlag auszusetzen hatte, stand die Abendplanung. Nach einer Runde Planschen im Pool, wurden die Sachen gepackt und die Schlüssel an der Rezeption geholt. Wir warfen die Karten in die Postbox und gingen auf die Zimmer. Noch auf der Treppe bemerkten wir, wie sich die Portiers über unsere gestempelten Karten amüsierten, als sie diese aus der Postbox nahmen.

Schöner als Mr. „Xiroi"

Zwei Stunden später standen wir gut genährt vom Abendessen mit Bacardi, Cola und einem Sack Eiswürfel vor dem Zimmer der Mädels. Nils hatte zwecks Beweissicherung seinen Fotoapparat geholt und somit konnte die Beautykur beginnen. Als Jenny uns die Tür öffnete und wir das Zimmer betraten, war Tamara gerade damit beschäftigt, ein Arsenal unterschiedlicher Kosmetikartikel auf der Kommode auszubreiten. Ich erkannte deutlich einen Ausdruck der Unsicherheit auf den Gesichtern von Tina und Conny, denn beiden war offensichtlich in diesem Moment nicht wirklich wohl in ihrer Haut. »Na los Leute, erst mal einen kleinen Drink zum Locker werden, ihr zwei seht aus, als könntet ihr den brauchen.«, lachte ich und begann in den von uns ebenfalls mitgebrachten Plastikbechern acht Bacardi Cola zu mischen. Nach der ersten war eine Flasche Schnaps zur Hälfte leer und die beiden Aufzuhübschenden ein wenig entspannter. »Auf geht's Jungs, macht euch mal obenrum frei und legt euch entspannt aufs Bett.«, gab Tamara das Kommando. »Warum sollen wir denn das T-Shirt ausziehen?«, zögerte Tina ein wenig. »Jetzt stell dich nicht so an, wir wollen eure Klamotten nicht einsauen und keine Sorge, dabei bleibt es dann auch, eure Hosen könnt ihr anlassen.«, lachte Jenny, während Tina und Conny ihren Oberkörper entblößten und sich auf die beiden Betten legten. Ich machte mich derweil daran eine zweite Getränkerunde zu mischen. »Die beiden trinken jetzt aber erst mal nix mehr?« »Warum dürfen wir nix trinken, Jenny, müssen wir etwa nüchtern bleiben?« »Nein ihr müsst nicht nüchtern bleiben, Conny, aber ihr bekommt jetzt eine Gesichtsmaske verpasst und die muss eine Weile drauf bleiben. Mit der Maske kann man nicht trinken.« Mit diesen Worten kam Tamara mit einem kleinen Schälchen, in der sie eine Maske angerührt hatte. Das ganze sah ein wenig aus, wie eine Modelliererin, die einen Gipsbecher mit frischem Gips in der Hand hielt. Dann bekamen Conny und Tina Wattepads auf die Augen gelegt und Tamara begann Conny die Maske im Gesicht zu verteilen und Jenny tat es ihr bei Tina gleich. Nach etwa fünf Minuten hatten beide etwas von einem Pantomimenclown und mussten unser aller Spott über sich ergehen lassen. Natürlich ließen wir sie auch permanent wissen, wie außerordentlich gut der eiskalte Rum Cola schmeckte und dass sicher nichts mehr da sein würde, wenn die beiden die Masken wieder los wären. Tamara hatte sich inzwischen mit einem kleinen silbernen Instrument bewaffnet, von dem keiner von uns auf Anhieb wusste, was es war. »Was ist das denn für ein Mordinstrument?«, wollte Hanno wissen. »Na was denkst du denn, wonach sieht es denn aus?« »Naja Jenny, wenn ich ehrlich sein soll, es sieht ein wenig so aus, als würde Tinkerbells Gynäkologe es benutzen.« Nach dieser Aussage von Hanno merkte man, dass sowohl Tina, als auch Conny nervös schienen, da sie ja auf Grund der Wattepads nichts sehen konnten. »Du Spinner, das ist eine Wimpernzange und bevor ihr euch in die Hosen macht, das ganze tut nicht weh.« Mit diesen Worten nahm Tamara vorsichtg das erste Wattepad von Connys Auge und brachte seine Wimpern in

Form. Sie befahl ihm allerdings streng die Augen geschlossen zu halten. Nachdem sie mit Conny fertig war, gab sie die Zange an Jenny weiter, die Tina auf dieselbe Weise bearbeitete. »Aua, was zur Hölle war das denn?«, schrie Conny auf einmal. »Na ich zupf dir gerade mal deine wild wuchernden Augenbrauen in Form, du siehst ja fast aus wie unser Finanzminister.«, kam prompt Tamaras Antwort. Im selben Augenblick widerfuhr Tina das gleiche Schicksal, was uns alle natürlich aufs äußerste belustigte und zu weiteren dummen Sprüchen animierte. Eine knappe halbe Stunde später hatten Conny und Tina schön gefeilte Fingernägel, eingecremte Hände, die zweite Flasche Schnaps war mehr als halb leer und alle außer den beiden Pantomimenclowns hatten leicht einen sitzen. »So ihr zwei, jetzt war die Maske lang genug drauf.«, bereitete Tamara die beiden auf ihre Erlösung vor. Unter dem weißen, inzwischen etwas eingetrockneten Quark ähnlichen Paps, breitete sich ein Grinsen auf Tinas Gesicht aus. Die Mädels begannen damit, die Maske vorsichtig mit Kosmetiktüchern zu entfernen. Anschließend bekamen die Jungs noch die Gesichter eingecremt, dass sie glänzten wie eine Speckschwarte und dann hatten sie es endlich geschafft. Stolz betrachteten die beiden Mädels ihre Kunstwerke. »Richtig gut seht ihr jetzt aus, ich bin echt zufrieden mit uns.« »Jenny, die beiden sahen noch nie gut aus! Nach eurer Behandlung sehen sie vielleicht ein bisschen weniger scheiße aus, aber wenn du 'ner Ziege den Arsch rasierst und 'ne Krawatte umbindest, bleibt es trotzdem eine Ziege.« »Winnie du Arsch, so gut wie du sehen wir aus, wenn uns der Föhn explodiert ist und jetzt mach uns endlich was zu trinken, ich bin schon so dehydriert, wenn ich pinkle sieht das bestimmt aus wie gelbe Zahnpasta.« Unter lautem Gelächter entsprach ich Connys Wunsch und machte uns allen noch ein Getränk. Dies bedeutete, dass die dritte Flasche angebrochen werden musste. Conny und Tina tranken ihre Becher in Lichtgeschwindigkeit und während Tina sein Shirt wieder anzog, mischte Conny den beiden einen weiteren Drink. »Alter, versuchst du jetzt mit einem Getränk das aufzuholen, was wir die letzte Stunde gesoffen haben?« »Warum das denn, Nils?« »Naja, weil du keinen Platz mehr für Cola in dem Becher hast, wenn du auch nur einen Eiswürfel zu dem Rum packst.« »Das wollen wir mal seh'n.«, trotze Conny und ließ in jeden Becher einen Eiswürfel gleiten. »Verdammt, ich glaube du hast Recht gehabt.« »Bist du bescheuert, wir können doch den Rum nicht pur trinken.« »Jetzt stell dich nicht so an Tina, wir trinken nur einen kleinen Schluck ab und schütten dann Cola nach. Wenn's dann immer noch zu stark ist, machen wir das Ganze noch mal.« Gesagt getan, beide nahmen etwas angewidert einen Schluck aus dem Becher, schütteten Cola nach und tranken vorsichtig noch einmal. »Das ist schon viel besser aber ich glaube ich pack noch etwas Cola nach.«, stellte Tina fest und griff sich die Flasche. »Oh man, ihr seid echt Deppen oder war in der Maske irgendwas drinne, was ihr über die Haut aufgenommen habt und was euer Hirn abschaltet?«, lachte Toni. »Warum?«, wollte Conny entrüstet wissen. »Na weil ihr auch einfach jedem von uns etwas von eurem Rum in den Becher hättet gießen können. Dann wäre mit Cola aufgefüllt worden und alle hätten eine leckere Mischung gehabt.« Nach einem kurzen betretenen Schweigen und einem anschließenden Kichern der Mädels, blieb den beiden nichts anderes übrig, als Toni zuzustimmen, auch wenn Conny es kurz versuchte mit einem »Was ich einmal in meinem Becher habe geb' ich nicht mehr her!« herunter zu spielen. »Sollen wir noch eine letzte Mischung machen, dann ist auch die dritte Pulle leer und wir können beruhigt ins „Xiroi" ohne verwundete hier zurück zu lassen?« Da Nils diesen hervorragenden Vorschlag gemacht hatte, tranken alle die Becher aus und hielten sie ihm, wie abgesprochen, gleichzeitig vor die Nase. Er packte in jeden Becher einen Eiswürfel, teilte die Flasche Rum auf und füllte mit Cola auf. Nachdem wir Conny und Nils noch etwas gehänselt, eine Weile über die zurückliegende Schönheitscomedyshow geredet und unsere Getränke ausgetrunken hatten, machten wir uns auf den Weg. Am „Xiroi" angekommen, wollten wir uns die Freibons holen, anschließend noch ein Bier an der „Malibubar" trinken und darauf warten, dass sich die Disco füllte. Wir trauten jedoch unseren Augen nicht. Am Eingang stand ein lebensgroßer Pappaufsteller eines halbnackten und durchtrainierten California Dream Men Verschnitt mit einem Schild, auf dem *"Today Mr. „Xiroi" competition"* stand. »Och nö Leute, ich hab aber keinen Bock mir heute Abend kreischende Mädels anzutun, die gestählte Lackaffen anhimmeln! Sollen wir nicht lieber ins „Physical"?« Leider ließ sich Tonis Plan nicht in die Tat umsetzen, da die beiden Mädels völlig unverständlicher Weise im „Xiroi" bleiben wollten. »Dann lasst uns schnell in die „Malibubar", ich brauch jetzt einen

Red Bull Wodka Spezial, sonst übersteh' ich den Abend glaube ich nicht.« »Ganz deiner Meinung Winnie, da bin ich dabei.«, pflichtete mir Toni bei. Wir zahlten unseren Eintritt, holten uns den Stempel inklusive Freigetränkebon und gingen wieder zurück zur „Malibubar". Genau genommen gingen Tina, Nils, Toni und ich zur Bar, denn die Mädels wollten die Show von Anfang an sehen und natürlich sollten Hanno und Conny ebenfalls Zeuge dieses weltbewegenden Ereignisses werden. An der „Malibubar" zeigte sich ein erstaunliches Bild. Es war zwar recht viel los in der Bar, jedoch handelte es beim Publikum fast ausschließlich um Männer. »Oh man, ich glaub die ganzen Mädels sind schon im „Xiroi" und die Jungs machen hier Frustsaufen.«, bemerkte Nils. Toni und ich gingen zur Theke und kamen kurze Zeit später mit vier Gläsern Wodka und vier Dosen Red Bull zurück an den Stehtisch, an den sich die anderen beiden gestellt hatten. Während wir uns unsere Getränke ganz behutsam in die Figur schütteten, hielten wir wie immer Ausschau nach brauchbarem Frauenmaterial. Leider blieben Mädels weiterhin Mangelware und wenn welche auftauchten, waren sie meist nur auf der Durchreise und auf dem direkten Weg ins „Xiroi". »Eigentlich ganz schön blöde, die gutaussehenden Mädels, die jetzt hier wären, hätten 'ne riesen Auswahl und im Gegensatz zu den Dream Men auf der Bühne, könnten sie die meisten hier auch haben.« »Nils, die Frauen, die wirklich gut aussehen, haben diese Auswahl immer.« »Ja hast ja Recht Toni, aber wäre trotzdem nett, wenn jetzt ein paar vorbei kämen.« Nachdem wir unsere Drinks intus hatten, entschieden wir, dass uns wohl nichts anderes übrig blieb, als wieder ins „Xiroi" zu gehen, falls wir eine stattliche Zahl netter Mädels sehen wollten. Der Plan war schnell geschmiedet. Rein ins „Xiroi" und darauf warten, dass die schmachtenden Mädels begreifen, dass sie keine Chance bei den Männern auf der Bühne haben. Wenn sie dann traurig und verzweifelt auf der Tanzfläche oder an der Theke stehen würden, wären wir da. Wir wären wie lauernde Jäger an der Wasserstelle und wir würden gnadenlos zuschlagen. Wir sollten jedoch eine kleine Überraschung erleben. Beim Betreten des „Xiroi"s wunderten wir uns schon darüber, dass auffällig viel gelacht wurde und als wir dann weiter hineingingen und die Bühne sehen konnten, wussten wir auch warum. Bei den Jungs auf der Bühne handelte es sich keineswegs um solche Exemplare, wie es der Pappaufsteller vermuten ließ. Es waren ganz normale Typen, von denen wir den ein oder anderen bereits am Strand gesehen hatten. Insgesamt waren es fünf. Zwei von ihnen hatten einen recht guten und sportlichen Körper aber dafür waren sie recht klein. Zwei andere waren größer und die Figur war durchschnittlich und einer war der typische Clown und Publikumsliebling, etwas kleiner und untersetzt. Sie hatten jedoch alle fünf etwas gemeinsam, sie mussten sich nach allen Regeln der Kunst zum Affen machen. Nachdem wir uns kurz umgesehen hatten, sahen wir Conny, Hanno und die beiden Mädels nah an der Bühne stehen. Wir gesellten uns zu ihnen und fragten sie, wie die Show bislang war. »Das ist voll lustig, die mussten schon singen, Bier um die Wette trinken durch einen Strohhalm und jetzt gleich müssen sie Wackelpudding essen, ohne die Hände zu benutzen.«, amüsierte sich Jenny. »Okay, klingt nach Spaß, so lange man nicht selber mitmachen muss. Wer von den Typen ist denn euer Favorit?«, wollte Toni wissen. Erstaunlicherweise hatten alle vier einen anderen Favoriten unter den Teilnehmern. Während Conny und Hanno die beiden mit den gestählten Körpern als Gewinner sahen, empfand Tamara einen der großen am besten, weil sie ihn am „normalsten" fand. Jenny hingegen fand den Clown toll, weil er am lustigsten war. Toni und ich schauten uns an und schüttelten nur leicht mit dem Kopf. Dann ging das Puddingessen los und in kürzester Zeit waren die fünf auf der Bühne vollkommen eingesaut. Am schnellsten war tatsächlich der Clown und unter dem Jubel und den Anfeuerungsrufen des Publikums reckte er die Arme wie Rocky in die Luft und wischte sich anschließend den roten Pudding aus dem Gesicht. Eigentlich fehlte nur, dass er „Adrian" gerufen hätte, dann wäre er als Stallone Double durchgegangen. Im Anschluss verkündete ein langhaariger Moderator, dass jetzt das final entscheidende Spiel stattfinden sollte. Die Jungs hätten drei Minuten Zeit, im Publikum Schuhe von Mädels zu sammeln. Kannten wir das nicht schon von der Miss „Alondra" Wahl? Offensichtlich war es in Mode gekommen, dass bei solchen Wahlen Schuhe gesammelt werden mussten. Der Moderator wies nochmals darauf hin, dass die Damen bitte nur ihrem Favoriten helfen und ihm ihren rechten Schuh geben sollten. Auch das kam mir merkwürdig bekannt vor. Inzwischen hatten sich alle fünf von Puddingresten befreit und waren nun bereit, den Kampf um die Schuhe anzugehen. Das Startsignal wurde gegeben und die Jungs sprangen von der Bühne. Da wir ja in unmittelbarer Nähe standen, dauerte es nur Sekunden, bis der erste der Jungs bei uns stand bzw. bei den beiden Mädels und was musste ich da sehen? Jenny zog ihren Flip Flop aus und drückte ihn einem Wettstreiter in die Hand. »Sag mal Jenny, hast du nicht eben noch gesagt, dass der kleine, dicke dein Favorit ist? Warum gibt's du denn dann dem Muskelpaket deinen Schuh?«, wollte Nils wissen. »Hey, ich bin eine Frau, ich darf meine Meinung alle drei Sekunden ändern! Außerdem hast du mich gefragt, von wem ich glaube, dass er gewinnt und nicht, wen ich am süßesten finde.« »Oh mein Gott, wer Frauen versteht, kann auch durch Null teilen!«, flüsterte ich leise zu Nils, der meine Aussage mit einem eindeutigen Blick bestätigte. Der Moderator begann, die letzten zehn Sekunden herunter zu zählen und die Jungs fanden sich mit den erbeuteten Schuhen wieder auf der Bühne ein. Dann wurde der Sieger ermittelt und es war.... tatsächlich der Clown, mit 15 erbeuteten Schuhen oder Flip Flops. Die Nummer zwei, einer der beiden Normalos, hatte immerhin 12 Schuhe ergattert und das Muskelpaket mit Jennys Schuh hatte insgesamt nur vier und belegte den letzten Platz. »Hui Jenny, das sind ja doppelt gute Nachrichten für dich, erstens hattest du Recht mit deiner Vorhersage, wer gewinnen wird und zweitens finden anscheinend nicht besonders viele Mädels den Typen süß, den du süß findest. Das ist doch prima für dich gelaufen.«, lachte Toni. So richtig Lachen konnte Jenny jedoch irgendwie nicht, zumal der Moderator jetzt alle Schuhe auf einen Haufen warf und beiläufig erwähnte, dass die Mädels sie sich nach der Siegerehrung abholen könnten. Jenny stand nun also erstmal mit nur einem Flip Flop in der leicht siffigen Disco. Der Clown bekam eine Urkunde und einen Gutschein für zehn Freigetränke, anschließend durften die Jungs von der Bühne und etwa vierzig Mädels stürmten zu dem Schuhhaufen. Nach knapp fünf Minuten war Jenny mit vollständigem Schuhwerk und ziemlich genervt wieder zurück. Ihre Miene erhellte sich jedoch auf wunderbare Art und Weise, als auf einmal der kleine Muskelmann vor ihr stand und sich bei ihr bedankte für den Flip Flop. Ohne freien Oberkörper sah er gar nicht mehr so muskulös aus, so war er einfach nur klein. Er schien auch seinen Reiz auf Jenny verloren zu haben, denn sie kanzelte ihn recht schnell ab. Wir konnten nicht hören, über was die beiden redeten aber es dauerte keine zwei Minuten da ging der Muskelzwerg. »Was war denn da los Jenny, ich dachte du fändest den am süßesten?«, stichelte Nils. »Ach was, ich steh nicht auf Looser, außerdem bin ich doch mit sechs Jungs hier, die allemal besser aussehen, als die fünf eben auf der Bühne.« Na das hört man gerne, auf unseren Gesichtern breiteten sich breite Grinsen aus, endlich mal eine Frau, die Ahnung hatte. Während Conny und Hanno sich noch einmal bei Jenny für das Kompliment bedankten und ihr zu ihrem außerordentlich guten Männergeschmack gratulierten, klopfte Tina mir plötzlich auf die Schulter. »Hey schau mal, sind das da nicht unsere zwei Weintrinkerinnen?« Ich schaute in die Richtung, in die Tina gedeutet hatte und tatsächlich, an der Theke standen die blonde und die dunkelhaarige Simone.

»Na dann lass doch mal hingehen und unsere Freigetränke trinken!«, schlug ich vor und zwinkerte Tina dabei zu. Wir gingen also zur Theke und bestellten zwei Bacardi Cola. »Hallo die Damen, heute schon Wein getrunken?«, sprach ich die beiden an, die uns bis zu dem Zeitpunkt nicht bemerkt zu haben schienen. »Unsere Retter, na was für eine Überraschung. Nein heute gab es keinen Wein, gestern war ziemlich heftig, deswegen machen wir heute mal ein wenig langsamer. Bis jetzt hatten wir noch gar nichts alkoholisches heute, aber gerade wollten wir was bestellen.«, klärte uns die dunkelhaarige Simone lächelnd auf. »Oder wolltet ihr euch die knackigen Jungs hier lieber nüchtern ansehen?«, fragte ich lachend. »Na von wegen knackige Jungs, die waren alle irgendwie nicht unser Ding, weder die aufgepumpten, noch die langen Dünnen, und der Clown schon gar nicht. Wenn es danach ginge, hätten wir erst recht saufen müssen, um die schön zu kriegen. Aber jetzt haben wir ja unsere Retter hier und die sehen deutlich besser aus und sind viel sympathischer, als die fünf Kandidaten eben.«, lächelte mich die blonde Simone an. Na so was, hatte ich das nicht vor kurzem in ähnlicher Form schon mal gehört. Na dann musste da wohl etwas dran sein an der Sache. Tina schien ähnlich zu denken, denn er grinste breit und nickte mir zu. »Warum grinst ihr denn jetzt so, macht ihr das immer, wenn man euch Komplimente macht?«, fragte die dunkelhaarige Simone forsch. »Nein, wir sind einfach fröhliche Menschen und da wir solche Komplimente sonst nie hören, freuen wir uns natürlich.«, lächelte ich. »Ach komm, als wenn ihr nie solche Komplimente hört, das könnt ihr eurem Frisör erzählen.« Wir lachten alle und stießen mit unseren Drinks an. Die Mädels hatten sich für Gin Tonic entschieden und verzogen nach dem ersten Schluck ganz kräftig das Gesicht. »Bäh, da trink ich doch lieber Wein.«, sagte die blonde Simone leicht angewidert. Unser Bacardi Cola schmeckte allerdings auch nicht besser. Verdammt wir hatten ganz vergessen, dass wir bei der Schaumparty schon mal diesen Fehler begangen hatten. Leider bemerkten wir ihn zu spät und hatten keine andere Wahl, als unsere Gläser wie echte Männer zu leeren. Anschließend entschieden wir uns, zur „Malibubar" zu gehen und dort noch ein Getränk zu nehmen, bevor es wieder ins Hotel gehen sollte. Wir klärten die anderen über unseren Plan auf, aber sie wollten noch im „Xiroi" bleiben, weswegen wir uns zu viert auf den Weg machten. Mittlerweile war auch wieder eine stattliche Anzahl Mädels an der „Malibubar". Was ein Paradoxon, als wir noch ohne Mädels unterwegs waren, waren fast nur Typen da und bringt man sich dann Frauen mit, kommen die anderen auch wieder aus ihren Löchern. Wir beschwerten uns aber nicht, da wir angenehmerweise bereits in netter, weiblicher Begleitung waren. Wir hatten auch nicht das lästige Problem irgendwie ins Gespräch kommen zu müssen, sondern konnten uns etwas zu Trinken holen und sofort frei plaudern. Diesmal blieben Tina und ich auch bei der Wahrheit und erzählten nicht wieder irgendwelche erfundenen Storys. Die Mädels kamen aus Bedburg, was nicht weit weg von Köln liegt. Die dunkelhaarige Simone hatte einen Freund, mit dem es aber angeblich immer wieder Stress gab und die blonde Simone war solo. Na das passte doch prima, die blonde Simone für mich und Tina brauchte keine große Angst zu haben, dass die dunkelhaarige mehr von ihm wollen könnte, zumal er natürlich sofort von Sandy erzählte. Wir saßen an einem Tisch, tranken eine Runde Bier nach der anderen und erzählten über alles Mögliche. Die anderen waren inzwischen bereits an der „Malibubar" vorbei in Richtung Hotel gelaufen, hatten uns aber nicht gesehen, weil wir gut getarnt am Rand der Terrasse saßen. Wir hatten auch nicht auf uns aufmerksam gemacht, da wir die Situation zu viert gerade sehr nett und entspannt fanden. »Jungs, was meint ihr? Wir haben jetzt fast fünf Uhr früh, sollten wir nicht mal langsam zum Hotel zurück.«, fragte die dunkelhaarige. Folgsam, wie wir waren, tranken wir aus und machten uns auf den Heimweg. Im Hotel angekommen, holten wir die Zimmerschlüssel und fuhren mit dem Aufzug in unsere Etage. Vor den Zimmern angekommen, verabschiedeten wir uns von den Mädels, die ja noch ein paar Meter weiter mussten. Sie fragten, ob wir am nächsten Abend Lust hätten, mit ihnen Wein zu trinken. Wir nahmen die Einladung dankend an und sagten, dass man sich tagsüber am Strand sicherlich noch sehen würde, um die Details zu besprechen. Dann bedankten sich die Mädels nochmal für einen schönen Abend und bevor sie zu ihrem Zimmer gingen, umarmte mich die blonde Simone und küsste mich. Ich spreche jetzt nicht von einem normalen Abschiedskuss, sondern einem richtig heftigen Kuss. Er war so heftig, dass sie von ihrer Freundin irgendwann darauf aufmerksam gemacht wurde, dass sie doch aufs Zimmer wollten und wir am nächsten Abend ja auch noch Zeit hätten. Simone löste sich also von mir, lächelte mich an und zwinkerte mir nochmal zu, bevor sie sich umdrehte und mit ihrer Freundin den Gang weiter zu ihrer Zimmertür ging. Ich schaute Tina an und sah an seinem Gesichtsausdruck, dass er ähnlich überrascht über die intensive Verabschiedung war, wie ich. Dann reckte er den Daumen nach oben und schloss sein Hotelzimmer auf. Ich tat es ihm nach und betrat lächelnd mein Zimmer. Gleich zwei Mädels fanden uns attraktiver als die Kandidaten der Mister „Xiroi" Wahl und eine hatte ihrem Kompliment gerade noch einmal ordentlich Nachdruck verliehen. Das war wirklich gut gelaufen.

Tiefenentspannung und Fotoshooting

Als ich wach wurde, war Toni bereits voller Tatendrang. Er hatte die Strandsachen gepackt, saß auf seinem Bett und wartet offensichtlich darauf, dass ich endlich aufwachte. Jetzt, wo der lang ersehnte Zeitpunkt endlich da war, prasselten die Fragen auf mich ein wie Kamellen beim Rosenmontagzug. Toni wollte explizite Informationen darüber, wie unser restlicher Abend sich entwickelt hatte. War ich mit einer der beiden Simonen etwas näher zusammengeraten oder war vielleicht sogar das unmögliche eingetreten und Tina hatte angebandelt? Da er mich im Gegensatz zu Conny zuvor schlafen gelassen hatte, spannte ich ihn nicht länger auf die Folter und berichtete bereitwillig. »Können wir jetzt endlich los oder brauchst du noch?«, wollte Toni wissen. »Was ist denn mit den anderen, kommen die mit?« »Ich habe schon mit Nils und Hanno telefoniert, während du noch geschlafen hast, die sind auch alle Abmarsch bereit. Wir haben ja auch schon kurz vor elf.« Wir sammelten die anderen Jungs ein, die bereits auf ihren Zimmern auf uns warteten und gingen auf direktem Weg zum Supermarkt. Freudig begrüßte uns die nette Verkäuferin und deutete auf die Auslage, in der wieder unsere geliebten Pizzabrötchen lagen. Wir kauften jeder zwei Stück samt einem Bier und dann ging es weiter zum Strand. Wie gewohnt, wurde unser Lager am Ende des Strandes errichtet, in bekannter Manier die Pizzabrötchen verdrückt und in Höchstgeschwindigkeit mit dem Bier nachgespült. Erstaunlicherweise machte sich jedoch nicht sofort jemand auf den Weg, um Nachschub zu holen, sondern alle genossen zunächst ausgiebig die Sonne. Nils hatte seinen Mini Disc Player mit kleinen Boxen dabei und ließ ein wenig Partymusik laufen, jedoch in einer Lautstärke, dass es niemanden störte. »Hey Winnie, was ist eigentlich gestern noch bei euch und den Mädels gelaufen?« »Das selbe kann ich dich auch fragen, Conny?« »Ja könntest du und ich würde dann antworten, dass ich mich sehr intensiv von Tamara verabschiedet habe und wir heute Abend wieder was zusammen unternehmen wollen.« »Tja, wenn du so antworten würdest, dann käme von meiner Wenigkeit, dass es bei mir und Simone ganz genauso war.« Die Augen von Conny und Hanno wurden groß, was mir signalisierte, dass Tina Nils gegenüber den gestrigen Abend bereits berichtete hatte. »Ja und welche von den beiden, die heißen ja beide Simone?«, fragte Hanno neugierig. »Die blonde Simone ist die glückliche Gewinnerin.« »Na ob man dich als Gewinn bezeichnen kann, lassen wir jetzt mal so dahingestellt.«, lachte Toni. Nachdem nun die Neugier aller gestillt war, erbarmten sich Conny und Hanno, neues Bier zu holen. »Jungs, was geht's uns doch gut, wir liegen hier in der Sonne, hören Musik, trinken Bier und überall um uns herum sind Bikinischönheiten. Man könnte sagen, ich bin gerade völlig Tiefenentspannt.« »Na wenn das so ist, dann kannst du ja die Musik mal ein wenig lauter drehen, bevor du uns noch vor lauter Entspannung einschläfst.«, wurde Nils ein wenig von Conny angetrieben. Kurz darauf war die Musik zwar etwas lauter, aber das war nicht der Grund, warum Nils in Bruchteilen von einem Augenblick alles andere als Tiefenentspannt war. Hanno warf eine Flasche Bier zu Toni herüber und traf dabei aus Versehen Connys Hand. Vor Schreck ließ Conny seine volle Flasche fallen und das Bier ergoss sich in den Sand und über Nils' Mini Disc Player, der umgehend den Betrieb einstellte und jegliche weitere Arbeit verweigerte. »Fuck, Scheiße, könnt ihr nicht aufpassen?« »Sorry, das war doch nicht mit Absicht.«, stammelten Hanno und Conny simultan. Nils griff sich den Player und wischte ihn so gut es ging mit einem Tempo trocken. Trotzdem lief er zunächst nicht mehr. »Oh man, ich hoffe das Teil ist jetzt nicht Schrott.« »Falls er wirklich kaputt sein sollte, hab ich eine gute Haftpflicht dann kriegst du 'nen neuen.«, versuchte Hanno den wütenden Nils zu beruhigen. »Leg ihn erst mal in die Sonne und lass ihn richtig trocknen.«, schlug Toni vor. »Genau und wenn das nix bringt kannst du noch probieren, ihn über Nacht in einem geschlossenen Plastikbeutel voll trockenem Reis zu lagern.« »Was soll denn das bitte bringen?«, fragte mich Nils etwas verwundert. »Oh man, was soll das schon bringen du Hirnie, das soll die Feuchtigkeit rausziehen. Oder dachtest du vielleicht, der Reis soll über Nacht kleine Chinesen anlocken, die dir deinen Mini Disc Player reparieren?« Nils schaute mich mit einer Mischung aus Entschuldigung und Ärger an, sagte aber nichts mehr. Wir entschieden uns an der „Malibubar" bei einer Runde Bier ein paar Fritten zu essen und den Mini Disc Player den heilenden Kräften der spanischen Sonne zu überlassen. Nils Gemütszustand besserte sich zusehends als wir an einem Tisch der „Malibubar" saßen, auf dem sich sechs große Biere und eine riesige Platte Pommes befanden. Vielleicht lag es auch ein wenig daran, dass wir wieder unserer lieblings Urlaubsbeschäftigung, neben Bier trinken nachgingen und zwar Frauen abchecken. »Hey Conny, setz dich mal ein wenig da rüber, ich mach mal ein Foto.«, dirigierte Nils und nahm seine Kamera raus. »Cool, warte ich rück auch mit rüber.« »Nein Tina, du bleibst bitte da sitzen, wo du sitzt!« »Hä, wieso das denn?« »Ganz einfach, weil du gar nicht aufs Bild sollst und auch Conny ist nur Alibi und wird ganz am Rand sein. In Wirklichkeit will ich die Tangamädels da hinten fotografieren.«, flüsterte Nils. Nun drehten wir uns alle mehr oder weniger unauffällig in besagte Richtung und tatsächlich, sahen wir zwei sehr appetitliche Kehrseiten von ziemlich leicht bekleideten Mädels. Es machte Klick und es machte Klack und zwei Fotos waren im Kasten. Wir amüsierten uns köstlich, nahmen einen Schluck Bier und bestellten auf diese Aktion erstmal eine Runde Hierbas. Die festen Kohlenhydrate waren inzwischen komplett vertilgt, die flüssigen wurden bereits automatisiert konsumiert und so konnten wir uns darauf konzentrieren, weitere Fotomotive zu entdecken. »Hui, schaut mal da hinten!«, machte ich die anderen auf etwas neues, sehenswertes aufmerksam. »Da kommen gerade zwei aus dem Wasser. Ob die Tangas anhaben kann man nicht sehen aber in jedem Falle sind sie oben ohne und das Wasser scheint doch kälter zu sein, weil an den Nippeln kannst du Bilder aufhängen und das sieht man sogar aus der Entfernung.« Hecktisch nahm Nils die Kamera, dirigierte uns so, dass wir ein Prima Alibi abgaben aber nicht im Bild waren und knipste drauf los. »Oh man, schade, dass es keine 3D Kamera gibt und dann am besten noch 3D Bilder.«, grinste Hanno. »Genau, dann würdest du dir so ein Bild in den Flur hängen, als Garderobe, zum Jacken dran Aufhängen.«, lachte Toni. Das ganze entwickelte sich immer mehr zu einem richtigen Fotoshooting, nur dass die Motive nichts davon wussten, was die Bilder später äußerst natürlich wirken lassen sollte. Alle hielten Ausschau nach knipswürdigen Motiven die von unserem Starfotograf Nils abgelichtet wurden. Leider gab es zur damaligen Zeit noch keine Digitalkameras, so dass wir nicht sofort wussten, welche der Bilder etwas geworden waren. Außerdem gab es weitere Schwierigkeiten. Heutzutage zieht man die Bilder einfach auf den Computer und solche, die keiner sehen soll, zumindest nicht die eigene Freundin, werden nicht mit entwickelt. Das ging früher nicht, da musste der ganze Film entwickelt werden, egal, was auf manchen Bilder zu sehen war. »Hey Nils, da musst du beim Entwickeln aber aufpassen, dass Emily die Bilder nicht in die Finger kriegt, sonst kannst du erstmal erklären, was du da so fotografiert hast.«, machte ihn Tina auf genau diesen Umstand aufmerksam. »Ach was, meine Freundin ist da nicht so drauf, wie deine. Ich glaub die lacht sich da drüber kaputt, hab ja nichts schlimmes gemacht, nur geschaut und geknipst und das ihr im letzten Moment aus dem Bild gesprungen seid, dafür kann ich ja nix.«, grinste Nils. »So Jungs, der Film ist voll, wir können zurück zu den Handtüchern und Luftmatratzen.«, klärte uns Nils über den Stand der Dinge auf. Zurück bei unseren Sachen galt Nils erste Tat seinem Mini Disc Player und wie durch Zauberei, lief das kleine Teil wieder, als wäre nichts passiert. Auf Nils Gesicht machte sich ein zufriedenes Grinsen breit, auf die spanische Sonne war eben Verlass. Bei den aktuellen Charts, betten sich Hanno und Conny zur Ruhe, während wir anderen eine Runde Skat spielten. So verstrich der Tag bis es Zeit wurde, zurück ins Hotel zu gehen. Wir packten unsere Sachen zusammen und machten uns auf den Weg. Auf Höhe der „Malibubar" sah ich Simone und Simone. Ich sagte den anderen kurz Bescheid und nutzte zusammen mit Tina die Gelegenheit, kurz bei ihnen vorbei zu schauen, um den weiteren Abend abzuklären. »Hallo Sonnenanbeterinnen, den gestrigen Abend gut überstanden?«, begann ich das Gespräch, als wir bei den beiden ankamen. »Oh hey, naja ich sag mal, ich bin wieder halbwegs nüchtern, das waren gestern auf jeden Fall zu schnell zu viele Biere an der „Malibubar".«, klang die blonde Simone noch etwas leidend. In diesem Moment war ich mir nicht mehr ganz sicher, ob sie sich an unsere Verabschiedung überhaupt erinnern konnte und wenn, ob ihr das ganze unangenehm war. Es kam auch weder von der blonden, noch von der dunkelhaarigen Simone eine Andeutungen zu diesem Thema, die mir weiterhalf. »Ich hoffe ihr erinnert euch noch daran, dass ihr heute Abend mit uns Wein trinken wolltet.«, fragte ich nach. »Klar, das haben wir nicht vergessen, die Einladung steht noch. Kommt doch einfach nach dem Essen bei uns vorbei, so gegen halb acht.«, schlug die dunkelhaarige vor. Tina und ich bestätigten das, verabschiedeten uns und machten uns dann auf den Weg zum Hotel. »Da war die Verabschiedung gestern aber deutlich intensiver, als die

Begrüßung und Verabschiedung heute zusammen. Glaubst du da geht noch was oder hast du das Gefühl, dass es ihr leid tat, was gestern passiert ist?«, wollte Tina von mir wissen. »Tja, wenn ich das wüsste, dann wäre ich schlauer. Ich habe keine Ahnung, war schon irgendwie ein klein wenig komisch gerade. Warten wir mal ab, was der Abend so bringt, vielleicht taut sie ja auf, wenn sie wieder etwas getrunken hat.«, lachte ich. »Also willst du damit andeuten, dass sie dich erst schön trinken muss? Das könnte ich natürlich verstehen.« »Sehr witzig, na wenn du meinst hoff ich mal die haben genug Wein.«

Der Wein kann wirklich alles

Als ich aufs Zimmer kam, war Toni bereits geduscht und lag schlummernd auf dem Bett. Ich ging ebenfalls duschen bevor ich ebenfalls kurz an der Matratze horchte. Etwa eine Stunde später weckte Nils uns per Telefon und fragte, ob wir klar wären fürs Abendessen. Eine weitere halbe Stunde später saßen wir an unserem Tisch im Speisesaal, hatten unsere üblichen antialkoholischen Getränke und die Teller voller kulinarischer, fetthaltiger Leckerbissen. »Was habt ihr denn jetzt heute Abend vor?«, sprach Conny mich an. »Tina und ich sind um halb acht zum Wein Trinken eingeladen und dann schauen wir mal, was der Abend noch so bringt und was habt ihr vor?« »Wir trinken nachher wieder ein wenig vor mit Jenny und Tamara und dann wollten wir mal wieder ins „Cocos".« »Prima, na dann haben wir ja alle einen Plan für den Abend.«, stellte Hanno fest. »Was läuft den jetzt zwischen dir und der Blondine?«, wollte Nils wissen. »Das weiß ich selber noch nicht so genau, gestern war erst was, als sie genug getrunken hatte, vielleicht musste sie mich schön Trinken.«, lachte ich. »So viel kann man nicht trinken!«, konterte Toni und fing sich einen verächtlichen Blick von mir ein. »Willst du denn überhaupt, dass da noch was zwischen euch läuft?«, fragte Hanno. »Naja, sie ist ja schon süß und von der Bettkante würde ich sie sicher nicht stoßen aber warten wir einfach mal ab, wie der Abend heute so läuft.« Wie an jedem Abend, folgten dem ersten Teller noch ein zweiter und ein dritter. Während wir den finalen Teller bearbeiteten unterbreitete Nils einen Vorschlag. »Hört mal Leute, was haltet ihr davon, wenn wir morgen Abend mal essen gehen, irgendwo in der Stadt? Ich hätte mal voll Bock auf eine richtig gute Paella weil die hier im Hotel kann man ja leider nicht essen und an der „Malibubar" gibt's so was nicht.« »Ich mag zwar nichts, was aus dem Meer kommt aber ich finde da bestimmt was anderes Gutes.« »Es gibt Paella auch mit Hühnchen und Kaninchen, ohne Meeresfrüchte.«, klärte ich Toni auf und befürwortete anschließend Nils Idee. Die anderen drei waren ebenfalls angetan und damit stand fest, dass wir am folgenden Abend unser letztes Abendessen in diesem Urlaub nicht im Hotel einnehmen würden. Nachdem wir eine gute Grundlage für den Abend geschaffen hatten, gingen Tina und ich hoch zu unserem Wein Date, während die anderen sich auf den Weg zum Supermarkt machten. Als wir an meinem Hotelzimmer vorbei kamen, hielten wir kurz an und ich holte das Taschenmesser mit Korkenzieher. Bei der Gelegenheit wurde auch gleich noch mal mein Eau de Toilette aufgefrischt. »Das kann nie schaden, wenn man einen Abend mit zwei hübschen Mädels unterwegs ist.«, antwortete ich auf Tinas Frage, warum ich mich so eingedieselt hätte. Wir gingen den Gang entlang, als uns beiden einfiel, dass wir zwar ungefähr wussten, wo die beiden residierten aber die genaue Zimmernummer hatten wir vergessen. Auf Grund der Entfernung zu unseren Zimmern, kamen drei mögliche Türen in Frage. Wir schauten uns an und zuckten beide mit den Schultern. In diesem Moment profitierten wir von der spanischen Leichtbauweise bzw. den bis weilen recht dünnen Türen in spanischen Hotels. Wir wollten gerade an die rechte der drei Türen klopfen, als im Inneren des Hotelzimmers ein heftiges Wortgefecht zwischen einem Mann und einer Frau vernahmen. Damit war diese Tür nicht mehr in der engeren Wahl, es sei denn der Freund der dunkelhaarigen hatte den beiden ein Überraschungsbesuch abgestattet und war nicht sehr erbaut davon, dass in Kürze zwei Jungs zum Wein trinken erscheinen würden. Da ein Überraschungsbesuch auf Mallorca jedoch äußerst selten vorkam, schlossen wir diese Möglichkeit aus und gingen weiter zum nächsten Zimmer. Diesmal hörten wir nichts, was uns irgendeinen Hinweis darauf gegeben hätte, ob wir vor dem richtigen Zimmer standen oder nicht. Offensichtlich bestand die einzige Möglichkeit, dies herauszufinden, darin, dass wir anklopften. Zuerst rührte sich gar nichts und wir wollten schon zur dritten Tür weitergehen, als doch geöffnet wurde. In der Tür stand die blonde Simone, lachte uns an und bat uns herein. Die Mädels waren nahezu im Partnerlook. Beide hatten einen blauen Jeans Minirock und ein schwarzes Top an und beide sahen ziemlich appetitlich aus. »Schaut mal, haben wir extra besorgt, als wir den Wein geholt haben.«, lachte die dunkelhaarige und hielt einen Korkenzieher in der Hand. Damit hatte ich also mein Messer umsonst mitgenommen aber vielleicht brauchen wir später noch einen Dosenöffner, einen Schraubenzieher oder eine Säge. Egal was passieren würde, ich war vorbereitet, dachte ich zumindest. Mein Taschenmesser sollte ich zwar an diesem Abend nicht mehr brauchen, allerdings passierte kurz darauf etwas, auf das ich nicht vorbereitet war. Die blonde Simone hielt Tina eine Flasche Wein hin und die dunkelhaarige den Korkenzieher und sagte »Dann mach mal schnell die erste Flasche auf, der Wein kann nämlich alles.« Sie hatte Recht, der Wein konnte wirklich alles, vor allem konnte er Tina ganz prima aus der Hand rutschen, auf den Fliesenboden fallen, zerbrechen und sich im ganzen Zimmer verteilen. Schon ein tolles Zeug dieser Wein aber irgendwie war das nicht die Bestimmung, die die Mädels dafür vorgesehen hatten. Alle standen kurz da wie die Salzsäulen, bis ich die Initiative ergriff. »Wischen wir das auf oder soll ich uns ein paar Strohhalme besorgen und wir legen uns auf den Boden?« Ungeachtet der drei völlig dämlich dreinschauenden Augenpaare, die mich anstarrten, begann ich damit, zunächst die großen Glasscherben aufzusammeln und in den Mülleimer zu werfen. Endlich löste sich Tina aus seiner Starre und begann mit zu helfen, während die Mädels zwei Handtücher aus dem Bad holten. Nach etwa zehn Minuten, lagen zwei mit kleinen Scherben gespickte und Rose getränkte Handtücher in der Dusche, das Zimmer roch wie eine Kneipe am Morgen nach einer riesen Party, und wir vier beschlossen besser irgendwo anders Vorzufluten. »Lasst uns doch einfach zum Strand gehen und unterwegs aus dem Supermarkt noch 'ne Flasche Wein holen, wir haben zwar noch eine zweite aber eine Flasche für vier Leute ist ja nicht wirklich viel.« Wir fanden die Idee der dunkelhaarigen brauchbar und machten uns auf den Weg. Es wurden jedoch vorsichtshalber zwei Flaschen gekauft, falls noch eine widrigen Umständen zum Opfer fallen würde. Etwa zwanzig Minuten später saßen wir ganz in der Nähe der „Malibubar" im Sand. Diesmal gab es auch kein Problem damit den Wein zu öffnen und Ruck Zuck war die erste Flasche geleert. Wir unterhielten uns über alles Mögliche, redeten eine Menge dummes Zeug, lachten viel und im Hand Umdrehen, war auch die zweite Flasche nur noch Altglas. Bei den Mädels zeigte sich inzwischen der erste Hinweis auf das Einsetzen der Alkoholwirkung. Sie kicherten mehr, wurden ausgelassener und als sich langsam die dritte Flasche dem Ende neigte, lehnte sich die blonde Simone gegen mich, griff sich meine Arme und legte sie um sich. Nach dem anfänglichen Missgeschick mit der Weinflasche, nahm der Abend jetzt einen wesentlich angenehmeren Verlauf, zumindest für mich, denn Tina schien sich ein wenig unwohl zu fühlen. Vielleicht hatte er Angst, dass die dunkelhaarige Simone es ihrer blonden Freundin gleich tun und sich an ihn ankuscheln könnte. »Der Wein ist so gut wie leer, soll ich mal rüber zur „Malibubar" ein paar Bierchen holen?« »Das ist eine super Idee Tina, nach dem ganzen Wein bin ich total unterhopft und das kann ganz schön schlimm enden.« »Das kann ich nicht zulassen, dann werd' ich mich mal um Hopfennachschub kümmern.« »Ich komme mit und helfe dir Tragen!«, kündigte die dunkelhaarige Simone an. Kurz darauf waren die beiden auf dem Weg zur Bar und ich mit einer Blondine im Arm alleine. Ich fing gerade an zu überlegen, wie ich es geschickt anfangen könnte, Simone vielleicht noch ein wenig näher zu kommen da sagte sie ganz trocken »Wollen wir nicht ein wenig Knutschen? Ich Knutsch so gerne und hab da gerade richtig Lust drauf.« Naja das war zwar nicht besonders originell aber sehr erfolgreich und so simpel. Sind ja nicht selten die einfachen Dinge die erfolgreich sind. Ich hätte bestimmt noch eine Weile überlegt, wie ich das ganze anstellen sollte und dabei war es so einfach. Musste ich mir unbedingt merken, wobei die Masche glaube ich wesentlich erfolgreicher ist, wenn es eine hübsche Frau sagt. Völlig uneigennützig tat ich ihr natürlich den Gefallen und küsste sie. Wirkte sie gerade noch ein klein wenig müde, kam sie im selben Moment, wo sich unsere Zungen berührten richtig in Fahrt. Was Rumknutschen anging, wusste sie auf jeden Fall, wie der Hase läuft. Einen Augenblick später lag ich im Sand auf dem Rücken und sie auf mir. Wenn ich in diesem Moment noch irgendwas gedacht haben sollte, war es sicherlich *"**Der Wein kann wirklich alles**"*. Wir küssten uns heftig und meine Hände verirrten sich hin und wieder unter ihr Shirt, wo sie offensichtlich nichts gegen einzuwenden hatte, da sie sich nicht beschwerte oder dem auf irgendeine Weise entgegen wirkte. Mir kam es wie wenige Minuten vor aber laut Tina haben wir fast eine Stunde so am Strand verbracht. »Hey ihr zwei, jetzt ist aber langsam mal gut, habt ihr kein zu Hause? Wir haben jetzt schon zwei Bier an der Bar getrunken, damit ihr ein wenig mehr Zeit habt aber nu' könnt ihr mal 'ne Pause vertragen und außerdem braust du doch Hopfen.« »Ach ja, du hast Recht, unverhopft kommt opft.«, lachte ich, während ich auf dem Rücken lag und zu Tina hoch blickte. Tina und Simone hatten acht kleine Bier dabei und wir machten uns alle eine Flasche auf. Die blonde Simone schien ein klein wenig verärgert darüber, dass wir gestört wurden, war aber schnell wieder locker und gut drauf. Inzwischen war es bereits nach zwölf, also zu spät für das Freigetränk im „Xiroi". Daher entschieden wir, den Rest vom Abend einfach am Strand, in unmittelbarer Nähe der „Malibubar" zu verbringen und uns über die ganzen Gestalten zu amüsieren, die vorbeikamen oder in der Bar feierten. Bislang hatten wir ja ausschließlich Mädels abgecheckt, was in der Regel so abläuft, dass alle Jungs und unbrauchbaren Mädels durch eine Art automatischen Filter im männlichen Gehirn ausgeblendet und damit übersehen werden. Jetzt verhielt es sich jedoch genau anders herum, gerade die Personen, die sonst ausgeblendet wurden, galt es zu begutachten. Nachdem Tina und ich unsere Filter neu justiert hatten viel mir auf, dass es erschreckend viele dieser Menschen dort gab. Ich wunderte mich kurz, dass ich nicht mehrfach gegen ausgeblendete Personen gelaufen war, wo es doch so viele gab und ich wollte mir gar nicht vorstellen, wie viele Frauen mich immer ausblenden, falls Frauen ebenfalls solch einen natürlichen Filter besitzen aber dann konzentrierte ich mich auf das, was wir vor hatten. Die Marschrute lautete, Lästern was das Zeug hält, also legten wir los. Unsere ersten Opfer waren ein paar betrunkene Jungs, die es anscheinend noch nicht aus den Badeklamotten geschafft hatten. »Schaut euch die mal an, entweder haben die einen ziemlich abgefahrenen Klamotten Geschmack oder es sind Engländer.«, zeigte ich auf die Gruppe. »Vom Alkoholpegel her könntest du mit den Engländern richtig liegen und auch mit der Hautfarbe, freundliches Krebsrot.«, setzte Tina noch einen drauf, während die Mädels herzlich lachten. Als wir die Jungs noch ein wenig weiter beobachteten, viel uns auf, dass sie Deutsch sprachen oder besser lallten. Wir vermuteten, dass sie sich tagsüber so hatten zulaufen lassen, dass sie immer noch ihre Badesachen trugen und es nicht zu ihrem Hotel geschafft hatten. »Guck dir mal den kleinen Moppel an, der ist ja genauso hoch, wie breit, wie tief. Im Dunkeln weiß man nie ob er steht, sitzt oder liegt.«, gab die dunkelhaarige einen zum besten. »Jepp und der andere da hat einen Körper, wie ein Reh, nicht so grazil aber so behaart.«, haute ich wieder einen raus. Die Blondine sagte zunächst nichts, amüsierte sich aber prächtig. Unsere erste Gruppe Opfer, torkelte langsam weg und wir mussten uns ein neues Ziel suchen. »Wie geil ist das denn, schaut mal die hat ein gelbes Kleid mit roten Blumen und 'nen passenden Hut dazu.«, schaltete sich die blonde Simone in die Lästerrunde ein. »Ja aber den Hut braucht die auch, der muss ganz dringend von ihrem Gesicht ablenken.« »Allerdings, Tina, die Pille brauch die bei dem Gesicht nicht nehmen.«, lachte ich. So lästerten wir eine ganze Weile über unterschiedliche Leute, die wir sahen. »Boah Leute, ihr wisst aber schon, dass wir hier gerade mega arschig sind.«, stellte die dunkelhaarige irgendwann fest. Sie hatte völlig Recht und obwohl es wirklich lustig war, bekamen wir alle ein klein wenig schlechtes Gewissen. »Na gut, aber lustig war das Lästern schon irgendwie. Irgendwann ist aber mal genug, wir haben auch schon halb drei. Wir können ja noch ein Bier in der Bar trinken und dann ins Hotel gehen.«, der Vorschlag von Tina klang plausibel. Wir gingen also zur Bar, jedoch baten beide Frauen darum, kein Bier sondern lieber eine Cola trinken zu dürfen. Da wir natürlich niemanden zum Alkohol zwingen wollten, kam Tina kurz darauf mit zwei Flaschen Bier und zwei Dosen Cola zurück, die jedoch nicht vor Ort sondern ganz langsam auf den Weg ins Hotel getrunken wurden. Tina und die dunkelhaarige gingen ein wenig schneller, so dass ich mit der Blondine ein paar Meter hinterher trottete. »Das war echt ein schöner und lustiger Abend, der Wein kann wirklich eine ganze Menge.«, zwinkerte ich ihr zu. Völlig unvermittelt nahm sie darauf hin meine Hand, küsste mich und flüsterte mir ins Ohr, »Wenn du nachher mit auf unser Zimmer kommst, kannst du erleben, was der Wein noch alles kann.« Ich musste erst einmal Schlucken und tief Durchatmen. Natürlich war die Knutscherei am Strand keine flüchtige Geschichte, wie die Verabschiedung am Abend zuvor aber mit so etwas hatte ich jetzt nicht gerechnet. »Das ist ja ein sehr verlockendes Angebot aber was denkst du wird deine Freundin davon halten, wenn ich mit auf euer Zimmer komme?« »Die soll sich nicht so haben, entweder sie geht halt zu Tina ins Zimmer oder sie bleibt bei uns, wir haben ja zwei Betten.« Wow die Kleine war ja ganz schön heftig drauf. Das Tina eine Nacht mit einer fremden Frau verbrachte war völlig ausgeschlossen, das hätte er niemals gemacht, was ich Simone auch erklärte. Zu jemand anderes aufs Zimmer war auch nicht möglich, weil wir weder wussten, ob die anderen überhaupt schon auf den Zimmern waren, noch wussten wir, was mit den anderen Mädels war. Conny war bei Tamara schließlich auch schon mindestens auf der ersten Base, vielleicht sogar auf der zweiten, so wie ich bei Simone. »Tja, dann muss sie da wohl durch, sie kann sich ja zur Wand drehen, wenn sie uns nicht zusehen will.«, lachte sie. Ich wurde ein klein wenig unsicher, denn zum einen hatte ich keine Ahnung, ob das Ganze gerade wirklich ernst gemeint war und zum anderen, weil ich im Falle, dass es ernst gemeint war, nicht sicher wusste, wie die andere Simone reagieren würde. Ich entschied mich, nichts mehr zu dem Thema zu sagen und Simone einfach die Initiative zu überlassen. Ich wollte einfach so lange mitspielen, bis es aus irgendeinem Grund nicht mehr weiter ging. Um ehrlich zu sein dachte ich, dass dieser Zeitpunkt recht schnell kommen würde, doch ich sollte mich getäuscht haben. Wir kamen ins Hotel wo Tina und Simone bereits an der Rezeption auf uns warteten. »Die anderen sind noch nicht auf den Zimmern, es sind noch alle Schlüssel da.«, erklärte mir Tina. »Na prima, dann haben sie bestimmt auch einen coolen Abend.«, sagte ich und wir ließen uns je einen Schlüssel für die Zimmer geben. Wir kamen auf unsere Etage, gingen den Flur entlang und Tina verabschiedete sich, während er seine Zimmertüre aufschloss. Zu dritt gingen wir ein Stück weiter und als wir bei meiner Zimmertüre angelangt waren, wollte mir die dunkelhaarige ebenfalls eine gute Nacht wünschen aber die blonde Simone nahm meine Hand und zog mich einfach mit sich mit den Worten: »Der kommt noch mit zu uns!« Im Augenwinkel erkannte ich einen ziemlich überraschten Gesichtsausdruck, der sich nach relativ kurzer Zeit in einen sehr genervten änderte. Obwohl die blonde Simone ganz offensichtlich Ernst machte, legte die dunkelhaarige in keinster

Weise ein Veto ein. Wir betraten das Zimmer der beiden Mädels und machten lediglich eine kleine Nachttischleuchte an. »Wir schlafen übrigens nur in Unterwäsche.«, wurde ich mit einem Zwinkern aufgeklärt und ohne große Hemmungen begannen die zwei Mädels sich auszuziehen. Sie trugen auch bei der Unterwäsche Partnerlook und zwar schwarz. Einen kurzen Augenblick dachte ich, dass jetzt beide zusammen in ein Bett steigen und mich entweder auslachen, aus dem Zimmer werfen oder dazu holen. Letzteres war wohl eher ein Wunschtraum, der sich leider nicht erfüllen sollte. »Was ist los, willst du dich nicht ausziehen oder schläfst du etwa in Jeans?«, wollte die Blonde wissen. Da ich für gewöhnlich nicht in Jeans schlafe, zog ich mich ebenfalls aus, bis ich nur noch eine Boxershorts trug, während sich die Dunkelhaarige bereits in ihr Bett gelegt hatte. Kurz darauf machte die Blonde das kleine Licht aus und zog mich mit auf ihr Bett. Wir machten genau da weiter, wo wir am Strand unterbrochen worden waren, nur dass die Fummelei jetzt deutlich einfacher war, da wir erstens weniger an hatten und zweitens keine Leute um uns herumliefen. Wir küssten uns heftig und begannen gegenseitig unsere Körper ausgiebig mit den Händen zu erforschen. Ich war gerade recht zielstrebig auf dem Weg zur dritten Base und Simone stöhnte leicht. Als meine Hand langsam in ihren Slip glitt, merkte ich, dass sie ebenso erregt war wie ich. Niemals hatte ich damit gerechnet, dass es wirklich so weit gehen würde und ich kam mir vor, wie in einem Traum. »Sorry Leute aber das geht nicht, erstens kann ich so nicht pennen und zweitens finde ich es ziemlich abartig, dass ihr im Bett neben mir rum macht.«, riss uns die Dunkelhaarige wieder zurück in die Realität. Sie machte das Licht an und schaute sehr genervt zu uns herüber. In diesem Moment war ich froh darüber, dass wir uns trotz der Temperatur und der Dunkelheit entschieden hatten, uns unter das dünne Laken zu legen. Nach einer kleinen Predigt, während der meine Erregung abklingen konnte, wurde ich aufgefordert mich anzuziehen und in mein eigenes Bett zu gehen. Die blonde Simone war zwar nicht sonderlich erfreut darüber, sagte aber nichts, weil die Stimmung nun ohnehin zerstört war. Ich zog mir meine Sachen an, gab der blonden Simone noch einen Abschiedskuss und wurde dann von der dunkelhaarigen Simone zur Tür geleitet. Es kam mir ein wenig so vor, als wolle sie sicher gehen, dass ich auch wirklich das Zimmer verließ. Während ich durch die Türe ging flüsterte sie mir jedoch noch etwas zu. »Danke, ihr habt bestimmt in den nächsten Tagen noch mal die Gelegenheit alleine aufs Zimmer zu verschwinden.« Sie zwinkerte noch kurz und schloss dann die Türe hinter mir. Ich dachte nur, dass wir lediglich noch anderthalb Tage da waren, ging zu meinem eigenen Zimmer und öffnete leise die Tür. Die anderen waren inzwischen ebenfalls zurück und ich hörte das leichte Schnarchen von Toni. Ich ging noch kurz ins Bad, zog mir wieder Jeans und Shirt aus und legte mich ins Bett. Ich denke in dieser Nacht hab ich bestimmt von Rosé geträumt, denn der Wein konnte eine Menge.

Luftmatratzen Wohltäter

Der Abend der anderen musste hochprozentig gewesen sein, denn als ich gegen elf Uhr wach wurde, schlief Toni tief und fest und auch von den anderen gab es noch kein Lebenszeichen in Form störender Anrufe. Ich ging so leise es mir nach dem Aufstehen möglich war ins Bad und stellte mich unter eine kalte Dusche, um wach zu werden. Anschließend war ich der Meinung, dass es jetzt auch für den Rest an der Zeit war aufzustehen, immerhin war es unser letzter kompletter Tag. Ich zog die Vorhänge auf und im selben Augenblick vernahm ich ein äußerst ungehaltenes Grummeln. »Was soll denn das, ich will pennen! Ich bin noch voll wie tausend Russen.« »Jetzt bring mal den Kreislauf in Schwung, wir haben schon halb zwölf durch, ich will was essen und an den Strand.« »Was so spät, ich fühl' mich als wäre es fünf Uhr in der Früh.« »Da bin ich in etwa heim gekommen und ihr nicht viel früher denke ich.« »Wo warst du eigentlich, als wir kamen war ein Schlüssel weg aber du warst nicht auf dem Zimmer.« »Ich war noch bei Simone auf dem Zimmer.«, klärte ich Toni auf und erzählte ihm kurz und knapp den letzten Abend. Inzwischen hatte er versucht sich in eine aufrechte Position zu bringen, was ihm zu seiner eigenen Verwunderung auch erstaunlich gut gelang. Dann ging das Telefon, ich hob ab und am anderen Ende meldete sich Tina. »Junge, Nils ist noch ziemlich voll, Hanno und Conny noch voller, die hab ich auch schon angerufen. Was haben die bloß gemacht? Wie sieht denn Toni aus?« Ich schaute Toni hinterher, der gerade im Begriff war sich ins Bad zu schleppen und antwortete wahrheitsgemäß. »Naja er hat eine gewisse Ähnlichkeit mit einer Stuhlprobe, wenn ich ehrlich bin.« »Hä, was ist los?« »Oh man Tina, dein Hirn verarbeitet Informationen mit der Geschwindigkeit einer Kontinentalverschiebung. Wenn er aussieht, wie eine Stuhlprobe, dann sieht er scheiße aus!« »Dann sag das doch gleich du Penner. Immer diese neunmalklugen Sprüche.« »Wer sieht hier bitte scheiße aus.«, kam es dumpf aus dem Bad. »Schau mal in den Spiegel, dann stellst du die Frage nicht mehr.« »Sehr witzig, wenn ich wieder nüchtern bin und 'ne Dusche hatte, seh' ich aber wieder gut aus, du brauchst dafür 'nen Chirurgen.« Immerhin hatte Toni seine Schlagfertigkeit wieder, beleidigen konnte er auch, es ging ihm also wieder deutlich besser. Ich teilte Tina meine neu gewonnene Erkenntnis mit und er bestätigte, dass es auch bei Nils steil bergauf ging. Unerwarteter Weise waren wir kurze Zeit später zu sechst auf dem Weg zum Strand. »Wie schaut's aus, Supermarkt und Pizzabrötchen?«, fragte Tina, der genau wie ich top fit aussah. »Ne du ich brauch irgendwas richtiges, damit ich wieder alltagstauglich werde.«, jammerte Hanno und bekam sofort Unterstützung der anderen drei Alkoholgeschädigten. Unser Weg führte also mal wieder zur „Malibubar". Der Kellner staunte nicht schlecht, als er die Bestellung hörte. Es wurden nur zwei große Bier aber vier große Fanta Naranja bestellt. Als anschließend sechsmal große Pommes mit Cheeseburger hinzukamen, war die Welt für den Kellner wieder halbwegs im Lot, zumindest vorübergehend. Die nächste Überraschung für den guten

Mann kam postwendend, als er die Getränke brachte. Wir prosteten uns zu, was als solches ja nicht ungewöhnlich war aber während Tina und ich einen guten Schluck von unserem Bier nahmen, tranken alle vier anderen ihren halben Liter Fanta auf ex aus und bestellten sofort nach. Die zweite Ladung Fanta traf kurz vor den Burgern ein und wurde etwas langsamer getrunken. Tina und ich berichteten von unserer Lästerorgie und natürlich wollten die Jungs alle Einzelheiten wissen, was der Wein wirklich konnte. Nachdem die Neugier aller halbwegs befriedigt war, berichteten die vier von ihrem Abend, der mit zwei Flaschen Whiskey begonnen hatte. Anschließend wollten sie mit den Mädels in die „Cocos Pool Bar" und reservierten unterwegs gleich für unser heutiges Abendessen einen Tisch in einem vielversprechend aussehenden Lokal. Im „Cocos" musste es dann furchtbar ausgeartet sein. Keiner der vier war in etwa in der Lage Auskunft darüber zu geben, wie viel sie wirklich getrunken hatten. Die Angaben schwankten zwischen zehn und fünfzehn Runden, was im „Cocos" zwischen zwanzig und dreißig Longdrinks bedeutete. Nun wunderte es uns auch nicht, warum die Jungs so aussahen, wie sie aussahen. Natürlich wollten Tina und ich auch wissen, wie es mit Conny und Tamara gelaufen war. Über Knutschen war es wohl nicht hinaus gegangen, weil die Mädels irgendwann ins „Physical" wollten, die Jungs jedoch nicht. Auf unsere Frage, wieso die Mädels alleine gegangen waren, kam die Erklärung, dass Jenny mit einem anderen Typen angebandelt hatte und dessen Truppe ebenfalls ins

„Physical" wollte. Sie waren demnach also nicht alleine gegangen.

Auch wenn es mit den beiden Mädels vielleicht nicht ganz so gelaufen war, wie die Jungs es sich vorgestellt hatten, war der Abend dennoch äußerst amüsant gewesen. Hanno, seines Zeichens ein Garant für besondere Ereignisse, hatte mal wieder ein Highlight. Zunächst war ihm ein Glas in den Pool gefallen, was er mit lautem Fluchen und die anderen mit entsprechendem Gelächter kommentiert hatten. Anschließend hatte er daraufhin ein nettes Mädel kennen gelernt, was sich köstlich über dieses Missgeschick amüsiert hatte. Nach einem kleinen Techtelmechtel, versenkte er ein zweites Glas mit der Begründung, dass man auf einem Bein nicht stehen könnte und der Poolreiniger mal was tun solle für sein Geld. Nachdem auch Hannos neue Bekanntschaft mit ihrer Mädelstruppe gegangen war, machten die Jungs noch einen kurzen Abstecher zu Burger King, um dann ins Hotel zu gehen. Da war jedoch immer noch nicht Schluss. Nils hielt es für eine super Idee, seine Freundin anzurufen, um sie zu fragen, ob sie uns übernächsten Tag vom Flughafen abholen käme. Im Grunde war dies ja auch eine gute Idee aber volltrunken mitten in der Nacht nicht wirklich empfehlenswert. Nils konnte sich selbst auch nur schemenhaft an alles erinnern und war ebenfalls auf die Erzählung der anderen angewiesen, die das ganze Schauspiel bei einem letzten Absacker beobachtet hatten. Laut Augenzeugenbericht hatte Nils sogar versucht, sich während des Telefonates seine Partyklamotten aus und seine Schlafklamotten an zu ziehen. Dies gelang jedoch mit mäßigem

Erfolg und sei nicht zur Nachahmung empfohlen, wie Conny erklärte. In diesem Moment konnte ich die Geschichte kaum glauben und freute mich schon darauf, was Nils Freundin Emily in zwei Tagen über das Telefonat erzählen würde. Dass es sich jedoch exakt so zugetragen hatte, würden einige Tage später eine ganze Reihe Fotos beweisen.

Jetzt war jeder darüber informiert, was am vorangegangenen Abend alles passiert war, die Teller waren leer geputzt und auch die Gläser waren ausgetrunken. »Ich hab 'ne verrückte Idee, ich versuch jetzt mal, ob Bier schon wieder schmeckt.«, unterbreitete uns Hanno seinen Plan. »Ich glaub ich dreh durch, du bist schon ein Wagehals.«, kommentierte ich das Ganze und bestellte reflexartig sechs Bier. Neben zwei zufriedenen, blickten mich auch drei Augenpaare an, in denen eine Mischung aus Überraschung, Angst und Ekel zu sehen war. Es traute sich aber niemand ernsthaft meine Bestellung zu ändern und so kamen bald darauf sechs große Biere. »Der erste Schluck tat echt weh aber jetzt geht's wieder.« »Ja Toni, beim ersten Mal tut's immer weh aber warte noch, bis das Konterbier wirkt und dann laufen die nächsten Liter wieder von alleine.«, machte ich Toni ein wenig Mut. Ich sollte jedoch Recht behalten, denn nachdem die erste gemeinsame Runde getrunken war, wirkten die anderen vier ähnlich fit, wie Tina und ich es die ganze Zeit gewesen waren. Es kam auch keine Gegenwehr, als Tina sechs Flaschen für den Strand bestellte. Ein wenig später, schlugen wir unser Lager im Sand auf, öffneten die Flaschen und stießen an. »Jungs, was haltet ihr davon: Wir gehen jetzt nochmal mit unseren Luftmatratzen ein wenig im Meer dümpeln, legen uns dann noch etwas in die Sonne und suchen uns anschließend ein paar nette Mädels, denen wir unsere Luftmatratzen schenken.« »Das ist 'ne gute Idee, Nils und ich setz' noch einen drauf, wir nehmen uns jeder noch 'ne Flasche Bier mit zum Dümpeln.« »Die Idee ist mindestens genauso gut.«, lachte ich und stimmte somit Hannos und auch Nils Vorschlag zu. Kurz darauf schwammen wir auf unseren Matratzen mit je einer Flasche Bier durch das Mittelmeer. »Sagt mal, wann müssen wir eigentlich morgen aus den Zimmern?«, fragte Conny. »Wir müssen um elf Uhr die Zimmer räumen und haben danach dann noch fünf Stunden, bis unser Bus kommt.«, kam prompt Tonis Antwort. »Was machen wir denn dann in der Zeit?« »Du hast Sorgen Nils, ich frag mich da eher, wie ich es schaffen soll, bis elf Uhr nüchtern mit gepackten Sachen das Zimmer verlassen zu können.«, sprach Hanno ein sehr wahres Wort. »Eigentlich könnten wir doch nochmal zum Strand, ein letztes Mal Bier an der „Malibubar", ein letztes Pizzabrötchen und ein letztes Mal ins Meer.« »Guter Plan aber willst du dann in Badeklamotten und völlig eingesalzt nach Hause fliegen, Winnie?« »Natürlich nicht, wir packen Klamotten für die Heimreise im Handgepäck, kommen rechtzeitig zurück ins Hotel und dann können wir sicher bei den Mädels Duschen und uns umziehen, wenn wir lieb fragen.« »Das könnte sogar klappen, wir fragen sie einfach gleich und wenn sie zusagen, dann gehen wir noch mal zum Strand und wenn nicht, dann bleiben wir in der klimatisierten Lobby und tuppen eine Runde.«, vervollständigte Nils meinen Plan. Wir paddelten wieder an Land, warfen die leeren Flaschen in einen Mülleimer und uns anschließend auf die Matratzen in die Sonne. Ich schloss die Augen und schlief postwendend ein. Geweckt wurde ich dadurch, dass Conny mir eine eiskalte Flasche Bier auf den Bauch legte. Ich hatte fast eine Stunde geschlafen und es wurde Zeit, zum Hotel zurück zu gehen, weil wir ja für den Abend um 18 Uhr einen Tisch in einem Restaurant reserviert hatten. Wir packten unsere Sachen und kamen zu unserem beschlossenen Plan zurück, in dem es hieß, dass wir unsere Luftmatratzen an nette Mädels verschenken wollten, um sie nicht mit Heim nehmen zu müssen. Wir gingen also nicht, wie üblich, über den asphaltierten Weg, sondern quer über den Strand, um den bestmöglichen Überblick zu haben. Conny und Nils sahen als erste zwei Mädels, die sie beglücken wollten und dies nicht völlig uneigennützig. Sie gingen zu Tamara und Jenny, die bislang von uns unbemerkt, ziemlich nah am Wasser ihr Lager aufgeschlagen hatten. Ich bekam jedoch nichts davon mit, was die vier beredeten, denn auch ich sah in dem Moment, wem ich meine Matratze anbieten wollte. Ich tippte Tina an, der nach einem kurzen Blick auch sofort verstand und mich begleitete. Keine Minute später standen wir vor Simone und Simone, die beide noch ein wenig angeschlagen aussahen. »Na ihr zwei, habt ihr gut geschlafen und den Wein heil überstanden?«, fragte ich. »Frag nicht, man war ich betrunken, ich habe immer noch Kopfschmerzen.«, klagte die blonde Simone und wurde von der dunkelhaarigen bestätigt, der es nicht besser ergangen war. »Gleich geht's euch bestimmt besser, Tina und ich sind extra zu euch gekommen, um euch zu beglücken.« Ich war mir natürlich der Zweideutigkeit meiner Worte bewusst, dass ich allerdings diese Reaktionen ernten würde, hätte ich nicht gedacht. Die blonde Simone, reagierte mit einem Lachen und einem etwas gehauchten „Hallo". Die dunkelhaarige hingegen schaute erst uns und dann ihre Freundin mit einem sehr strengen Blick an und fragte, was das denn zu bedeuten hätte. Die unerwartete Reaktion auf meine Worte kam allerdings von Tina, der mich zwar lachend aber doch energisch fragte, was ich denn da wieder für einen Scheiß reden würde. Ich stellte die Angelegenheit jedoch sofort richtig und erklärte den Mädels, dass wir ihnen die Luftmatratzen vermachen wollten, da wir am nächsten Tag abreisen würden. Sofort erhellte sich das Gesicht der dunkelhaarigen, wobei ich hoffte es war auf Grunde der Freude über die Matratze und nicht auf Grund unserer Abreise. Als wir dann noch vorsichtig fragten, ob wir vielleicht am kommenden Tag noch einmal kurz bei den beiden Duschen dürften, waren sie natürlich einverstanden. »Na klar dürft ihr, jetzt wo ihr uns so lieb mit den Matratzen beglückt habt.«, lachte die Blondine »Genau, ihr seid wahre Luftmatratzen Wohltäter.«, legte die dunkelhaarige noch einen drauf. Wir erklärten noch, dass wir an diesem Abend Essen gehen würden und anschließend bestimmt im „Xiroi" wären. Dann verabschiedeten wir uns, wobei ich der Blondine einen flüchtigen Kuss aufdrückte und gingen in Richtung „Malibubar", wo Conny und Nils bereits auf uns warteten. »Wo sind denn Hanno und Toni?«, wollte Tina wissen. »Die haben Hannos Mädel von gestern Abend gefunden, die liegt da hinten mit 'ner Freundin und da werden die gerade die Matratzen los.«, klärte uns Nils auf. »Dann lasst doch eben noch ein Bierchen holen, bis die so weit sind. Habt ihr denn jetzt 'ne Duschgelegenheit für Morgen?«, fragte ich. Den Vorschlag mit dem Bier fanden die anderen gut und während wir tranken, berichtete Conny, dass Tamara und Jenny gerne alle duschen lassen würden. Tina und ich berichteten, dass wir bereits eine Duschgelegenheit hätten und in diesem Moment kamen Toni und Hanno. »Habt ihr uns auch ein Bier mitgebracht?«, schmachtete Hanno uns an. »Natürlich nicht, wir hatten doch keine Ahnung, wann ihr mit dem Mädels fertig seid.«, sagte Nils wahrheitsgemäß, doch nicht sehr einfühlsam. »Was soll denn das bitte heißen, wir haben mit den Mädels nichts gemacht, außer ihnen unsere Luftmatratzen überlassen.«, echauffierte sich Toni. »Sorry, so war das doch nicht gemeint, aber wir hatten doch keine Ahnung, wie lange ihr euch mit den Mädels unterhaltet. Einfach nur unterhalten und die Luftmatratzen schenken, ohne Hintergedanken, besser so?« »Och, ich hatte schon ein klein wenig Hintergedanken.«, lachte Hanno, aber Toni schien wesentlich zufriedener mit Nils Version ohne Hintergedanken. Wir holten uns noch eine Runde Bier für den Weg und liefen zum Hotel. Unterwegs bekamen Toni und Hanno noch die Information, dass sie am nächsten Tag bei den Mädels duschen könnten, was gleichbedeutend damit war, dass wir noch ein letztes Mal an den Strand gehen würden. Wieder im Hotel, ging es zügig auf die Zimmer und dann wurde sich fürs Abendessen fertig gemacht. Irgendwie freuten wir uns alle auf die Abwechslung, die uns erwarten würde.

Der letzte Abend

An unserem letzten Abend wollten wir noch mal so richtig einen drauf zu machen und um halb sechs zogen wir geschniegelt, gebügelt und verdammt hungrig los in Richtung Restaurant. Tina und ich kannten die auserkorene Futterkrippe ja noch nicht, aber wir waren vom Äußeren angenehm überrascht. Es war ein ansprechendes, kleines und gemütliches Restaurant am Hafen. Der Kellner verglich kurz die Anzahl der Personen mit Nils Reservierung und wies uns dann einen schönen Tisch im Außenbereich zu. Wir setzten uns und bekamen sofort die Karten gereicht und zwar je sechs Speisekarten, Getränkekarten, Weinkarten und spezielle Paellakarten. »Das ist ja mal 'ne Menge zu Lesen aber ich denke, die hier brauchen wir nicht unbedingt, oder Jungs? Wir nehmen sechs große Bier denk' ich doch?«, sagte Conny und reichte dem Kellner die Getränke und Weinkarten. »Und noch eine große Karaffe Wasser bitte.«, fügte Nils zu unser aller Erstaunen hinzu. Der Kellner lächelte, nickte kurz und ging die Getränke holen. »Junge, das ist aber eine umfangreiche Speisekarte.«, staunte Hanno. »Wer isst denn mit mir zusammen eine Paella, die sind immer für zwei Personen?«, wollte Nils wissen und da ich ebenfalls vor hatte, zumindest einmal in einem Spanienurlaub eine wirklich gute Paella zu essen, bot ich mich an. Wir entschieden uns für eine gelbe Paellavariante mit allem Drum und Dran, Fisch, Hühnchen, Kaninchen, Gambas und Muscheln. Tina und Toni, der ja nichts mag, was aus dem Meer kommt, nahmen eine Steakplatte mit Rosmarinkartoffeln und die anderen beiden teilten sich ebenfalls eine Paella, jedoch eine grüne Variante mit Meeresfrüchten. Der Kellner brachte unsere Getränke, nahm die Essensbestellung auf und verschwand mit den Karten wieder. »Wenn das Essen hier so gut ist, wie das Bier, dann hätten wir hier häufiger hingehen sollen.«, stellte Toni fest, nachdem er den ersten Schluck von seinem Bier genossen hatte. Er hatte Recht, das Bier war sehr lecker und der Clou bestand darin, dass nicht nur das Getränk kalt war, sondern dass es in gefrorenen Gläsern serviert wurde. Da der Kellner uns bereits gesagt hatte, dass die Paella ein wenig länger dauern würde, weil sie immer frisch zubereitet werden würde, bestellten wir noch eine Runde Bier, um die Wartezeit zu verkürzen und klönten ein wenig. Wir quatschen diesmal ausnahmsweise weder über Frauen, noch über Saufen sondern über völlig alltägliche Dinge. Wir gingen unsere anstehenden Volleyballtermine durch, Hanno und Toni fragten mich, ob sie in naher Zukunft ein paarmal in meiner Wohnung in Köln übernachten könnten, weil sie dort an der Sporthochschule einen Trainerlehrgang hätten und wir philosophierten über unseren Lieblingsfußballverein, Borussia Mönchengladbach. Es war erstaunlich, wie schnell die Zeit vergehen konnte, auch ohne dass man Frauen hinterher starrte, lästerte oder sich literweise Alkoholisches in die Figur schüttete. »Wow, schaut mal, ist das unser Essen?«, deutete Nils auf zwei Kellner die mit vollen Tabletts angelaufen kamen. »Sieht ganz so aus und es sieht mächtig aus.«, bestätigte ich. Kurz darauf stellte der Kellner eine riesige, gusseiserne Pfanne zwischen Nils und mich, sowie eine nicht viel kleiner Fleischplatte mit Kartoffeln vor Toni. Ein zweiter Kellner brachte kurz darauf das Essen der anderen und wir bekamen noch einen großen Teller für den Abfall der Meeresfrüchte, sowie Erfrischungstücher. »Das Bier schmeckt exorbitant gut und wird in gefrorenen Gläsern serviert, die Portionen sind riesig und sehen toll aus, die Kellner sind schnell und freundlich, also kann es nur drei Möglichkeiten geben. Das Essen schmeckt furchtbar, wir haben uns beim Preis verlesen oder wir werden alle an einer Lebensmittelvergiftung elendiglich zu Grunde gehen.«, stellte Toni etwas misstrauisch fest. »Du bist wohl noch ein wenig skeptisch wegen deiner Schimmelburger aber nicht überall in Spanien wird verdorbenes Essen serviert.«, beruhigte ich ihn ein wenig, obwohl auch ich zugegebenermaßen leicht argwöhnisch war. Glücklicherweise sollte keine der drei Möglichkeiten zutreffen. Das Essen schmeckte hervorragend, war sehr reichhaltig und am Ende hatten wir mit sechs Leuten eine Rechnung von knapp 180 Mark und das trotz zweier Runden Hierbas als Absacker. Sehr zufrieden über die Wahl des Lokals, gingen wir die Promenade entlang. »Was haltet ihr davon, wenn wir an unserem letzten Abend noch einmal in der Cocktailbar einkehren, noch ist Happy Hour.«, schlug Conny vor und traf damit mitten ins Schwarze. Wir bekamen unsere obligatorischen Plastikblumenhalsketten und die Cocktailkarte. »Hey Nils, sollen wir diesmal wieder teilen, wir bestellen unterschiedliche Cocktails und jeder kriegt jeweils einen?« Nils fand meine Idee gut und wir entschieden uns für den Cala Radjada und einen Mai Tai. »Teilt sich jemand mit mir einen Testamento?« Ich dachte ich hör nicht richtig und wollte Conny gerade fragen, ob er ganz bei Trost wäre, auch nur in Erwägung zu ziehen, dieses Gebräu ein zweites Mal zu bestellen, da sagte Hanno voller Überzeugung. »Klar, warum nicht, ich glaube nach dem Essen tut ein Fernet Branca gut, auch wenn es Mente ist.« »Leute, wenn einer von euch heute Abend kotzt oder es morgen nicht rechtzeitig schafft das Zimmer zu räumen, dann gibt's Gruppenkeile.«, warnte Toni. Als zweiten Cocktail wählten die beiden eine Pina Colada, was für eine grandios teuflische Mischung. Tina und Toni teilten ebenfalls und entschieden sich für Pina Colada und Rala Radjada. Es wurden nach einiger Zeit also zwölf Cocktails mit den üblichen Wunderkerzen gebracht und in die Mitte unseres Tisches gestellt. Wir sortierten sie so, wie wir sie bestellt hatten und prosteten uns zu. »Hanno, ist das nicht die Schnecke, die deine Luftmatratze bekommen hat?«, deutet Tina auf einen Tisch im hinteren Bereich. »Ja, das ist sie und die Freundin, die Tonis Luftmatratze bekommen hat sitzt da auch am Tisch.«, bestätigte Hanno und ein Lächeln legte sich auf sein Gesicht. »Stellt sich nur die Frage, wer die beiden Typen sind, die gerade von der Toilette zurück kommen und sich zu denen an den Tisch setzen?« Augenblicklich verschwand das Lächeln wieder, als Hanno meine Worte hörte. »Tja, da war die Luftmatratze aber schlecht investiert, eigentlich solltest du jetzt bei denen sitzen. Ui und mit ihr Rumknutschen, so wie es der Typ gerade macht.« »Na super, warum hat die blöde Kuh gestern nicht mit mir geknutscht?« »Vielleicht war sie noch nicht verzweifelt genug.« »Vielen Dank Winnie, du bist ein echter Freund.« »Klar Hanno und du weißt ja, man verliert lieber 'nen guten Freund als 'nen guten Witz«, lachte ich. »Jaja schon klar aber die weiß gar nicht, was sie verpasst. Echt schade, wir hatten uns auch heute am Strand noch so nett unterhalten, da meinte sie noch, dass man sich ja vielleicht später sehen und 'nen netten Abend haben könnte.« »Da hat sie dich wohl angelogen.« »Nein Toni, Frauen lügen nicht, die passen nur die Wahrheit geschickt an die Situation an.«, korrigierte ich lachend. Hanno nahm einen gewaltigen Frustschluck aus seinem Testamento und verzog sofort angewidert das Gesicht. »Verdammt, ich glaube, das war doch ein Fehler mit diesem Todescocktail.«, gestand er ein. »Da musst du jetzt durch, du hast es so gewollt.«, tadelte ihn Nils und nahm einen provokativ genussvollen Schluck aus dem Cala Radjada. Dann kam es für Hanno noch dicker. Die beiden Mädels kamen samt ihrer Begleitung an unserem Tisch vorbei, verließen die Cocktailbar und würdigten Hanno und Toni keines Blickes. »Was für arrogante Puten, ich glaub es nicht!«, schimpfte Hanno. »Ach lass gut sein Hanno, Frauen sind wie Pilze, die schönen sind meist giftig.« »Toller Spruch Tina aber ich bin halt angefressen.« »Ach ist doch eigentlich völlig egal, heute ist eh unser letzter Abend und die Luftmatratze wollten wir auch nicht mitschleppen.« »Du hast ja Recht, Nils, aber ich find' es trotzdem scheiße, dass die nicht mal gegrüßt hat, diese Luftmatratzenschlampe.« »Naja, als wir heute am Strand mit ihr und ihrer Freundin gequatscht haben, machte sie eh den Eindruck, als wäre sie nicht die hellste Kerze auf der

Torte.«, lästerte Toni und brachte uns damit wieder in eine unserer Königsdisziplinen zurück. »Ja, aber wenn Schlampen leuchten würden, dann wär' sie der strahlenste Stern am Himmel.«, setzte Hanno nach und langsam kehrte ein Lächeln auf sein Gesicht zurück. »Habt ihr denn die beiden Typen von denen gesehen? Der eine ging ja noch aber der andere war genauso hoch wie breit, was findet die denn an dem?«, lenkte Conny die Aufmerksamkeit auf die beiden neuen Eroberungen der Luftmatratzenschlampen. »Na wer weiß, auch wenn die Kerze noch so dick ist, sie hat irgendwo ´nen Docht.« »Da hast du völlig Recht Toni aber man will sich gar nicht vorstellen, was diese Kerze mit dem Docht anstellt.« »Das stimmt, Hanno, ist so ähnlich wie mit Loch Ness, vielleicht ist was da und vielleicht nicht, man wird es hoffentlich nie erfahren aber es gruselt einen, wenn man drüber nachdenkt.« »Du bist mal wieder ein richtiger Poet, Winnie, wo kramst du nur immer diese völlig kranken Dinger aus?«, wollte Tina wissen. Ich nahm das Ganze als Kompliment und winkte lachend ab. So lästerten wir noch eine Weile weiter, bis unsere Cocktails zur Neige gingen. »Wie schaut's aus, nächster Halt Zappelbude oder Zwischenstopp an der „Malibubar"?«, fragte Conny nach dem weiteren Vorgehen. Wir entschieden uns, zunächst zwecks Bon und Stempel zum „Xiroi" zu gehen und anschließend nochmal zur „Malibubar". »Na dann los, lasst mal zahlen, damit wir es auch rechtzeitig schaffen.«, trieb uns Nils ein wenig an. In der Disco war es wie erwartet leer, aber wir hatten einen Stempel und unseren Bon, also ging es zufrieden zur „Malibubar". Als würdiges Getränk für unseren letzter Abend kam nur ein Wodka Red Bull Spezial in Frage. Inzwischen leicht berauscht, kurbelte das ganze den Alkoholpegel noch ein wenig weiter nach oben und wir entschieden uns, anschließend wieder im „Xiroi" nach dem Rechten zu sehen. »Jetzt noch ein Bierchen für den Weg?«, fragte Conny. »Ich nicht, lass mal ein wenig auf die Bremse treten, wir müssen zeitig raus. Außerdem hab ich jetzt schon Standgas, nach den Cocktails, dem Bier und dem Spezial gerade.«, winkte Toni ab. Wir nahmen uns seine Worte zu Herzen und gingen ohne Bier zurück zur Disco. Mittlerweile war der Laden annähernd halb voll und langsam kam Stimmung auf. »Lasst uns doch gleich mal auf die Tanzfläche ein wenig Zappeln, dann bauen wir auch wieder Alkohol ab.«, gab Nils das Kommando und steuerte auf die Mitte der Tanzfläche zu. Da sich die meisten Gäste in der Nähe der Theken befanden, hatten wir reichlich Platz. Um genau zu sein, waren außer uns lediglich drei Mädels in Tanzlaune. Das kümmerte uns jedoch nicht sonderlich, der DJ spielte Beachball von Nalin&Kane und wir tanzten. Kurz darauf setzte das typische Phänomen ein, dass sich eine Tanzfläche füllt, sobald einige sich trauen, den ersten Schritt zu machen. Wir waren plötzlich nicht mehr alleine, im Gegenteil, es wurde uns langsam zu eng auf der Tanzfläche. Hinzu kam, dass wir kaum hübsche Mädels entdecken konnten und daher keinen Sinn darin sahen, uns weiter in der Menge hin und her schieben zu lassen. Wir gingen zur Theke und tranken unser letztes Freigetränk in diesem Urlaub. Der Wodka Lemon brachte unseren Pegel nach der Tanzerei wieder ein wenig nach oben. »Wir haben schon kurz nach zwei, wie lange wollen wir denn heute machen?«, fragte Tina, der schon ein wenig müde aussah, in die Runde. »Von mir aus können wir auch gleich Schluss machen, unterwegs noch ein Bierchen in der „Malibubar" nehmen und dann ins Hotel gehen.«, schlug Toni vor. Da wir alle ein wenig den nächsten Morgen scheuten und keine Lust hatten, übernächtigt und betrunken zu packen, gingen wir auf Tonis Vorschlag ein und verließen die Disco in Richtung „Malibubar". »Das war jetzt unser letzter Besuch im „Xiroi" für diesen Urlaub und so richtig einen drauf gemacht haben wir nicht.«, stellte Hanno völlig richtig fest. »Ja, stimmt aber es war leider nicht so richtig gute Party Stimmung, und wir müssen ja morgen früh raus.« »Da hast du Recht, Nils. Ich hol mal sechs Bier.«, sagte Conny und ging zu Theke der „Malibubar". In dem Moment, als er zurückkehrte, gingen Simone und Simone vorbei. »Hi, na wie geht's euch?«, sagte ich und ging auf die beiden zu. Sie erwiderten meinen Gruß, allerdings schien die blonde Simone ein wenig reserviert. Wir unterhielten uns kurz, die beiden sagten, dass sie am nächsten Tag am Strand wären und wir um 14.30 Uhr zum Duschen kommen könnten. Dann gingen sie in Richtung „Xiroi". »Hmmm, irgendwie war Simone aber komisch drauf, es gab nicht mal ein Begrüßungskuss.«, stellte ich etwas verwirrt fest. »Vielleicht hat sie gedacht, dass du unseren letzten Abend mit ihr verbringen würdest.«, mutmaßte Nils. »Kann natürlich sein aber wir hatten ja schon das Essen geplant gehabt. Ich hätte es auch blöd gefunden, wenn wir nicht als Truppe den letzten Abend verbracht hätten.« Die anderen waren erfreut zu hören, dass es mir offensichtlich wichtiger war, den letzten Abend der Tour mit ihnen zu verbringen und nicht mit einem Mädel, was ich erst wenige Tage kannte und vermutlich nach dem Urlaub nie mehr wieder sehen würde. Wir stießen auf eine sehr lustige und erfolgreiche, erste Tupptour an und gingen mit unseren Getränken zum Hotel. Als wir die Lobby betraten und unsere Schlüssel holten, wurden wir von Jenny und Tamara empfangen. Ob die beiden auf uns gewartet hatten oder ob es rein zufällig war, weiß ich nicht, aber sie luden uns noch mal alle ein, am nächsten Tag bei ihnen zu duschen. »Vielen Dank, aber Tina und ich duschen bei Simone und Simone.« »Ich weiß nicht, Winnie, ich glaube ich dusch' mit den anderen zusammen bei Jenny und Tamara. Erstens sieht das für Sandy komisch aus, wenn wir zu zweit bei zwei Mädels duschen gehen, während alle anderen wo anders duschen und zweitens hast du so noch ein wenig Zeit mit Simone alleine.«, zwinkerte mir Tina zu. Ich war mir zwar recht sicher, dass für ihn der Sandy Grund ausschlaggebend war aber ich hatte dennoch nichts gegen seine Entscheidung. Wir wünschten den Mädels eine gute Nacht und machten uns auf den Weg zu unseren Zimmern, das heißt, alle außer Conny, er blieb noch. »Verabschiedet der sich jetzt schon mal bei Tamara oder wünscht er ihr nur eine besonders gute Nacht? Ist mir aber gerne recht, egal weswegen er noch da bleibt, so kann ich wenigstens ohne Schnarchen einschlafen.«, lachte Hanno.

Packen, Playa, heißer Abschied

Um halb zehn ging das Telefon. Wohl dem, der einen Weckdienst hat und unserer hieß Nils. Toni und ich wuchteten uns aus dem Bett und fingen an, unsere Sachen zu packen. In diesem Moment waren wir froh, dass es am Abend zuvor nicht ausgeartet war, denn wir spürten zwar eine leichte Müdigkeit aber waren so nüchtern, wie selten in diesem Urlaub. Gegen viertel nach zehn waren wir mit Packen fertig und im Handgepäck hatten wir unter Anderem Klamotten zum Umziehen und Duschgel verstaut. Anschließend ließen wir die Sachen im Zimmer und schauten, wie weit die anderen waren. Hanno und Conny waren ebenfalls fertig und so trafen wir uns bei Tina und Nils im Zimmer. Hier wurde noch eifrig gepackt aber immerhin hatten beide bereits die Badesachen an. »Hey Tina, bitte pack diesmal kein grobes Werkzeug, Waffen oder Sprengstoff ins Handgepäck, ich hab keine Lust, wieder Probleme an der Kontrolle zu kriegen.«, mahnte Toni. »Sehr witzig du Komiker, in etwa so komisch, wie der schwarze Tod in Europa!« »Jetzt ärger den armen doch nicht, der hat heute noch genug Stress vor sich.«, lachte ich. »Wieso hab ich heute noch Stress vor mir?« »Zum einen hast du gleich eine Telefonrechnung zu zahlen, die sicherlich mehr Stellen hat als deine Oma Zähne im Mund und zweitens hast du noch einen verlorenen Ring zu beichten.« »Vielen Dank, Winnie, dass du mich dran erinnerst, ich hatte es fast vergessen. Wenn ich ein Vogel wäre, wüsste ich genau, wen ich als erstes anscheißen würde!« »Ich an deiner Stelle auch und zwar den Typen, der dir gleich die Telefonrechnung überreicht.«, lachte Nils. »Es ist immer wieder schön, wie wir aus einer Konversation eine Konversensation machen.«, stellte ich grinsend fest. Endlich waren die beiden fertig und das keine Minute zu früh. Wir holten alle unsere Koffer und unser Handgepäck, machten noch einen Kontrollgang durch die Zimmer, ob nichts vergessen wurde und gingen dann mit unseren Sachen zur Rezeption. Der Portier nahm unsere Schlüssel entgegen und ging seine Listen und Bücher durch. Kurz darauf kam er mit den Telefonrechnungen der drei Zimmer zurück, es schlug die Stunde der Wahrheit. Toni und ich hatten jeder zwei oder drei Mal telefoniert, um Bescheid zu sagen, dass wir heil angekommen waren, dass es uns gut ging und wir Spaß hatten oder um das Abholen zu regeln. Es waren immer nur recht kurze Telefonate gewesen und unsere Rechnung betrug etwa 600 Peseten also ungefähr 7,50 Mark. Hanno und Conny hatten noch weniger telefoniert und mussten umgerechnet etwas mehr als 5 Mark zahlen. Dann kam die Rechnung von Nils und Tina. Der Hotelangestellte schaute selber noch einmal etwas ungläubig auf die Rechnung und dann überreichte er sie Tina, der augenblicklich jegliche Farbe aus dem Gesicht verlor und kein Wort sagte. Nils nahm ihm den Zettel ab, weil es ja zum Teil auch seine Rechnung war. »Sag mal hast du 'nen Vollschaden? Wir haben eine Rechnung von 13.880 Peseten! Das sind über 160 Mark!« Tina sagte immer noch nichts und wir anderen lachten uns halb tot, also alle außer Nils, der damit beschäftigt war, an Hand der gewählten Nummern die Kosten seiner eigenen Telefonate zu berechnen. »Hier, das Telefonat vorletzte Nacht hat mich etwas reingerissen, aber das ist etwas mehr als ich bezahlen muss.«, sagte er und legte Tina 15 Mark auf den Tresen. Tina hatte demnach sage und schreibe knappe 150 Mark in den zwei Wochen vertelefoniert und war nun gezwungen, noch zwei weitere Reiseschecks einzulösen. »Junge du hast in zwei Tagen im Schnitt mehr vertelefoniert als wir fünf zusammen im ganzen Urlaub, wie hast du denn das geschafft?« »Ich hab doch nur ab und zu mal kurz mit Sandy gequatscht.«, stammelte Tina etwas kleinlaut auf Connys Frage. »Ab und zu mal kurz gequatscht? Sag mal, wie sahst du eigentlich vor deinem Unfall aus? Du hast fast jeden Tag telefoniert und manchmal mehr als 'ne halbe Stunde und das waren nur die Telefonate, die ich mitbekommen habe!«, stellte Nils die Telefongeschichte richtig dar. »Ja aber sie war immer so süß am Telefon, da wollte ich nie Auflegen und sie auch nicht. Dann haben wir irgendwie immer weiter telefoniert.« »Tja, muss Liebe schön sein du Pantoffelheld.«, amüsierte sich Hanno. »Jepp und offensichtlich auch ganz schön teuer.«, erinnerte ich Tina daran, dass er dem Portier neben den beiden Schecks immer noch etwas Geld schuldete. Missmutig gab Tina dem Angestellten den Rest des Rechnungsbetrages und wir konnten unser Gepäck in einem kleinen Raum neben der Rezeption einschließen lassen. Inzwischen war es etwa halb zwölf und wir gingen in Richtung Strand. Da es unsere letzten Stunden auf Mallorca waren, hatten wir uns vorgenommen, noch einmal alles mitzunehmen, was wir die ganzen Tage genossen hatten und starteten mit Pizza Brötchen und Bier aus dem Supermarkt. Da wir weder Handtücher, noch Fotoapparate sondern lediglich Geld dabei hatten, wanderten wir ein wenig über den Strand und kommentierten ein letztes Mal die schönen und weniger schönen Aussichten, die sich uns boten. Von den Mädels trafen wir jedoch niemanden, weder eine der beiden Weintrinkerinnen, noch eine der Beautyqueens. Lediglich die Matratzenschlampe lag mit ihrer Freundin und den beiden Jungs auf Hannos und Tonis Luftmatratzen. Als wir unbemerkt hinter ihnen vorbei gingen, merkten wir, wie die Jungs ähnlich unserer Gewohnheit, Mädels abcheckten. Sie machten dies allerdings auch so ungeschickt, wie wir, sodass auch die Matratzenschlampe es mitbekam und ohne Warnung dem einen den Ellenbogen in die Rippen rammte. »Der Beginn einer wunderbar harmonischen Beziehung, sei bloß froh, dass du jetzt nicht neben der Zicke liegst.«, nickte Nils in Hannos Richtung. Nachdem uns in der Sonne und so ganz ohne Kaltgetränke mächtig warm geworden war, entschieden wir uns zu einem letzten Bad im Mittelmeer. Wie für uns gemacht, war das Meer an diesem Tag ziemlich rau und es gab viele Wellen in die wir uns stürzten. »Jetzt hätte ich fast meine Badehose verloren.«, teilte uns Hanno nach einer besonders hohen Welle mit. »Da haben wir ja noch mal Glück gehabt, die Bilder hätten wir nie mehr aus dem Kopf bekommen.«, sammelte Toni ein paar Lacher ein und nachdem wir eine ganze Weile den Wellen getrotzt hatten, ging es ein letztes Mal zur „Malibubar". Inzwischen hatten wir bereits halb zwei und somit blieb uns noch eine Stunde bis wir zu den

Mädels Duschen gehen wollten. »Die Zeit sollte reichen für das volle Programm zu Mittag oder was meint ihr?«, fragte Conny und da das Frühstück mit nur einem Brötchen recht mager ausgefallen war, bestellten in alter Manier sechs große Biere und sechsmal Burger mit Fritten. Die Biere kamen fast augenblicklich und auch das Essen folgte zügig. Durch diese glückliche Begebenheit, waren wir bereits um kurz nach zwei fertig. Wir ließen die Rechnung kommen und erklärten dem Kellner, dass dies leider unser letzter Besuch für diesen Urlaub sein würde. Er bedauerte dies zu tiefst und bat uns, einen Moment zu warten. Kurz darauf kam er mit traurigem Gesicht und einer Runde spanischen Abschieds in Form von Hierbas zurück, was uns auf Grund unseres Umsatzes in den letzten zwei Wochen nicht wunderte. Pünktlich um kurz vor halb drei waren wir im Hotel, ließen uns das Gepäckzimmer aufschließen, nahmen unser Handgepäck und gingen zu den Zimmern der Mädels. »Warum hast du eigentlich jetzt alleine genauso viel Zeit zum Duschen, wie wir zu fünft?«, fragte Nils, kurz bevor er an die Zimmertür von Jenny und Tamara klopfte. »Erstens, weil Tina nicht mit ihm, sondern mit uns Duschen will und zweitens, weil er bestimmt nicht nur duscht.«, kam es von Hanno, während sich die Zimmertür öffnete und Jenny uns begrüßte. »Warten wir mal ab, ich hoffe, dass jetzt überhaupt jemand da ist und ich Duschen kann, alles andere ist eine nette und willkommene Zugabe.«, erwiderte ich und in der Tat hatte ich leichte Zweifel ob mir die Zimmertür geöffnet werden würde, während ich den Flur entlang ging. Die Zweifel waren jedoch völlig unbegründet, ich klopfte, die Tür öffnete sich und die blonde Simone stand vor mir. Sie trug ihren Bikini und einen kurzen Jeans Minirock, lächelte mich an und begrüßte mich mit einem Kuss. »Hi, wie geht's dir, wir haben euch gar nicht am Strand gesehen heute.« »Wir waren nicht am Strand, wir haben uns doch zu einem Pooltag entschieden. Simone ist unten und pennt. Wo ist denn Tina, will er nicht Duschen?« »Doch klar, aber er duscht lieber mit den anderen zusammen bei Jenny und Tamara. Er hatte Angst, dass es etwas verfänglich aussehen würde, wenn er mit mir bei zwei Mädels alleine zum Duschen ist, das kann er vor seiner Freundin nicht verantworten.«, lachte ich. »Ach komm, in Wirklichkeit wolltest du bestimmt mit mir alleine sein, gib's zu.« »Es war zwar wirklich nicht meine Idee aber so richtig traurig drüber, dass Tina nicht hier duscht, bin ich nicht.« »Schon klar, möchte gar nicht wissen, was du für Gedanken hast, du bist wie die anderen Männer.«, tadelte mich Simone und streckte mir die Zunge raus. »Nein, ich bin nicht wie andere Männer! Ich bin viel schlimmer!« Wir lachten beide und sie setzte sich aufs Bett. Ich wollte mich zu ihr setzen aber sie hielt mich mit ausgestrecktem Arm zurück. »Wolltest du nicht duschen gehen, in etwa einer Stunde kommt euer Bus.« »Jaja du hast ja Recht aber hast du nicht vielleicht Lust, mit Duschen zu kommen?« »Dusch du mal schön alleine, ich les' ein wenig.« Sie nahm ihr Buch und legte sich aufs Bett, während ich ein klein wenig irritiert und enttäuscht im Zimmer stand. Ich nahm meine Sachen und ging ins Bad. Während mir das Wasser ins Gesicht sprudelte, überlegte ich, was das gerade für eine komische Situation war und was ich überhaupt von der ganzen Sache halten sollte. Zuerst hatten wir einen heißen Wein Abend, dann war sie am nächsten Tag ziemlich kurz angebunden gewesen und empfing mich nun mit einem Kuss aber wollte offensichtlich nicht mehr. Hatte sie Angst oder wollte sie einfach nicht Mehr mit jemandem, den sie womöglich nicht wiedersehen würde? Ich wusste nicht, ob ich es je erfahren würde, aber ich nahm mir vor, nach dem Duschen noch einen letzten Versuch zu starten, ob nicht vielleicht doch etwas mehr für mich drin war als ein Begrüßungskuss. Ich beendete meine Dusche, trocknete mich ab und entschied mich dazu, lediglich meine Boxershorts anzuziehen und wieder zurück zu Simone zu gehen. Wie zuvor von ihr angekündigt, lag sie auf dem Bett und las in ihrem Buch. Entweder tat sie nur so oder sie hatte mich tatsächlich nicht gehört, denn sie erschrak leicht, als ich mich zu ihr aufs Bett setzte. Ein wenig erstaunt blickte sie mich an, als sie merkte, dass ich nur eine Shorts trug, aber bevor sie etwas sagen konnte, hatte ich bereits meine Arme um sie gelegt und begonnen, sie zu küssen. »Hey, nicht so stürmisch, immer langsam mit den jungen Pferden!«, stieß sie mich sanft zurück. »Warum, magst du das nicht oder bin ich doch nicht dein Typ?« »Doch auf beide Fragen ein Ja als Antwort, aber wir haben keine halbe Stunde mehr und auf so 'ne schnelle Nummer hab ich keine Lust.« Auf der einen Seite war ich zwar ein wenig enttäuscht aber im Grunde hatte sie Recht, die Situation hatte weder irgendetwas romantisches, noch war die Wahrscheinlichkeit groß, dass man in weniger als einer halben Stunde von Null zu einem beiderseits befriedigenden Ergebnis kommen würde. Ich legte mich also neben sie und sie fing an, mich erneut zu küssen. Aus den anfänglich sehr zögerlichen Küssen entwickelte sich recht schnell eine wilde Knutscherei und auch unsere Hände bekamen eine gewisse Eigendynamik. Sie wanderten über unsere Körper und ziemlich schnell hatte Simone ihren Jeansrock und ihr Bikinioberteil, wie durch Zauberei, verloren. Während ich begann nicht länger nur ihren Mund, sondern ihren ganzen Körper zu küssen, kam mir der Gedanke, dass wir vielleicht doch ein befriedigendes Ergebnis hätten erzielen können, da zog sie mich wieder hoch zu sich. »Hör mal du Draufgänger, in zwanzig Minuten kommt euer Bus und du liegst hier nur in Shorts rum. Außerdem hast du deinen Koffer noch nicht, den musst du auch noch holen.« Verdammt, sie hatte leider Recht. Ich zog meine kurze Hose und mein Shirt an, packte alle Sachen in mein Handgepäck und schlüpfte in meine Turnschuhe. Dann legte ich meine Armbanduhr an, nicht ohne einen Blick darauf zu werfen. Viertel vor vier, es waren also noch 15 Minuten bis zur Abholung, ganz schön knapp. »Kommst du noch mit runter zur Verabschiedung?« »Ich mag keine Abschiede, ich bleib lieber hier auf dem Zimmer und sag dir hier Tschüss.« Sie tat irgendwie ziemlich cool, aber so ganz konnte ich es ihr nicht abnehmen. Ich ging zu ihr, nahm sie in die Arme und küsste sie. »Ich wünsch' dir noch einen schönen Urlaub, trink nicht zu viel und danke noch mal, dass du mir gezeigt hast, was der Wein alles kann, das war echt super.«, lächelte ich sie an und zwinkerte ihr zu. »Komm gut nach Hause und hier nimm das, falls du vielleicht irgendwann nochmal Lust haben solltest auf Wein.«, sagte sie und drückte mir einen Zettel in die Hand. Dann gab sie mir noch einen Kuss und schob mich mit den Worten, „Ab mit dir!", durch die Tür. Auf dem Weg zur Rezeption faltete ich den Zettel auf und sah, dass sie mir ihre Telefonnummer aufgeschrieben hatte. Ich musste unweigerlich lächeln und steckte den Zettel in mein Portemonnaie. Man wusste ja nie, vielleicht würde ich den Zettel noch mal brauchen. Als ich an der Rezeption ankam, hatten die anderen bereits ihre Koffer geholt und warteten auf mich. Jenny, Tamara und die dunkelhaarige Simone standen ebenfalls zur Verabschiedung bereit. »Da bist du ja endlich, wir wollten schon ein Räumkommando losschicken, um dich zu holen.« »Jaja Toni, gut Ding will Weile haben.«, lachte ich und holte meinen Koffer aus dem Gepäckraum. Keine Minute zu früh kamen wir aus dem Hotel, denn der Transferbus bog gerade in unsere Straße ein und hielt kurz darauf vor dem „Alondra". Wir verabschiedeten uns von den Mädels, wobei ich dachte, leicht feuchte Augen bei Tamara gesehen zu haben, als sie Conny das letzte Mal umarmte. Unsere Koffer wurden vom Busfahrer verstaut und wir kletterten in den Bus.

Tränen über Tränen

Natürlich waren wir die ersten, die abgeholt wurden, wie konnte es auch anders sein. Wir durften demnach die wundervolle Rundfahrt genießen, die der Busfahrer machte, um alle anderen Gäste von den übrigen Hotels einzusammeln. Plötzlich stieß Toni mich an. »Schau mal wer da ist!« »Na wenn das nicht die Schnatterzicke ist.«, flüsterte ich und in der Tat, unsere Freundin von der Hinfahrt betrat soeben den Bus. Wie nicht anders zu erwarten, hatte sie einen völlig genervten Gesichtsausdruck und kommandierte ihren bemitleidenswerten Freund, zu einer Sitzbank. Da sie uns bereits auf der letzten Bank erspäht hatte, wählte sie natürlich einen Platz im vorderen Drittel des Busses. Ich wollte gar nicht darüber nachdenken, was diese Gewitterziege wohl für einen fürchterlichen Urlaub hatte und erst ihr bedauernswerter Freund. Da wir in ausreichend großer räumlicher Distanz voneinander die Fahrt zum Flughafen absolvierten, gab es keine Reibungspunkte mehr und selbst wenn wir wieder hintereinander gesessen hätten, wäre es wohl nicht zu großen Streitereien gekommen, denn in dem Moment, wo wir den Bus betraten, schien dies ein ultimatives Signal, für unsere Körper zu sein. Es war Schluss mit Party, Alkohol und wenig Schlaf und von nun an forderten unsere Körper auch ihren Urlaub ein. Wir waren völlig fertig und dies spürten wir auch. Es gab keine dummen Sprüche, Alkohol hatten wir auch keinen mit, und dem ein oder anderen von uns fielen auf dem Weg zum Flughafen mehr als einmal die Augen zu. »Leute ich freu mich irgendwie auf Zuhause, ich glaube noch 'ne Woche hätte mein Körper nicht mitgemacht.« »Da sagst du was Hanno, ich bin auch völlig im Arsch, wir haben auch gesoffen und gefeiert, als gäbe es kein Morgen.«, stellte Toni völlig richtig fest. »Ich glaube ich hätte in den letzten zwei Wochen nicht ein einziges Mal Auto fahren dürfen.« »Das stimmt wahrscheinlich Winnie, zumindest hättest du dich dann sehr wahrscheinlich totgefahren und wir hätten dich gleich auf Malle beerdigen können.« »Nix beerdigen Nils, wenn andere sich verbrennen lassen wollen, dann möchte ich gerne destilliert werden und nach den letzten beiden Wochen wäre da sicher was gutes rausgekommen.« »Schon klar, der neue Winnie Wodka, Winnie Wodka and Lemon, just good friends.«, witzelte Conny. Kurz vor sechs kamen wir am Flughafen an. Wir weckten Tina, der die ganze Zeit geschlafen und anscheinend wilde Träume von seiner Sandy hatte, denn sein Shirt zierten einige große Sabberflecken. Wir stiegen aus dem Bus, während der Busfahrer unsere Koffer bereits lieblos auf den Boden warf. Da es zum damaligen Zeitpunkt keineswegs üblich war, dass Koffer Rollen hatten, mussten wir unser Gepäck zum Check in tragen. Erfreulicherweise gingen die Gepäckaufgabe und die anschließende Kontrolle diesmal reibungslos, weil Tina anscheinend auf jegliche Werkzeuge im Handgepäck verzichtet hatte. Als wir endlich im Duty Free Shop standen, hatten wir noch eine knappe Stunde bis zum Boarding. »Was meint ihr Jungs, schaffen wir noch ein letztes Urlaubsbier? Sozusagen, um langsam wieder runter zu kommen.«, fragte Toni. »Keine schlechte Idee, wir können unseren Körper ja jetzt auch nicht von hundert auf null runterfahren, sonst gibt's Entzugserscheinungen und am Ende kollabieren wir.«, warnte ich. Wir suchten unsere letzten Peseten zusammen und kauften ein finales Sixpack San Miguel Dosen. »Irgendwie läuft das Bier nicht mehr so richtig.«, stellte Hanno fest, als wir kurz darauf mit unseren Dosen am Abflug Gate saßen. Mit dieser Feststellung hatte er absolut ins Schwarze getroffen. Hätten wir die Dosen vor einer Woche in die Hände bekommen, wären sie in weniger als einer Minute Geschichte gewesen aber wir schienen alle ziemlich angeschlagen und taten uns mehr als schwer mit den 0,33 Litern Bier. Wir benötigten erschreckender Weise bis zum Boarding für die Dosen und nahmen den letzten, inzwischen lauwarmen Schluck, kurz bevor wir zum Shuttlebus gingen. »Jetzt bin ich mal gespannt, ob wir die selben Saftschubsen wie beim Hinflug haben.« »Egal ob es dieselben sind oder nicht, tu mir 'nen Gefallen und benimm dich einfach.«, maßregelte ich Conny, der sich höchstwahrscheinlich gerade überlegte, wie er die Stewardessen wieder ärgern konnte. Die Aufregung war jedoch völlig umsonst, denn wir hatten nicht nur nicht dieselben Stewardessen, sondern eine Stewardess die geschätzt bereits Mitte Vierzig war und einen Steward. »Na super, jetzt haben wir 'ne Tunte und 'ne Alte, was für ein Rückflug soll das denn werden?«, nörgelte Conny während wir unsere Plätze bezogen. Seine Nörgelei war jedoch völlig unbegründet, weil er erstens die meiste Zeit des Fluges geschlafen hat und weil zweitens sowohl der Steward, als auch sein Kollegin sehr freundlich waren und einen richtig guten Job machten.

Nach etwas mehr als zwei Stunden Flugzeit, einem mittelmäßigen Flugzeugessen und einem kleinen Schläfchen, verließ ich zusammen mit den anderen den Flieger in Düsseldorf. Jetzt brauchten wir nur noch unsere Koffer und dann war unsere erste Tupptour erfolgreich absolviert. Während wir am Kofferband warteten, bemerkte ich, dass Tina ziemlich nervös wirkte. »Alles klar bei dir, Tina? Du wirkst so unentspannt.«, fragte ich nach. »Unentspannt ist der richtige Ausdruck, ich hab keine Ahnung, wie ich Sandy die Sache mit dem Ring erklären soll.« »Ja genauso, wie es passiert ist, wie denn sonst? Du hast ihn wegen dem Seifenschaum verloren, sowas kann doch passieren.«, riet ich ihm und bekam Zuspruch von den anderen Jungs. Trotzdem wurde Tina nicht wirklich ruhiger und starrte weiter, wie gebannt, auf das Kofferband, was sich just in diesem Moment in Gang setzte. Kurz darauf kam auch der erste unserer Koffer und keine fünf Minuten später hatten wir alle unser Gepäck. Jetzt mussten wir nur noch am Zoll vorbei und dann würden uns die Freundinnen von Toni, Nils und natürlich Tina erwarten, um uns abzuholen. »Jetzt müssen wir erstmal schauen, dass wir die Mädels finden.«, erklärte Nils aber er sollte sich geirrt haben. Als wir durch die Milchglastüre schritten, rannte ein schrill quietschendes Etwas auf Tina zu und warf sich ihm um den Hals. Hanno und ich schauten uns an und sagten gleichzeitig ein langgezogenes »Sandy!!!« Während Tina einen Knutscher nach dem anderen bekam und wir uns fragten, wie es eine Frau schaffen kann, gleichzeitig zu knutschen, zu reden und zu atmen, begrüßten uns Emily und Nicole. Während wir ein wenig quatschten und auch Nils und Toni ihre Begrüßungsknutscher bekamen, fiel mir auf, dass die Begrüßung von Tina und Sandy inzwischen in völlig andere Dimensionen vorangeschritten war. »Leute seh' ich das richtig, ist Sandy am Heulen, wie ein Schlosshund?« »Jepp Winnie, das siehst du völlig richtig, aber ich habe keine Ahnung warum. Tina war genau zwei Wochen weg und sie führt sich auf, als wäre er gerade aus einer mehrjährigen Kriegsgefangenschaft befreit worden.«, stellte Toni fest. »Vielleicht hat er ihr gerade die Sache mit dem Ring gebeichtet.«, mutmaßte Conny aber es machte eher den Eindruck, als wenn es sich wirklich um Freudentränen handelte. »Alles klar Leute, mir ist völlig egal, wo ich mit fahre nur bitte nicht im Lovemobil bei Turtel und Täubchen, wenn ich die Heulerei und das Geseier die komplette Heimfahrt ertragen muss, raste ich aus.« »Jetzt lass die beiden doch, die freuen sich nur, dass sie sich Wiedersehen.«, versuchte Nicole mich ein wenig zu besänftigen. »Ein klein wenig übertrieben oder findet ihr nicht? Würde ja bedeuten, ihr freut euch nicht, dass ihr euch wiederseht. Eine langweilige Umarmung und nur ein Kuss, im Vergleich zu Tina und Sandy würde das bedeuten ihr könnt euch nicht leiden.« Alle lachten über meine Feststellung, zumindest alle außer Tina und Sandy, die nichts von meiner Äußerung mitbekommen hatten, da sie offensichtlich die Welt um sich herum nicht länger wahrnahmen. Als die zwei nach fünf Minuten immer noch nicht voneinander ließen, kamen die anderen nicht drum herum mir beizupflichten. »Ich glaube, wenn wir jetzt einfach gehen, dann stehen die zwei noch 'ne Stunde hier.« »Das kann sein

Hanno, vielleicht sollte einer von uns mal ganz nebenbei den Ring erwähnen.«, schlug Nils vor. »Ne lass mal, das soll Tina alleine regeln.«, zügelte ich Nils. »Was den für 'nen Ring, was ist denn los?«, wollte Emily wissen aber Nils bedeutete ihr, nicht zu laut darüber zu sprechen und sagte ihr, dass er ihr später im Auto alles erzählen würde. »Hallo ihr zwei, wie sieht's aus bei euch, sollen wir mal die Heimreise antreten?«, störte Conny die beiden und unerwarteter Weise, ließen sie voneinander ab. Wir schafften es anschließend, uns auf die Autos zu verteilen, wobei Hanno und ich bei Toni und Nicole mitfuhren, Conny bei Nils und Emily und das Gepäck wurde im Lovemobil verstaut. Dann ging's los in Richtung unseres Heimatstädtchens Dülken. Während der Heimfahrt erzählten wir vom Urlaub, was uns alles passiert war und was wir so lustiges erlebt hatten, als Nicole uns plötzlich auf etwas aufmerksam machte. »Was passiert denn da bei Tina und Sandy im Auto? Das sieht irgendwie nicht mehr nach Glückseligkeit aus, eher nach Fetzenfliegen.« Hanno und ich drehten uns um und schauten nach hinten aus der Heckscheibe heraus. Was wir da sahen, brachte uns zwangsläufig zum Lachen. Sandy fuchtelte wie wild mit den Armen, so dass man Angst hatte, dass sie jeden Moment einen Unfall bauen würde und schien offensichtlich fürchterlich rum zu schreien. Tina sagte gar nichts, sondern wurde in seinem Beifahrersitz immer kleiner und kleiner. »Hat er ihr von der Ringgeschichte erzählt?«, fragte Toni. »Jepp, ich denke schon, zumindest tobt da hinten eine Furie und auf dem Beifahrersitz befindet sich ein leblos wirkendes Häufchen Elend.«, klärte ich Toni auf. Anschließend berichtete Toni seiner immer noch unwissenden Freundin, was es mit der Ringgeschichte auf sich hatte. Einige Minuten später hielten die Autos vor Hannos Wohnung. Er holte seinen Koffer aus dem Auto von Sandy, deren Wut sich inzwischen in Trauer gewandelt hatte. Tina bemühte sich die ganze Zeit, sie zu beruhigen und zu besänftigen, jedoch schien er zu dem Zeitpunkt nur mäßigen Erfolg damit zu haben. Wir verabschiedeten uns alle von Hanno, wobei Sandy nicht viel mehr als ein Schluchzen heraus brachte und bevor er in der Haustüre verschwand, machte ich noch einen Vorschlag. »Was haltet ihr davon, wenn wir uns nächsten Samstag im Passe treffen und den ganzen Trip noch mal Revue passieren lassen, bei 'nem gepflegten Cola Korn?« Die anderen fanden meine Idee gut, nur Tina hielt sich bedeckt, nachdem ihm Sandy einen bösen Blick zugeworfen hatte. Hanno winkte noch einmal und ging ins Haus. Ich nahm meinen Koffer aus Sandys Auto und stellte ihn auf den frei gewordenen Platz auf der Rückbank neben mir. Sandy und Tina hatten jetzt kein fremdes Gepäck mehr an Bord und konnten ebenfalls heimfahren. Ich wünschte Tina beim Abschied noch leise alles Gute und viel Glück, klopfte ihm auf die Schulter und setzte mich wieder ins Auto. Wir wollten gerade weiterfahren, als uns auffiel, dass es schlauer wäre, wenn ich von da an mit meinem Koffer bei Nils und Emily mit fahre, weil Nils ebenfalls nach Dülken musste und Conny bei Nicole mitfuhr, weil er und Toni beide nach Viersen mussten. Wir luden kurz das Gepäck um und verabschiedeten uns. Kurz darauf wurde ich vor dem Haus meiner Mutter abgesetzt. Ich bedankte mich bei Nils und Emily für das Hinbringen und das wieder Abholen und erinnerte Nils beim Abschied nochmal an das Treffen am kommenden Samstag. Als ich meinen Haustürschlüssel ins Schloss steckte und das Haus betrat, war es vollbracht, die erste Tour des MTCs war zu Ende.

Das Resümee

Ich stellte den Koffer in den Flur und ging nach oben, um einfach nur in mein Bett zu fallen. Unerwarteter Weise war meine Mutter noch wach und freute sich, ihren Sohn unversehrt wiederzusehen. Völlig erschöpft erzählte ich ihr kurz, dass wir viel Spaß hatten ich jetzt aber gerne ins Bett gehen würde. Ich versprach jedoch, ihr am nächsten Morgen alles im Detail zu erzählen. Keine zehn Minuten später lag ich in meinem Bett und fiel sofort in einen Koma ähnlichen Schlaf.
Ala ich wach wurde, dachte ich zuerst, ich wäre immer noch auf Mallorca, weil es warm war und mir die Sonne ins Gesicht schien. Da jedoch das übliche Gefühl von Restalkohol nicht vorhanden war und es irritierenderweise auch in Deutschland vorkommen kann, dass die Sonne scheint, dämmerte mir, dass ich in meinem eigenen Bett lag. Da es bereits Zwei Uhr am Mittag war, zog ich mir etwas an, warf mir etwas Wasser ins Gesicht und stolperte die Treppe abwärts in Richtung Wohnzimmer. Meine Mutter werkelte geschäftig in der Küche und begrüßte mich freudig. »Hallo Dicker, da musstest du aber 'ne Menge Schlaf nachholen, waren wohl zwei harte Wochen.« »Wir waren ja auch nicht zum Spaß auf Malle, das war ein verdammt harter Job, aber wenn wir ihn nicht machen, wer soll es sonst tun?«, lachte ich. »Wie sieht denn deine Planung aus, möchtest du jetzt noch Frühstücken oder lieber gleich Mittag essen und wann hast du vor nach Köln zu fahren?« »Ich glaube ich frühstücke und esse dann am Abend zu Mittag. Abendessen lass

ich dann ausfallen und nach Köln fahr ich im Anschluss ans Mittagessen.« »Alles klar und wenn du mir gleich noch deine Schutzwäsche gibst, kann ich die gerne hier in die Maschine schmeißen, dann brauchst du nicht zu waschen. Wenn du dann nächstes Wochenende wiederkommst, ist alles fertig.« Ich schmunzelte, bedankte mich im Voraus, und dachte, *"meine Mutter ist schon die beste"*. Kurz darauf saß ich im Wohnzimmer am Esstisch und erfreute mich an den ganzen Köstlichkeiten, die meine Mutter auftischte. Es gab Brötchen, Brot, verschiedene Wurst und Käsesorten, Rührei, weich gekochte Eier, Marmelade und Nutella. Ich war nie ein großer Frühstücker aber nachdem ich zwei Wochen lang den Tag mit Pizzabrötchen, Burgern, Spaghetti oder Calamari begonnen hatte, freute ich mich, wie ein Schneekönig, über dieses Frühstück. Auch der kalte Kakao schmeckte so gut, wenn es zwei Wochen lang Bier oder maximal Fanta zum ersten Mahl des Tages gab. Während ich den aussichtslosen Plan verfolgte, einfach alles mindestens einmal zu essen, was auf dem Tisch stand, berichtete ich meiner Mutter in epischer Breite von unserer Tour. Sie hörte mir aufmerksam zu, lachte über das ein oder andere Geschehnis und hielt mir eine ordentliche Standpauke über meine Begegnung mit dem Poolboden. Nachdem ich mich annähernd bewegungsunfähig gefuttert hatte, kam ich zum Ende meines Urlaubsberichtes. »Was ist denn jetzt, gibst du mir deine Wäsche?«, drängte meine Mutter. Ich packte trotz meines immensen Völlegefühls folgsam meinen Koffer aus und genoss im weiteren Verlauf des Tages alle Annehmlichkeiten, die ich in den letzten zwei Wochen vermisst hatte. Ich nahm eine heiße Dusche, bei der richtig viel Wasser mit entsprechendem Druck aus dem Duschkopf sprudelte. Ich schaute Fernsehen und erfuhr die neusten Nachrichten. Außerdem studierte ich sämtliche Werbeprospekte, um zu erfahren, was mich in der nächsten Woche für Angebote in den diversen Supermärkten erwarten würden. Anschließend packte ich alle Dinge, die ich mit in meine Wohnung nach Köln nehmen wollte, wobei meine Mutter mir noch einiges zum Essen mitgab, damit ihr kleiner Junge an einem Sonntag auf keinen Fall verhungerte. Sie hatte anscheinend noch nicht gehört, dass es in Köln verhältnismäßig viele Möglichkeiten gab, auch an einem Sonntag an Nahrung zu gelangen. Nach einem schmackhaften Nudelauflauf und einer herzlichen Verabschiedung, machte ich mich auf den Weg nach Köln. Etwa eine Stunde Fahrzeit sowie einer weiteren halben Stunde Parkplatzsuche später, stand ich vor meiner Wohnungstüre. Ich betrat meine Wohnung, warf meine Post auf den Wohnzimmertisch und packte meine Sachen aus. Eine massive Müdigkeit war ein untrügliches Zeichen, dass ich von den zwei Wochen noch längst nicht erholt war. Um diese zwei Wochen aus den Knochen zu bekommen, reichte einmal richtig ausschlafen nicht. Ich schaltete den Fernseher an, legte mich aufs Bett und schlief kurz darauf ein. Als ich die Augen wieder öffnete und an die Uhr an meiner Wand blickte, war ich zuerst nicht sicher, ob sie während meines Urlaubs stehen geblieben war aber ich erkannte, dass sie sich in tadellosem Zustand befand. Es war fast zwölf Uhr mittags, ich hatte beinahe 15 Stunden bei laufendem Fernseher geschlafen. Der

Rest der Woche verging wie im Flug. Da ich noch Semesterferien hatte, musste ich nicht zur Uni und so bestanden die Tage überwiegend aus Schlafen, Fernsehen und Computerspielen. Natürlich schaute ich auch in das ein oder andere Biologiebuch, jedoch hielt ich das Lernen auf einem erträglich niedrigen Level. Es kam mir vor, als wäre nur ein Tag vergangen, doch es war bereits wieder Freitag, was bedeutete, dass ich nach Dülken fahren würde. Es fand zwar nicht das übliche Volleyballtraining statt, weil die Sporthalle in den Ferien geschlossen war, aber es würden sich sicher einige Volleyballer in unserer Stammkneipe, dem Passe Partout, treffen. Ich war gerade im Begriff, meine Wohnung zu verlassen, da klingelte mein Telefon. »Hallo?« »Hi Winnie, hier ist Hanno, wie geht's dir, hast du dich erholt?« »Ich hab mich aber sowas von erholt ich könnte glatt morgen wieder nach Mallorca fliegen.« »Ich glaub ich auch, ich vermisse irgendwie die Pizzabrötchen.« Ich musste lachen und hörte, dass Hanno ebenfalls lachte. »Was gibt's denn, ich wollte mich gerade auf den Weg nach Dülken machen?« »Ich hab eben mit Nils telefoniert, Conny hatte ihn gefragt, ob wir uns auch heute treffen könnten anstelle von morgen, weil er irgendeine Familienfeier verschlafen hat. Wie sieht's bei dir aus? Nils und Toni können heute und Tina würde weder heute noch morgen kommen, denke ich?« »Klar kann ich auch heute, wann soll es denn losgehen?« »Ich würde sagen acht Uhr im Passe wäre 'ne gute Zeit, oder?« »Acht klingt prima, dann sehen wir uns nachher, sagst du den anderen Bescheid?« »Klar, mach ich. Dann bis nachher.« Dann hörte ich nur noch ein

Klicken und legte selber ebenfalls auf. Es waren halb fünf, ich hatte demnach noch dreieinhalb Stunden Zeit, was mehr als genug war, wenn es keine Vollsperrung auf der Autobahn gab. Da ich ohne Zwischenfälle durchfahren konnte, war ich eine knappe Stunde später in Dülken. Während ich duschte, machte meine Mutter ein leckeres Essen und als ich etwa eine weitere Stunde nach meiner Ankunft am Esstisch saß, standen dampfende Frikadellen mit Bratkartoffeln und Rotkohl bereit. »Da hast du mir ja eine super Grundlage für heute Abend gekocht, hast du das jetzt alles spontan in einer Stunde gezaubert?« »Dicker, denkst du ich kann Hexen? Ich wusste doch, dass du heute kommst und da hab ich natürlich was vorbereitet. Du kannst doch nicht mit leerem Magen feiern gehen.« Ich musste lächeln, auf meine Mutter war wirklich Verlass. Sie hatte sich immer sehr gut um mich und meinen Vater gekümmert und seid mein Vater vor knapp drei Jahren sehr plötzlich verstorben war, ging ihre gesamte Fürsorge nur noch an mich. Nicht dass ich es je verlangt oder erwartet hätte, aber gegen die eine oder andere Annehmlichkeit wehrte ich mich verständlicherweise auch nicht. Gegen viertel vor acht machte ich mich gut gestärkt auf den Weg und als ich das Passe Partout betrat, saßen Conny und Toni bereits auf Barhockern an einem großen, runden Stehtisch. Kurz nach mir kam auch Nils und mit seinen üblichen zwanzig Minuten Verspätung trudelte auch Hanno ein. »Mit Tina ist wahrscheinlich nicht zu rechnen, oder?« »War das 'ne rhetorische Frage, Nils?« »Ich fürchte ja, Hanno. Ich könnte mir vorstellen, dass der MTC ein Mitglied verloren hat, zumindest so lange es eine

Sandy gibt.« Wir mussten uns alle eingestehen, dass wir ähnlich darüber dachten und bedauerten den Verlust, auch wenn er noch nicht offiziell war. »So Jungs, wie sieht's aus, schrauben wir uns 'nen Turm in die Rübe?«, brachte ich wieder etwas bessere Stimmung in die Runde. »Klar, warum nicht, nehmen wir drei oder fünf Liter?«, wollte Toni wissen. »Schau dich mal um, wir sind zu fünft, dass sollte doch wohl Antwort genug sein.«, stellte Hanno völlig richtig fest. Wir bestellten also einen fünf Liter Turm Cola Korn, der auch kurz darauf in der Mitte unseres Tisches stand. »So ein Teil müssen wir uns für unsere nächste Malletour besorgen, damit wären wir die Könige am Strand oder am Pool.«, stellte Conni fest. »Okay, das klingt so, als wenn der MTC weiter bestehen bleibt, hab ich das richtig verstanden?«, fragte ich in die Runde. Ohne lange zu überlegen, kamen wir überein, dass wir auf jeden Fall weiter machen wollten. Während wir den Turm nach und nach leerten, erzählten und lachten wir viel über all die Dinge, die uns in den zwei Wochen Mallorca passiert waren. »Das war schon 'ne richtig geile Tour, da könnte man glatt ein Buch drüber schreiben.«, witzelte Toni. Als der Turm langsam zur Neige ging, ließen wir uns ein Kartenspiel bringen und entschieden noch einen drei Liter Turm nach zu ordern. Wir tuppten noch bis spät in die Nacht und lachten immer wieder, wenn einer von uns eine Schote von der Tour zum Besten gab. Es bestand kein Zweifel daran, dass die fünf Anwesenden es ernst gemeint hatten, den MTC so weiter zu führen, wie es bis dahin der Fall gewesen war. Wir wollten alle noch viele lustige Tuppabende, Partys und Touren erleben, da waren wir uns völlig einig. Als es draußen langsam wieder hell wurde und wir inzwischen müde und gut angetrunken waren, entschieden wir, für diesen Abend Schluss zu machen. Wir gingen zur Theke, um unsere Deckel zu bezahlen. Ich kramte mein Portemonnaie aus meiner Hosentasche und als ich die benötigte Summe herausnahm, viel mir ein kleiner Zettel auf, der im Geldscheinfach steckte. Ich nahm ihn etwas irritiert heraus und faltete ihn auseinander. Es war der Zettel mit Simones Telefonnummer. Ihr Urlaub musste nun auch langsam zu Ende gehen, überlegte ich. Lächelnd faltete ich den Zettel wieder zusammen und steckte ihn zurück ins Portemonnaie. Es wäre sicher keine schlechte Idee, Simone demnächst einmal anzurufen und zu testen, was der Wein in Deutschland alles konnte. Ich bezahlte, wie die anderen auch, meinen Deckel und ging in der Morgendämmerung nach Hause.

Nachwort

Was sind das für schöne Erinnerungen an unser erstes MTC Jahr und unsere erste gemeinsame Tour gewesen. Den Club zu gründen, war sicher eine der besten Entscheidungen, die ich bis dahin in meinem Leben getätigt hatte und ich bereue es bis heute nicht. Wir haben über die Jahre eine Menge denkwürdige Dinge erlebt und ich könnte sicherlich noch Stunden damit verbringen in Erinnerungen zu schwelgen, aber es wird langsam Zeit, dass ich mich für das heutige Treffen fertig mache. Ich stelle das Fotoalbum zurück ins Regal und bin ein wenig traurig, dass ich Tina an diesem Abend nicht sehen werde. Er war, wie vorhergesagt, seit der ersten Mallorca Reise nicht mehr an Bord, auch wenn die Beziehung mit Sandy kurz nach der Tour beendet war, was jedoch nicht mit der Ring Geschichte zusammen hing. Nach wie vor bedauern wir natürlich den Verlust unseres Gründungsmitgliedes, aber vielleicht feiert er ja irgendwann sein Comeback als Mallorca Tupp Club Mitglied. Wenn sich jetzt der ein oder andere fragt, was aus Simone geworden ist, so kann ich dazu leider nicht sehr viel sagen, außer dass Mallorca nicht das letzte Mal war, dass ich sie traf.